Hermann Glettler

Dein Herz ist gefragt

Hermann Glettler

Dein Herz ist gefragt

Spirituelle Orientierung
in nervöser Zeit

FREIBURG · BASEL · WIEN

Aktualisierte und überarbeitete Neuausgabe 2023
© Verlag Herder GmbH, Freiburg 2022
Alle Rechte vorbehalten
www.herder.de

Satz: Röser MEDIA GmbH & Co. KG, Karlsruhe
Herstellung: GRASPO CZ, A.S., Zlín

Printed in the Czech Republic

ISBN Print 978-3-451-39678-6
ISBN E-Book (EPUB) 978-3-451-83172-0

Inhalt

Vorwort 7

Herz macht den Unterschied 9

Speicher overloaded – was tun,
wenn alles zu viel wird? 17

Die Mitte frei halten! 27

Vulnerabilität? Wer Herz hat,
kann Schwäche zeigen 37

Alles hängt mit allem zusammen – ein
Blutkreislauf 46

Das Herz verbrauchen? Auf der Suche
nach Sinn 55

Unruhig bis zum Tod: Typisch Herz! 66

Barmherzigkeit. Allen Kälteströmungen
zum Trotz 75

Konfliktzone Herz. Versöhnung ist möglich! 85

Stop – Listen – Go! Der Rhythmus entscheidet 95

The Power of Love – Flügel zum Abheben
und Landen 103

Herzintelligenz – zwischen Bauch und Hirn 112

Was tun, wenn das Herz erkrankt? 122

Innere Spannkraft – für die Zumutungen
des Lebens 132

Herzfeuer, nicht Gleichgültigkeit! 141

Herz ist Trumpf! Das Farbspektrum
der Herzlichkeit 152

Mut! Und die Gnade der Unsicherheit 160

Hat Gott ein Herz? Ursprung und Mitte
von allem 170

Das Herz Jesu – Quelle neuer Zuversicht 179

Ein neues Herz? Wenn nötig,
eine Transplantation 190

Solidarität? Mit-Liebende sind gefragt 198

Woher Herzensenergie? Brunnen bauen! 207

Herzensbildung – ein Luxusthema? 217

Geistvoll beten – von Herz zu Herz 226

Bildverzeichnis 235

Literatur 238

Dank 240

Vorwort

Herz ist gefragt! In allen Belangen und Herausforderungen unserer nervösen Gesellschaft, nicht nur in der Religion. Entfremdet und heimatlos fühlen sich viele Menschen in einer zunehmend unübersichtlichen Welt. Zusätzlich verschärft der Krisencluster unserer Zeit die Frage nach Sinn und Mitte unseres Daseins. Der Wunsch nach einem Nicht-nur-funktionieren-Müssen ist verständlich. Im vorliegenden Buch geht es um die Sehnsucht nach Geborgenheit, um Zugehörigkeit, Empathie und solidarische „Herzbrücken" in einer verwundeten Gesellschaft.

Mit Herz bezeichnen wir das Ich des freiheitsliebenden Menschen und zugleich seine Verantwortung für ein größeres Wir. Das Herz wehrt sich gegen jede ideologische Vereinnahmung durch eine bestimmte Philosophie, Politik, Weltanschauung und Religion. Es ist ein Ursymbol und Urwort der Menschheit. Einige kulturgeschichtliche und populäre Bedeutungen von Herz kommen in diesem Buch zur Sprache. Es steht immer für die Würde, Liebesfähigkeit und Verwundbarkeit des Menschen.Entsprechend dem Herz-Kreislauf ist der Stil meiner Texte ein kreisendes Erzählen und Reflektieren, das an jeder Stelle einen Einstieg ermöglicht. Die Betrachtung einiger Kunstwerke vertieft diesen Ansatz.

Das Herz ist ein hochkomplexes Organ, eine faszinierende Pumpe, die den Körper mit frischem Blut und Nährstoffen versorgt. Aber es ist mehr als das. Wenn wir abgesehen von Gesundheitsvorsorge und Kardiologie von Herz sprechen, dann meinen wir die Mitte des Menschen. Das Herz ist das vermittelnde Zentrum, wo Körper und Geist, Emotion und Intelligenz ineinanderschwingen. Herz bezeichnet das, was uns zu humanen Wesen macht – Offenheit und Wertschätzung, mit einem Wort: Menschlichkeit!

Herz ist ein zentrales Wort der biblischen Botschaft. Davon ausgehend versuchen die hier vorliegenden Texte eine Hinführung zu einer zeitgemäßen Herz-Jesu-Spiritualität. Es ist eine Übersetzungsaufgabe, weil diese Tradition und Frömmigkeit vielen fremd geworden ist. Sobald es gelingt, die Kruste von Pathos und Kitsch aufzubrechen, stoßen wir auf die Mitte des christlichen Glaubens. Es ist die Begegnung mit dem barmherzigen Gott. Die Achtsamkeit auf seinen Herzschlag befähigt zum Aufbau einer weltweiten Geschwisterlichkeit.

Was Sie in den Händen halten, ist ein Crossover-Buch zwischen Alltag, Spiritualität und Philosophie, Theologie und sozial-ökologischer Weltverantwortung. Ich schreibe als Seelsorger, Freund, Bischof und Zeitgenosse vieler Menschen, denen ich begegnen durfte. Der Versuch einer spirituellen Orientierung gelingt nur mit konkreten Lebens-Geschichten, mit dem Wahrnehmen von Träumen und Enttäuschungen, Aufbrüchen und Veränderungen, Schuld und Vergebung. Alles hat mit Herz zu tun. Ich danke allen, die sich darauf einlassen.

Dein Herz ist gefragt! Der Titel macht bereits deutlich, dass es einen entschlossenen Widerstand gegen die „globalisierte Gleichgültigkeit" (Papst Franziskus) in unserer Zeit braucht. Insofern hoffe ich, dass einige der Lebenserfahrungen, von denen ich erzähle, zu Herzen gehen und Mut machen. Es ist der Versuch einer Anstiftung zu Glaube, Hoffnung und Liebe. Die Herausforderungen unserer Zeit brauchen mehr Herz, mehr Herzlichkeit – letztlich aber auch den Mut, Gottes „Herzensenergie" zu erbitten und miteinander zu teilen.

Hermann Glettler

Herz macht den Unterschied

„Du bist außer Herz nur noch Herz!" Wir mussten lachen. Eine Mitarbeiterin hat einen Kollegen herzhaft bewundert und zugleich heftig kritisiert. Er hatte die Fähigkeit, in jede Begegnung eine Extraportion Herz hineinzulegen. Leider konnte er seine Umgebung damit auch ordentlich nerven, vor allem dann, wenn sich das berufliche Alltagsgeschäft damit nur schwer vereinbaren ließ. Ein Herz haben, kann tatsächlich leicht in Verruf kommen, wenn es mit einer Überdosis Gefühl und Schlampigkeit verwechselt wird. Dennoch: Bei *Menschen mit Herz* staunen wir über ihre Offenheit und ihr Mitgefühl, ihre Aufgeschlossenheit und Lebendigkeit.

Herzmenschen sind Game-Changer. Sie unterscheiden sich von jenen Typen, die kaltherzig nur die Interessen ihres Egos durchziehen. Das Herz macht den Unterschied. Es fühlt sich gut an, wenn jemand herzhaft gegenwärtig ist – in einem Gespräch oder in einer Situation, wo Herzblut gefragt ist. Wenn auf das Herz gehört wird, dann stellen sich fast automatisch Wertschätzung und Höflichkeit ein. Diese unmittelbar gefühlten Herzqualitäten sind alles andere als selbstverständlich.

Herz steht für Engagement und Leidenschaft. Ob ein Installateur, eine Ärztin oder eine Pflegekraft ihren Beruf mit Herz ausübt oder nicht, macht den Unterschied. Bildung, Betreuung, Sozialarbeit, Seelsorge und jede berufliche Tätigkeit schaut *mit Herz* anders aus. Ganz offensichtlich hängt die Qualität von Begegnungen und Beziehungen vom Herz-Faktor ab. Wir wissen, dass Herz- und Lieblosigkeit verletzen und reine Fassaden früher oder später ohnehin durchschaut werden. Speziell Kinder und Menschen mit mentaler Beeinträchtigung spüren, ob Herz im Spiel ist oder nicht – und sie verstehen die Sprache des Herzens.

Valentins Sprache

Er war erst 14 Wochen alt. Aufgrund einer psychischen Erkrankung mussten Valentins „Baucheltern" ihren Sohn mit Downsyndrom einer Pflegefamilie anvertrauen. Er fand Aufnahme bei einem Tiroler Ehepaar, das selbst bereits drei eigene Kinder hatte, wenn auch teilweise schon am Weg zum Erwachsenwerden. Als sie mehrmals den dringenden Aufruf nach Pflegefamilien hörten, schenkten sie insgesamt in Folge drei Kindern mit Trisomie 21 ein neues Zuhause: Stefan, Anna und zuletzt Valentin. Obwohl er, ebenso wie seine „Geschwister", die für Downsyndrom-Menschen so typische Herzensstrahlung mitbrachte, spürte man bei ihm immer eine eigenartige Belastung, fast einen inneren Kampf ums Überleben. Zahlreiche Aggressionsschübe hatten meist mit seiner Sprachlosigkeit zu tun. Seine Herkunftsfamilie ist den Roma zugehörig, seine „Muttersprache" ein Roma-Dialekt. Die Wende kam unverhofft, als Valentin 15 Jahre alt war: Eine junge „Roma-Tirolerin" kam als Dolmetscherin zu Besuch. Sie spielte Valentin die „heimliche" Hymne der Roma vor. Plötzlich jedoch zuckte dieser mittlerweile kräftige junge Kerl total aus, gab fürchterliche Laute von sich und bewarf die Zuhörenden mit allem, was er in die Hände bekam. Die Besucherin schaltete die Musik aus und warf nun ihm Bälle zu, wobei sie einfache Worte in ihrem Roma-Dialekt aussprach: links, rechts, oben, unten, eins, zwei, drei, … Und überraschend für alle: Valentin reagierte genau mit den richtigen Bewegungen. Eine tiefe, heilsame Beziehung schien geglückt zu sein. Vollkommene Beruhigung und Ergriffenheit im Raum. Nach mehr als vierzehn Jahren wurde erstmals mit ihm wieder in seiner Muttersprache gesprochen! Obwohl sie Valentin nie bewusst erlernt hatte, konnte er verstehen. Mittlerweile eignet er sich seine Sprache mithilfe einer Lehrerin recht erfolgreich an. Und ein großer

Teil seiner schwierigen Geschichte ist für ihn dadurch leichter geworden, sein Leben für ihn lebbar. Jedes Mal, wenn ich Valentins Familie besuche, staune ich über die Ehrlichkeit und Urfröhlichkeit, die mir dort begegnen, eine „Körpersprache des Herzens", die allen guttut.

Ein Urwort der Menschheit

Das Herz bezeichnet die Mitte des Menschen. Es ist so viel mehr als der faszinierende Hohlmuskel, der beständig Blut durch unseren Körper pumpt. Die Einheit von Geist, Psyche und Körper wird in diesem symbolischen „Zentralorgan" am deutlichsten spürbar. Alles schlägt im Herzen auf, muss dort verarbeitet und auch wieder abgegeben werden. Wir denken, erfahren und handeln ganzheitlich, körperlich – ein Leben lang mit Herz!

Das Herz galt im semitischen Kulturraum als Sitz der Affekte – Umschlagplatz und Nährboden für Emotionen aller Art. Gleichermaßen wurde im Herzen Verstand, Gedächtnis und Wille verortet. Im alten China hielt man das Herz nicht nur für den Ursprung der Gedanken und Gefühle, sondern auch für das intellektuelle Zentrum des Menschen. Konfuzius wird der schöne Spruch zugeschrieben: „Wohin du auch gehst, geh mit ganzem Herzen." Generell bezeichnet das Herz in den alten Kulturen die Innenperspektive des Menschen im Gegensatz zu allem, was nach außen gerichtet ist. Die heutige Forschung bestätigt dies mit dem Postulat von einem „Gehirn-Herz".

In der altägyptischen Religion war das Herz auch das Gewissen des Menschen. Nach dem Tod wurde es vor dem Thron des Osiris gewogen, um seinen Güte- und Wahrheitsgehalt zu überprüfen. Wurde es zu leicht befunden, gab es keinen Eintritt ins Jenseits. Bei der Einbalsamierung legten die Ägypter nach der Entfernung der Eingeweide das Herz wieder zurück in den Körper. Es sollte am Jüngsten Tag Zeugnis über seinen Träger ablegen. Das Ideal war ein „Steinherz", das kalt und hart für Besonnenheit und Stabilität steht. Das Herz im Mikrokosmos des menschlichen Körpers verglichen die Ägypter mit der Sonne im Makrokosmos der Gezeiten. Alles hängt mit allem zusammen.

Eine irritierend drastische Praxis begegnet uns bei den aztekischen Menschenopfern im alten Mexiko: Durch eine große Schnittwunde griff man in die Brust des Todgeweihten, um das frisch pulsierende Herz herauszunehmen und es als Weihe- und Opfergabe dem Sonnengott entgegenzustrecken. Aus dem blutigen Opfer erhoffte man sich neue Kraft für einen neuen Lebenszyklus. Und in Indien gilt das Herz als Ort des Kontaktes mit Brahman, der Personifikation des Absoluten.

Diese kulturhistorische Skizze ließe sich noch lange fortsetzen. Sie zeigt deutlich die transkulturelle Bedeutung des Herzens. Überall werden mit dem Ur-Wort *Herz* die Ur-Fragen des Menschseins benannt.

Herz in der Bibel

Im Alten Testament begegnen uns die Ausdrücke für „Herz" (hebräisch *lev*) über 850-mal. Davon schon 130-mal in den Psalmen, diesen faszinierenden jüdischen Gebeten, in denen der Mensch sein Herz vor Gott ausschüttet. Einer meiner Favoriten ist der Psalm 139, in dem es heißt: „Würde ich sagen: Finsternis soll mich verschlingen und das Licht um mich soll Nacht sein! Auch die Finsternis wäre nicht finster vor dir!" Und ein paar Zeilen weiter wendet sich das Urvertrauen in eine Bitte: „Erforsche mich, Gott, und erkenne mein Herz, prüfe mich und erkenne meine Gedanken!" (Ps 139,23)

Das Herz bezeichnet im biblischen Sinn immer die Mitte der menschlichen Person. Ähnlich wie im kulturellen Umfeld ist es der Ort der Emotionen und Wünsche, Ängste und Sehnsüchte, aber auch Ort des Denkens und der Entscheidungen. Alles, was wir gewöhnlich dem Kopf und Intellekt zuschreiben, wird in der Bibel im Herzen des Menschen angesiedelt: Erkennen, Verstehen, Bewusstsein, Gedächtnis und jegliches Urteilsvermögen. Das Herz ist auch die Kreativwerkstatt und das Innovationszentrum. Künstlerische Begabung ist dem Menschen von Gott „ins Herz gelegt".

In den Büchern des Alten Testaments gibt es kein eigenes Wort für „Gewissen". Das Herz ist der eigentliche Verhandlungsplatz über Gut und Böse. Die Bereitschaft zum aufmerksamen Hören wird dem Herzen zugeschrieben, aber ebenso die Möglichkeit, sich zu verschließen und in sich zu verkrümmen. Im Herzen jedes Menschen laufen wie in einem Zentralbahnhof alle „Züge" zusammen. Mithilfe dieses Bildes werden wir über eine verträgliche Frequenz der ein- und ausfahrenden Züge, über Waren- und Gütertransporte, Ruhezonen und chaotische Abläufe, Ankünfte und Abschiede nachdenken müssen. Das Herz muss mit allem zurechtkommen.

Etwas salopp ausgedrückt: Das Herz ist Verhandlungsplatz, Bahnhof – und Heiligtum. Im Herzen berühren sich Mensch und Gott. Es ist nach Ignatius von Loyola die Mitte, wo Schöpfer und Geschöpf ungehindert miteinander verkehren können. Ja, Gott selbst wird im jüdischen und christlichen Glauben ein Herz zugesprochen. Er ist nicht einfach der unbewegte Beweger, wie in der Philosophie des Aristoteles, sondern ein leidenschaftlich agierender Gott. Er erfreut sich an seinen Geschöpfen, lässt sich aber auch von deren Not und Elend bewegen – ja, es geht ihm zu Herzen! Diese über Jahrhunderte gewachsene Gewissheit findet in der Person des Jesus von Nazareth ihren Höhepunkt: Gott selbst hat in ihm ein menschliches Herz angenommen und Herz gezeigt, wurde angreifbar und verwundbar.

Offenheit für ein Du und Wir

Nicht zufällig befindet sich das Herz genau in der Mitte zwischen Kopf und Bauch. Es vermittelt und klärt die Vielfalt der Emotionen und versucht eine Orientierung in der Fülle von Informationen und externen Impulsen. Das Herz ist permanent gefragt, es integriert und vernetzt. Das Herz muss in allem, was auf uns einströmt, uns gefühlsmäßig betrifft oder triebhaft bewegt, Position beziehen – einen Impuls aufgreifen oder verwerfen. Das Herz steht für die Freiheit des Menschen, die es gegenüber vielen Zugriffen zu verteidigen gilt. Als vernunft- und herzbegabte Wesen sind wir nicht nur von Instinkten und Hormonen gesteuert, genauso wenig nur von Hirnfunktionen geleitet.

Das Herz ist Symbol für unser Person-Sein. Gemeint ist damit jene innere Fähigkeit, uns auf ein konkretes Du und auf ein soziales Wir hin auszurichten und in uns Raum und Stimme zu geben. Es macht uns als menschliche Personen aus, dass wir unser Herz öffnen können, dass wir nicht nur auf uns selbst fokussiert sind. Diese Durchlässigkeit und Freiheit ist konstitutiv für unser Person-Sein. Herz ist somit ein exakter Ausdruck für unsere Beziehungsfähigkeit, eingebettet zwischen individueller Freiheit und sozialer Verantwortung. Wir sind von unserem Wesen her „kommunizierende Gefäße". Südlich der Sahara spricht man von „Ubuntu" – dieser Nguni-Bantu-Begriff bedeutet: „Ich bin, weil wir sind." Herz ist der innere Freiraum für jede Form von Beziehung – ob beglückend oder belastend. Herz meint das Ich, aber zugleich auch das Wir – es ist das „Integrationsorgan" für die wichtige Balance von Ich-Du-Wir. Mit Herz sind wir fähig, das Verhältnis von Nähe und Distanz abzuschätzen und zu bestimmen, Intimität zu ermöglichen oder zu verweigern.

Das Herz ist nicht zuletzt das eigentliche „Kommunikationsorgan" des Menschen. Es macht den Unterschied, ob und wie wir miteinander im Gespräch sind – speziell in einer Zeit wachsender Isolation und Diskursunfähigkeit. Eine galoppierende digitalisierte Kommunikation mit den schier unbegrenzten Vernetzungen, Plattformen und sozialen Medien bringt immer öfter unsere Armut ans Licht: Wir tun uns schwer, wirklich zu kommunizieren – uns auf die Perspektive und Weltwahrnehmung des anderen einzulassen. Es häufen sich Phänomene des Rückzugs in geschlossene Meinungs- und Überzeugungsblasen. Sollten wir nicht von Neuem den Dialog wagen, den mühsamen, geduldigen Dialog? Unser Herz ist dazu fähig. Wie ein Zelt lässt sich sein innerer Begegnungsraum weiten. Das menschliche Herz kann sich aber ebenso hartnäckig jeder Kommunikation verweigern.

Die Herzqualität unseres Menschseins macht es jedenfalls aus, dass wir uns mit Sinnen, Geist und Seele auf eine größere Welt hin öffnen können. Unser Herz ist der sensible und verwundbare Resonanzraum für alles, was uns umgibt – für Mensch, Gott und Welt.

Mit den Augen der anderen

Eine politische Ära ging zu Ende. Am 2. Dezember 2021 sprach Angela Merkel in ihrer emotionalen Abschiedsrede in Berlin von Dankbarkeit und Demut – und von Haltungen, die auch zukünftig ein soziales Miteinander ermöglichen: "Unsere Demokratie lebt von der Fähigkeit zur kritischen Auseinandersetzung und zur Selbstkorrektur. Sie lebt vom steten Ausgleich der Interessen und vom Respekt voreinander. Sie lebt von Solidarität und Vertrauen." Die scheidende Bundeskanzlerin folgerte aus den großen innen- und außenpolitischen Herausforderungen der letzten Jahre: "Ich möchte dazu ermutigen, auch zukünftig die Welt immer auch mit den Augen der anderen zu sehen. Also auch manchmal die unbequemen und gegensätzlichen Perspektiven des Gegenübers wahrzunehmen, sich für den Ausgleich der Interessen einzusetzen." Nach ihrem Glückwunsch für die zukünftige Regierung schloss Angela Merkel ihre bemerkenswerte Abschiedsrede: "Ich bin überzeugt, dass wir die Zukunft auch weiterhin gut gestalten können, wenn wir uns nicht mit Missmut, mit Missgunst, mit Pessimismus, sondern mit Fröhlichkeit im Herzen an die Arbeit machen.

So jedenfalls habe ich es immer gehalten, in meinem Leben in der DDR und erst recht unter den Bedingungen der Freiheit."

Herz macht offensichtlich auch im politischen Handeln den wesentlichen Unterschied: Bewusstes Wahrnehmen und verbindliche Resonanz sind immer neu zu lernen. Auch für uns in der Kirche! Das Zweite Vatikanische Konzil hat in einer maßgeblichen Passage die engste Verbundenheit mit der ganzen Menschheitsfamilie beschrieben: „Freude und Hoffnung, Trauer und Angst der Menschen von heute, besonders der Armen und Bedrängten aller Art, sind auch Freude und Hoffnung, Trauer und Angst der Jünger Christi. Und es gibt nichts wahrhaft Menschliches, das nicht in ihren Herzen einen Widerhall fände." Das menschliche Herz ist somit auch in dieser programmatischen Ansage der zentrale Resonanzraum, in dem wir im Sinne einer „weltweiten Geschwisterlichkeit" (Papst Franziskus) über alle kulturellen, ethnischen, nationalen und religiösen Barrieren hinweg verbunden sind. Das macht den Unterschied.

Speicher overloaded – was tun, wenn alles zu viel wird?

Wir haben uns daran gewöhnt, mit dem Smartphone und seinem uneingeschränkten Internetzugang das verfügbare Weltwissen mit uns herumzutragen. Wofür früher Bibliotheken aufgesucht werden mussten, reicht heute das Handy dank Mr. Google, YouTube, Wikipedia & Co vollkommen aus. Ob News und Infos, Weltnachrichten oder Unterhaltung, ob Erbauliches oder Schrott – alles haben wir mit dem kleinen Ding jederzeit am kleinen Schirm parat.

Könnte man das Smartphone nicht als Metapher für unser Herz sehen? Es ist uns meist nicht bewusst, wie viele Daten, Erfahrungen und Wirklichkeitseindrücke wir mit uns herumtragen – unabhängig davon, ob wir sie abrufen oder nicht, „verarbeitet" haben oder unterdrücken. Alles wird hier abgespeichert – das Wunderbare und das Belastende, die Erfolge und die Niederlagen. Die Erschöpfungskrankheiten unserer Zeit sind ein beredtes Zeugnis dafür, dass wir mit dem Zuviel von all dem, was auf uns einströmt, auf Dauer nur schwer umgehen können. Das Herz ist jedenfalls ein Schwamm – ein geheimnisvoller Speicher in der Mitte jeder Person –, faszinierend und permanent überfordert zugleich. Überlastung allerorts. Bevor ich diese zeitdiagnostische Spur weiterverfolge, richte ich einen Blick auf das Herz, der vermutlich nicht nur mich in Staunen versetzt.

Superstar Herzmuskel

Gleich vorweg das Erstaunliche: Ohne Wartung und ohne Pause arbeitet das Herz im Normalfall 80 Jahre und länger, es schlägt, pulsiert und pumpt ohne Unterbrechung, Tag und Nacht! Diese Verlässlichkeit wird meist erst bei einer Erkrankung des Organs bewusst. Keine künstliche Maschine schafft das! Bevor wir weitergehen, etwas Schulwissen mit Update:

Das Herz ist ein muskuläres Hohlorgan, das sich hinter dem Brustbein zwischen den beiden Lungenflügeln befindet, meist etwas nach links versetzt. Das Herz ist etwa so groß wie die Faust des Herz-Besitzers. Es gleicht einem Kegel, dessen Spitze nach unten weist. Das Herz ist im Brustkorb in eine Gewebehülle, den Herzbeutel, eingebettet. Die Wand des Herzens besteht aus einem speziellen Muskelgewebe. Das gesunde Herz wiegt im Durchschnitt zwischen 300 und 350 Gramm – und vollbringt ohne großes Aufsehen permanente Spitzenleistungen: Wenn man das Volumen errechnet, das diese Superpumpe in einer durchschnittlichen Lebenszeit schafft, dann sind das ca. 250 Millionen Liter Blut. Das entspricht ungefähr einem Viertel des Tiroler Achensees mit seinen 454 Millionen Kubikmetern Wasser. Noch erstaunlicher ist es, dass die Herz-Pumpe ohne fixe Aufhängung funktioniert. Sie zieht sich zusammen, verkürzt sich, dreht und windet sich, je nach Bedarf. Der Wirkungsgrad beträgt praktisch 100 % – nichts an Energie geht verloren! Und ein ganz besonderes Detail in dieser Auflistung der superlativischen Eigenschaften des Herzens liefert die Wissenschaft: Herzzellen haben ein sehr komplexes Gedächtnis, ein *electric memory*. Dieses biochemische Phänomen könnte man als Herzgedächtnis bezeichnen – Speicherplatz inklusive.

Nichts geht verloren

Es gibt den physikalischen Grundsatz, dass es im großen Energiehaushalt des Universums keinen Verlust gibt. Energie ist immer in Umwandlung begriffen, eine permanente Transformation. Alles ist im Fluss, ob zwischen den allerkleinsten Teilen der Materie oder im allergrößten, kosmischen Maßstab. Ob Makro- oder Mikrokosmos, das gesamte Leben ist ein ständiger Prozess von Veränderungen. Nichts geht verloren. Alles wirkt sich aus, hinterlässt Spuren, beeinflusst die Umgebung und wird selbst dabei verändert.

Diese Grundeinsicht gilt nicht nur für die physikalisch-materielle Dimension unserer Welt. Sie gilt auch für geistige Prozesse, für das, was wir denken, empfinden, tun oder unterlassen. Das Gute und das Bösartige. Nichts geht verloren. Ich deute diese Tatsache grundsätzlich als Trost – speziell für jene Menschen, die den Eindruck haben, dass ihre ganze Lebensmühe umsonst war. Der Saldo unter ihrer Lebensbilanz ist ihrer Meinung nach nicht genügend. Das, was sie aufzubauen versucht haben, scheint ihnen wie weggewischt zu sein. Die nachfolgende Generation distanziert sich von ihren Vorstellungen und all dem, was sie mühsam „erwirtschaftet" haben. Ich halte dagegen, dass wir diese Rechnung nicht zu rasch machen sollten. Vieles, was im Laufe der Zeit an Gutem investiert wurde, wird meist erst später als solches erkannt, und vieles muss auch vergehen – auch wenn dieses Faktum schmerzt. Wo wäre denn Platz für Neues? Dennoch halte ich daran fest: Nichts geht verloren! Es gibt eine „Ökonomie Gottes" mit einer anderen, nicht-weltlichen Gesetzmäßigkeit. Gott sieht, was die Absicht des Menschen war und ist. Er sieht und bewahrt in seinem Gedächtnis, was jemand an Geist und Herzblut investiert hat. Er lässt sich nicht blenden von äußerlicher Attraktivität oder scheinbarer Nutzlosigkeit. „Gott sieht das Herz." (1 Sam 16,7) Was aus Liebe getan wurde, hat Bestand.

Umkämpfte Aufmerksamkeit

Das Faktum, dass nichts verloren geht, löst im Zeitalter digitaler Mega- und Giga-Speicher natürlich auch beklemmende Gefühle aus. „Nichts geht verloren", klingt doch mit Recht bedrohlich. Alles, was es an Informationen über uns gibt, was wir bewusst oder indirekt durch unser Google-Suchverhalten und jegliche Netzaktivität an Spuren hinterlassen, wird gespeichert. Für immer. Mit dem digitalen Profiling gibt es uns längst schon als Spiegelbild in der digitalen Welt. Eine eigenartig reale Zweit-Existenz, die wir mit jeder Netzaktivität nähren. Auch wenn wir uns gegen diese Datenspeicherung und -verarbeitung grundsätzlich nicht wehren können, besitzen wir die Möglichkeit der mehr oder weniger freien Wahl. Wir sollten zumindest unsere innere Freiheit nicht aufgeben, auch wenn sie oft schwer zu behaupten ist.

Bis zu einem gewissen Grad liegt es an uns, wofür wir in unserem Herzen (Speicher-)Raum freigeben möchten – was wir uns runterladen, „downloaden". Und was nicht. Ob wir dazu die nötige Freiheit und Widerstandskraft aufbringen, bleibt eine echte Frage und Herausforderung. Ich erwähne nur nebenbei das Suchtpotenzial, das im Konsum von Gewaltvideos und Pornografie aus dem Netz, aber auch in Online-Glücksspielen liegt. Wer auf Dauer „drinnen hängt", beschädigt sich und andere. Zurück bleiben abgestumpfte, zugemüllte und gleichzeitig ausgebeutete Herzen. Die Welt der ungefilterten Infos und Datenflüsse ist in jedem Fall mit uns nicht höflich. Sie dringt auf uns ein, triggert uns an, will permanent unsere Aufmerksamkeit. Unser Herz gleicht in diesem Sinne nicht nur einer enormen Speicherkarte oder Festplatte, sondern auch einem Schwamm, der aufsaugt, was ihm an roher Wirklichkeit begegnet.

Im öffentlichen Raum

Im Jahr 2021 lag für einige Wochen ein riesiger gelber Schwamm am Karl-Rahner-Platz vor der Jesuitenkirche in Innsbruck. „Der Schwamm 4.0" ist ein Kunstwerk und eine Inszenierung des in Teheran geborenen und in Hamburg lebenden Künstlers Michel Abdollahi. Wir kennen den dargestellten Gebrauchsgegenstand aus Küche und Badezimmer, benutzen ihn zum Reinigen von Haushaltsgeräten und Sanitäreinrichtungen. Das unübersehbare Objekt glich in Farbe, Form und Materialität exakt dem bekannten Haushaltsgerät. Der Reinigungsschwamm entspricht mit seinen Eigenschaften und seiner Struktur den organischen Schwämmen, wie sie in den Weltmeeren vorkommen. Das Geflecht flexibler Fasern ergibt eine Saugfähigkeit,

die wir bei einem Gebrauchsschwamm so schätzen. Das aufgeblähte Alltags-Ding hat neugierige Blicke und Verwunderung angesaugt. Leider wurde es auch Opfer von Vandalismus. Zuerst nur als Trampolin und knautschweiche Kuschelbühne zum Posieren für coole Selfies verwendet, haben sich die Leute recht bald am Objekt bedient: Teile wurden herausgerissen und in der Gegend verstreut. Ziemlich wehrlos, entstellt und mäßig attraktiv lag der große Schwamm bereits nach einigen Tagen da. Diese eigenartige Benutzung und schnelle Zerstörung deute ich als ein sprechendes Zeichen.

Der Herz-Schwamm

Der ungeschützt exponierte Schwamm versinnbildlicht eine wichtige Dimension des Herzens: Es saugt das verunreinigte Blut an, reinigt es und pumpt es mit Sauerstoff und Nährstoff angereichert wieder zurück in den Körper. Wir haben den überdimensionalen Schwamm bewusst vor jener Kirche gezeigt, in der sich ein spezielles Herz-Jesu-Bild aus dem Jahr 1767 befindet. Jährlich wird vor diesem Bild im Rahmen eines Gottesdienstes feierlich ein Gelöbnis eingelöst, das in Bozen im Jahr 1796 von den Tiroler Landständen angesichts einer prekären politischen Situation beschlossen wurde.

Für Michel Abdollahi ist der vergrößerte Putzschwamm ein Zeichen, um mit Kunst im öffentlichen Raum die „negativen Energien wie Hass, Fremdenfeindlichkeit und Intoleranz aufzusaugen". Er will daran erinnern, dass „leere Parolen, Korruption und Hetze das Fundament einer Demokratie ins Wanken bringen". Für diese Reinigungsaktion braucht es mit Sicherheit viele Schwämme! Viel Angst, Resignation, zerstörerische Aggression und Verzweiflung wären zu entfernen.

Zusätzlich dazu legt sich mir noch eine weitere Deutung der Schwamm-Installation nahe: Der menschgewordene Gott hat sich in der Person des Jesus von Nazareth alles zu Herzen genommen, was uns Menschen ausmacht. Unsere ganze Existenz hat er durch ihn „aufgesaugt", gereinigt und gewandelt – die unfassbare Fülle von Sehnsucht und Leid, Erwartungen und Enttäuschungen, die großartigen Momente und das millionenfache Versagen. Dafür ließ er sich in den Dreck ziehen, ja sogar zerreißen. Jesus ist das verwundete Herz Gottes. Ich habe dieses Herz wie einen riesigen Schwamm vor Augen, der sich verwenden lässt, alles Negative aufnimmt, reinigt, verwandelt und als eine neue Energie zurückgibt. Mit Sicherheit taugt dieser Herzschwamm nicht zum oberflächlichen Drüberpolieren, wo tiefere Wunden zu heilen wären.

Exkurs: Herzenstausch

Am Altar über dem Herz-Jesu-Bildnis wird in der Jesuitenkirche die zentrale Aussage Jesu zitiert: „Kommt alle zu mir, die ihr mühselig und beladen seid! Ich will euch erquicken." (Mt 11,28) Eine klare Einladung an alle Erschöpften und Ermüdeten, die überladenen Herzspeicher zu leeren – das tägliche Zuviel. Doch was sagt das barocke Bild? Es führt auf eine wichtige Spur der Herz-Jesu-Mystik. Jesus präsentiert

dem Betrachter sein verwundetes, brennendes Herz. Er reicht es auf seiner halb geöffneten Hand. Was ist damit gemeint? Ein Herzenstausch? In der katholischen Bildtradition wird dies so gedeutet. Auch ohne große mystische Versenkungen ist die Geste verständlich. Jesus bietet sein Herz an – es ist ein Symbol für Lebendigkeit, Liebe und Verletzlichkeit. Was möchte er dafür haben? Er bittet um das Herz dessen, der sich auf diese persönliche Kommunikation einlässt. Ja, tatsächlich, der lebendige Christus lädt mich als Betrachter ein, mein eigenes, vielfach überfordertes Herz ihm anzuvertrauen. Die offene, zärtliche Hand nimmt alles entgegen, auch alle Fragen und Zweifel – und Christus bietet dafür sein eigenes, lebendiges Herz an. Es geht um einen spirituellen Tausch – eine symbolische „Handlung", die eine effektive Entlastung von Sorgen und Ängsten bringen kann. Heilwerden und Versöhnung sind möglich, neue Klarheit und Orientierung im Zuviel unserer Zeit. Auf einen Aspekt möchte ich besonders hinweisen: Im faszinierenden Tausch wird dem eigenen Herzen eine neue Belastbarkeit und Liebesfähigkeit „mitgegeben". Jesus verheißt nicht das Blaue vom Himmel. Er bittet uns – ja uns, die Erschöpften, Müden, die Typen mit den vollen Speichern, „sein Tragejoch zu akzeptieren". Im Klartext: „Nehmt mein Joch auf euch und lernt von mir; denn ich bin gütig und von Herzen demütig; und ihr werdet Ruhe finden für eure Seele. Denn mein Joch ist sanft und meine Last ist leicht." (Mt 11,29f.) Den wirklichen Frieden des Herzens gibt es im Sinne Jesu nicht, den, indem wir alles loswerden, alles fallen lassen und uns zurückziehen – hinter uns die Sintflut, Tschüss und weg. Der eigenartige Herzenstausch beinhaltet die Bitte Jesu, ihm die zu schweren Lebenslasten zu übergeben und uns im Gegenzug für *seine* Sache, für *seine* Gerechtigkeit, für *seine* Anliegen – in sein „Joch" einspannen zu lassen. Die Konsequenz ist eine innere Ruhe, meist auch eine wachsende Freude und Ausgeglichenheit. Umgekehrt stellen sich eher Leere und Frustration ein, wenn der Mensch auf die eigenen Sorgen und Befindlichkeiten fixiert bleibt. Der mögliche Herzenstausch ist in jedem Fall eine verrückte Sache – heilsam, befreiend, entlastend.

Ein Tipp für Mama

Sie ist ein Herz-Schwamm. Meine Mama hat bereits ein langes und entbehrungsreiches Leben hinter sich: eine große Familie gemanagt; eine arbeitsintensive Landwirtschaft im Nebenerwerb geführt; jahrzehntelange Baustellen am Stallgebäude und Bauernhaus; eine langjährige Pflege der eigenen Eltern; ein immer offenes Haus für Gäste, und – als ob dies nicht ausreichen würde – meine Mama ist die personifizierte Anteilnahme an den Schicksalsschlägen unzähliger Menschen. Die Leute melden sich per Telefon oder kommen vorbei. Mama ist fast immer erreichbar, sie hört zu, versucht zu verstehen, trägt Sorgen mit und betet für die Leute – äußerst verlässlich. Gelegentlich habe ich probiert, ihr den Tipp zu geben, einmal ein Telefonat nicht anzunehmen oder einen Besuch abzusagen, um auf die eigenen Kräfte zu achten. Sie bringt es kaum übers Herz. Ihr Geheimnis ist ein enormes Gottvertrauen – was sie aufsaugt, aber selbst nicht klären, geschweige denn lösen kann, gibt sie an die „höhere Instanz" weiter. Dadurch bleibt ihr trotz aller Beanspruchung eine innere Frische und Herz-Schwamm-Qualität erhalten.

Viele solidarische Herz-Schwämme dieser Art bräuchten wir, damit sich mehr Menschen entlasten können. Und es gibt sie. Nicht nur ein kurzlebiger Applaus, sondern ein regelmäßiger Dank gebührt den vielen Menschen, die in den typischen „Zuhörberufen" so etwas wie Schwämme der Aufmerksamkeit sind: Therapeuten, Ärzte, Seelsorgerinnen, Priester, Frauen und Männer in den Sozial- und Pflegeberufen und an vielen anderen Knotenpunkten unserer Gesellschaft. Im Zuviel unserer Zeit helfen sie den ihnen anvertrauten Menschen beim Ordnen, Klären und Sortieren aller Zumutungen des Lebens. Sie scheuen meist nicht den Einsatz, das Gebrauchtwerden und die damit zwangsläufig verbundene Abnutzung. Schwämme sind verletzlich, sie würden aber ebenso durch ein Nicht-benützt- oder Nicht-gebraucht-Werden spröde, hart und unansehnlich. Das ist ihr (Herz-)Schicksal.

Selbstreinigung und Prävention

Ein Schwamm bleibt nur funktionstüchtig, wenn er nicht nur aufsaugt, sondern auch selbst regelmäßig ausgepresst und gereinigt wird. Sonst verdreckt und verstopft er. Wie ein Herz sich ständig ausdehnt und zusammenzieht, Verschmutztes ansaugt, reinigt und die neue Energie wieder abgibt, so funktioniert eben auch jeder Schwamm. Aber was tun, wenn diese Abläufe überlastet oder gestört sind? Überlastete

Herz-Speicher können zur *Acedia* führen. Mit diesem Begriff bezeichnet die Tradition ein Gefühl von Niedergeschlagenheit, Widerwillen, Null-Bock-Stimmung – schlichtweg den Verlust von Interesse und Lebens-Neugier. Was kann rechtzeitig helfen? Mit Sicherheit kluge Filter und Firewalls – um eine Verseuchung mit Viren zu vermeiden. Wir kennen ihre Namen: Verzweiflung, Hass, Missgunst, Zynismus, um nur einige zu nennen. Sie können die „Datenverarbeitung" im Herzen beeinträchtigen und das ganze System lahmlegen. Gegensteuerung? Ja, mit Stille, bewusster Reduktion der permanenten Erreichbarkeit, mit Gebet, Lektüre, Entspannung in der Natur ... Diese und ähnliche Entlastungsübungen wirken heilsam und präventiv, sie schützen und weiten das menschliche Herz. Unbedingt zu erwähnen ist die Bedeutung einer guten Begleitung. Jedes Miteinander-Überlegen, -Reflektieren und -Unterscheiden kann zur Entlastung beitragen. Ebenso wenig ist es eine Schande, rechtzeitig Seelsorge und Therapie in Anspruch zu nehmen. Ein sympathisch-kritischer Blick von außen und ein klärendes Wort können eine reinigende und entkrampfende Wirkung haben. Wir brauchen einander. Hilfreich für eine regelmäßige Reinigung und Entlastung der inneren Datenspeicher ist auch eine abendliche Gewissenserforschung, eine *Révision de Vie*, wie es auf Französisch heißt. Es ist ein kurzer Rückblick auf den Tag, wenn möglich nicht mit einer Fixierung auf das eigene und fremde Versagen. Wichtiger und heilsamer bei dieser „Tagesinventur" ist der Dank für die vielen Momente, wo trotz aller Beschränktheit etwas gelungen ist. Dann können Körper, Seele, Geist und Herz verlässlich zur Ruhe kommen.

Die Mitte frei halten!

Sich und anderen Stille schenken! Ich musste es wieder lernen. In einer Phase konfliktreicher Auseinandersetzungen habe ich begonnen, mich spätabends neben meinem Bett hinzuknien und zehn Minuten in Stille zu verbringen. In mir ist Ruhe eingekehrt. Ohne große Anstrengung sind die erfreulichen Momente des Tages aufgetaucht, aber ebenso Situationen, die sich wie Niederlagen angefühlt haben. Die Stille hat mir geholfen, alles wahrzunehmen und ohne Beschönigung sein zu lassen.

„Stille schenken!" Sich selbst und anderen. Die Menschen wurden ermutigt, im nervösen Geschäft ihres Alltags eine reale Unterbrechung einzubauen. Der Anstoß zu dieser einfachen, aber doch so wirksamen Kampagne im Winter 2021 kam vom Theologen Otto Neubauer, der sich in einer erfrischend jesuanischen Haltung unermüdlich für Begegnung und Dialog einsetzt. Mit 10-Sekunden-Stille-Videos wurde die Initiative in den sozialen Medien verbreitet. Unter den Teilnehmenden entstand eine wertvolle Verbundenheit – heilsam alternativ zur immer spürbareren Zerrissenheit in der Gesellschaft.

Ein prominenter Unterstützer von „Stille schenken!" war der französische Unternehmer Philippe Pozzo di Borgo, der durch sein verfilmtes Schicksal in „Ziemlich beste Freunde", ein Millionenpublikum erreicht hat. Nicht nur sein Schicksal einer Querschnittslähmung wird darin dargestellt, sondern vor allem die bewegende Freundschaft mit dem unprofessionellen Pfleger Driss, gespielt von Omar Sy. Das Plädoyer von Pozzo di Borgo ist klar formuliert: Wir brauchen Stille, um wieder begegnungsfähig zu werden. Unsere zerrissene Gesellschaft kann sich nur erneuern, wenn wir im anderen „seine Vielschichtigkeit, Zerbrechlichkeit und seinen Ruf nach Würde" neu entdecken. Nur in der Stille finden wir den Zugang zum „inneren Reichtum", zur Mitte von uns selbst und zur Mitte unserer Nächsten. Begegnung wird möglich. Das Herz bezeichnet diese persönliche Mitte des Menschen. Sie wahrzunehmen, freizuRäumen und freizuhalten, ist für uns alle ein Dauerauftrag.

Zwei Herzen?

Unser physisches Herz wird durch eine muskulöse Scheidewand in zwei Pumpsysteme aufgeteilt – „das linke und das rechte Herz". Die Redeweise vom linken und rechten Herz ist berechtigt, auch wenn es natürlich um dasselbe Organ geht. Jedes dieser beiden „Herzen" besteht aus einem Vorhof und einer Herzkammer. Die Kammer im linken Herz ist größer und kräftiger, weil sie das Blut mit höherem Druck durch den gesamten Organismus pumpen muss. Die Kammer im rechten Herzen ist schwächer ausgebildet, weil sie mit einem wesentlich niedrigeren Druck lediglich das Blut in die Lungenstrombahn zu befördern hat. Trotzdem bilden beide Herzhälften bzw. beide Herzen eine Einheit mit exakt aufeinander abgestimmter Arbeitsteilung. Zwei Herzen! Zwei Räume, die ineinandergreifen.

Dieser anatomische Befund ist bezeichnend: Wir sind von Natur aus auf Kommunikation angelegt. Dialog, nicht Monolog ist uns ins Herz geschrieben! Der Grundrhythmus der zwei perfekt koordinierten Pumpsysteme macht deutlich, dass wir als weltbezogene Wesen auch zwei Kreisläufe brauchen – einen inneren, dessen Aufgabe die Reinigung und Sauerstoffanreicherung ist, und einen äußeren, der den gesamten Körper mit neuer Energie zu versorgen hat. Beide Systeme benötigen und bedingen einander – Innerlichkeit und Welt-Zugewandtheit.

Ein hörendes Herz

Wünsche und Bitten gibt es viele – mehr Erfolg, Spaß bei der Arbeit, Glück in der Liebe, endlich einen Lottogewinn, keine Demenz

im Alter und vieles mehr. Eine davon abweichende Bitte ist uns von König Salomo überliefert: Der Nachkomme König Davids hat sich bei seiner Thronbesteigung ca. 1000 v. Chr. nicht militärische Erfolge, Macht oder Ansehen gewünscht – all das wäre nachvollziehbar gewesen. Er hat schlicht um Weisheit und Verständnis für die vor ihm liegende Aufgabe gebetet: „Verleih daher deinem Knecht ein hörendes Herz, damit er dein Volk zu regieren und das Gute vom Bösen zu unterscheiden versteht!" (1 Kön 3,9) Seine Bitte wurde erhört. Salomo war nicht nur weise, sondern auch unerhört erfolgreich. Er baute den legendären, ersten Tempel in Jerusalem. Sprichwörtlich wurden sein Weisheitswissen und das berühmte „salomonische Urteil". Um uns nicht blenden zu lassen – angesichts der vielen Manipulationen, Fake News und „alternativen Fakten" –, bräuchten wir heute eine große Dosis seiner Hinhör-Fähigkeit und Urteilskraft.

Am Anfang steht das Hören, nicht das Wort, nicht die Tat. Die innere Hörbereitschaft macht den Unterschied. Das jüdische Glaubensbekenntnis, das *Schma Jisrael,* beginnt mit dieser Haltung: „Höre Israel! Der Ewige, unser Gott, der Ewige ist eins." Zuerst Hören! Das Nicht-Hören war die Urversuchung des Volkes Israel. Es war gleichbedeutend mit Ungehorsam und wurde als „Verstockung des Herzens" beschrieben. Weil das Hören auf die Weisungen Gottes allen Aktivitäten vorausgehen muss, tragen fromme Juden das *Schma Jisrael* immer bei sich. Es befindet sich in den *Tefillin,* den kleinen, eckigen Kapseln, die mit Gebetsriemen an den Armen und auf der Stirn befestigt sind. Übrigens: Die unübertroffene Meisterin wirklichen Hörens war die aus Nazaret stammende, junge Maria. Sie war bedingungslos offen für Gottes Wirken – auch und gerade dann, als sie dadurch in eine höchst prekäre Lage geriet. Ihr Ja war kein „Ja, aber". Sie wurde die Mutter Jesu.

Die Kunst des Zuhörens

„Man sieht ihnen nicht an, dass sie besser hören. Aber Sie spüren den Unterschied." Eine tolle Werbung für Hörimplantate und Hörgeräte! Hören ist nicht gleich Hören. Otto Scharmer, Ökonom in Cambridge, hat in seinem Buch „Theorie U" vier Stufen des Zuhörens beschrieben. Scharmers Grundthese: Wie sich eine Situation entwickelt, hängt von der Art des Zuhörens ab. Es ist grundsätzlich eine Frage der Achtsamkeit.

Die erste, niedrigste Stufe des Zuhörens dient der Bestätigung persönlicher Denkmuster. Wir hören nur das, was unseren gewohnheitsmäßigen Überzeugungen entspricht. Die zweite Stufe ist das „faktische

Zuhören". Es geht um einen rationalen Wissensabgleich von Fakten, aber auch um die Feststellung von Defiziten und Differenzen. Im schlimmsten Fall wird bereits während des Zuhörens für die Gegenrede aufmunitioniert. Die dritte Art des Zuhörens ist das „empathische Zuhören": Wir versuchen, uns in den Sprechenden hineinzuversetzen und mitzufühlen. Mit einer direkten Herz-zu-Herz-Verbindung soll die Botschaft hinter dem Gesagten erfasst werden. Wenn wir in dieser Weise empathisch zuhören, beginnen wir, die Welt mit den Augen des anderen zu sehen. Das ist bereits eine enorme Herzensleistung! Und nicht zuletzt gibt es die vierte Stufe, das „schöpferisch-gegenwärtige Zuhören": Wir lassen zu, dass das Gehörte uns berührt, etwas in uns bewirkt und nachhaltig verändert. Wer in dieser Weise zuhört, gibt seinem Gesprächspartner nachhaltig in sich Raum. Neues kann wachsen. Diese Art des Zuhörens schafft eine neue Wirklichkeit. Es ist ein kreativer Akt, der einen entsprechenden Freiraum benötigt.

Freiraum schaffen!

Eine dramatische Entrümpelungsaktion findet sich im Neuen Testament. Ein außer sich geratener Jesus vollzieht eine „Tempelreinigung", die sich gewaschen hat. Zur Erklärung: Der Tempel in Jerusalem war der Ort der besonderen Gegenwart Gottes – ein hochfrequentierter Platz für Gebete, Gottesdienste und die Opferung von Tieren. Dass sich im Gefolge dieser religiösen Betriebsamkeit auch eine entsprechende Geschäftemacherei entwickelte, liegt auf der Hand. Das Herzstück der riesigen Tempelanlage war jedoch das Allerheiligste, ein nahezu leerer Raum, in dem sich nur die Bundeslade mit den Gesetzestafeln befand. Im Vorhof herrschte jedoch reger Marktbetrieb – das Geldwechseln, der Erwerb und die Schlachtung der Opfertiere gehörten ganz selbstverständlich dazu. Alle hatten sich daran gewöhnt. Jesus nicht. Ungewöhnlich hart war sein Eingreifen. Zornig stieß er die Tische der Geldwechsler um und vertrieb die Händler mit einem schroffen Vorwurf: „Schafft das hier weg, macht das Haus meines Vaters nicht zu einer

Markthalle!" (Joh 2,16) Dass er sich damit beträchtlichen Ärger zuzog, ist wohl klar. Es war ein Statement für ein freies Menschsein, kritisch gegenüber jeder Form von „Religionsbetrieb" und jeder rücksichtslosen, kapitalistischen Vermarktung: Das Wohlergehen des Menschen, seine körperliche und seelische Gesundheit dürfen doch nicht der Logik von Geld, Handel und Gewinn „geopfert" werden. In seinem heiligen Zorn ging es Jesus bei Weitem nicht nur um eine äußerliche Säuberung der Tempelanlage, sondern um das Herz des Menschen – das innere, eigentliche Heiligtum! Für Jesus ist es unerträglich, wenn dieser heilige Ort zum Marktplatz verkommt. Der so gar nicht harmlose Rabbi aus Galiläa kämpft um die Mitte des Menschen, die durch nichts „besetzt" sein darf.

„Besuchbar" sein?

In einer für mich persönlich schwierigen Phase rief mich ein Freund an und fragte, ob ich „besuchbar" sei. Schon die Frage hat mich innerlich getröstet. Mein Freund ist nicht mit der Tür ins Haus gefallen. Geblieben ist mir die Frage: „Bist Du besuchbar?" Es ist nicht selbstverständlich, dass wir jemanden empfangen wollen und dazu auch imstande sind. Neben all den berechtigten Argumenten, einmal für sich bleiben zu wollen, ist es die Frage, ob unser Herz frei genug und „aufgeräumt" ist, um jemanden zu empfangen. Ein wirklicher Besuch, nicht ein flüchtiges Vorbeischauen, beansprucht Zeit und inneren Frei-Raum.

Im berühmten Kenosis-Hymnus, der sich im Brief des Apostels Paulus an die Gemeinde in Philippi befindet, heißt es über Jesus: „Er, der in der Gestalt Gottes war, sah das Gott-gleich-Sein nicht als Raub an, sondern entäußerte sich." (Phil 2,6f.) Die englische Übersetzung drückt es deutlich aus: *„He emptied himself."* Umgekehrt wird im Englischen für Stolz und Hochmut der Ausdruck verwendet: *„He is full of himself."* Sinngemäß übersetzt: Voll besetzt durch das eigene Ego. Das Leerwerden ist die Voraussetzung, um in Beziehung treten zu können – und nicht mit den eigenen Befindlichkeiten und wuchernden Eigeninteressen vollgestopft zu sein. Jesus hat sich „geleert", sich radikal innerlich freigeräumt, um uns bei sich zu empfangen und aufzunehmen.

Resonanzraum Herz

Die beiden Herzen in uns beschreiben die Fähigkeit, Wahrnehmungen und Informationen innerlich abzuwägen – wie in einem Gespräch mit sich selbst zu prüfen. Unser Herz hat die Fähigkeit zur Resonanz. Dieser Begriff bekam in den letzten Jahren durch Hartmut Rosa sehr viel Aufmerksamkeit. Der deutsche Soziologe beginnt seine Erklärung mit der Resonanzerfahrung, die bereits ein Neugeborenes macht. Es wird angesprochen und lernt, „mit eigener Stimme" zu reagieren. Langsam wird dadurch das Vertrauen zu einem Gegenüber und zu einer realen Außenwelt aufgebaut.

Hartmut Rosa unterscheidet mehrere Dimensionen von Resonanz: Bei allen zwischenmenschlichen Beziehungen, inklusive Familie und Freundschaft, spricht er von „horizontalen Resonanzen". Auch „gesellschaftspolitische Resonanz" findet sich auf dieser Achse. Diagonal siedelt er alle Beziehungen und Tätigkeiten aus den Bereichen Arbeit oder Sport an. Als „vertikale Resonanz" gilt schließlich der Umgang mit Natur, Kunst, Geschichte oder Religion. In all diesen Bezügen wird das Leben um seiner selbst willen als intensive Begegnung und Beziehung erfahren. Selbst- und Fremdwahrnehmung fließen ineinander, es wird ein Klang im Herzen des Menschen erzeugt. Diesen drei Resonanz-Bezügen entgegengesetzt ist alles, was allein auf das Erreichen zweckdienlicher Ziele ausgerichtet ist – auf Dienstbarmachung und Beherrschung.

„Resonanz" lässt sich nicht programmieren, schon gar nicht herstellen. Noch pointierter ausgedrückt: Der Mensch ist Resonanz. Offenheit, Beziehungsfähigkeit und „Bewohnbarkeit" gehören zu seinem Wesen.

Gefährlicher Leerstand

Am Schulweg meiner Kindheit befand sich ein Haus, das relativ verwahrlost und sanierungsbedürftig war. Im Parterre wohnte eine alte Dame mit ihren zwei Ziegen und unendlich vielen Katzen. Der Rest stand leer. Wir Kinder waren neugierig, wussten aber nicht, wie es zu dieser prekären Wohnsituation gekommen war. Wir waren überzeugt, dass es in diesem verlotterten Haus „geistert".

Der Leerstand eines Gebäudes oder einer Wohnung ist an sich schon ein Problem. Es braucht weder einen besonderen Schaden am Dach noch an der Installation – ein leerstehendes, nicht beheiztes und nicht regelmäßig gelüftetes Objekt verkommt fast automatisch zur Ruine. Ein treffendes Bild für uns Menschen. Wir sind nicht für den Leerstand geschaffen, sondern dafür, innerlich bewohnt zu sein – durch Begegnungen und Beziehungen beschenkt, gefordert und „erfüllt". Längerfristig „unbehaust", verkümmert das Herz des Menschen, vereinsamt und verkommt.

Eine weitere Gefahr droht: Als Jesus einen Dämon ausgetrieben hatte, warnte er davor, dass der Dämon mit sieben noch schlimmeren Kollegen zurückkäme, falls das Haus längerfristig leerstünde. (Lk 11,24ff.) Wie viele „ungute Geister" hausen in unseren inneren Wohnungen! Es sind anonyme Kräfte, Ansprüche, uralte Reaktionsmuster und negative Mächte, die wir aus der Umgebung aufsaugen. Sie treiben uns im Kreis, machen systematisch nervös – übertreiben und verharmlosen zugleich, hetzen und ermüden, lähmen und blockieren. Vorsicht vor diesen „Abergeistern"!

Besuch von Gott?

Anderes ereignet sich, wenn sich der Mensch für Gott öffnet – seiner geistvollen Gegenwart Gast- und Wohnrecht gibt. Gott drängt sich nicht auf. Er klopft an unser Herz. Wie ein vornehmer Gast wartet er, dass wir ihm öffnen, Raum geben. Leider schrecken viele vor dieser Begegnung, diesem Besuch zurück. Sie empfinden Gott gegenüber Misstrauen. Es ist der uralte Verdacht, dass er Konkurrent unseres Glücks sein könnte, ein Aufpasser und Spaßverderber. Dieser Verdacht sitzt tief. Warum? Eine weit zurückliegende Ursache liegt bestimmt in einer missbräuchlichen Glaubensvermittlung, in der mit Gottes Zorn gedroht wurde, mit „Hölle, Tod und Teufel". Heute sind wir eher bei einem spirituellen Kuschelkurs gelandet – Gott wird verharmlost zu einer anonymen Kraft oder einem Teddybär, der weder was zu sagen hat noch bewirken kann. Niemandem bleibt es erspart, die falschen Gottesbilder aus dem eigenen Herzspeicher zu löschen. Gott ist niemals der Konkurrent unseres Glücks! Das Gegenteil ist der Fall, wie es der Kirchenvater Irenäus von Lyon (135–202) ausgedrückt hat: „Die Freude Gottes ist der lebendige Mensch." Auch wenn Gott in einem Menschen Wohnung genommen hat, okkupiert er dessen Mitte nicht.

Ein Plädoyer für „Innerlichkeit"

„Du aber, wenn du betest, geh in deine Kammer, schließ die Tür zu; dann bete zu deinem Vater, der im Verborgenen ist!" (Mt 6,6) Diese klare Aussage Jesu weist den Weg nach innen – in die Herzkammer, wo Begegnung stattfinden kann. „Innerlichkeit" gewinnt an Bedeutung, auch wenn uns dieser Begriff nicht mehr geläufig ist. „Entdecke die Tür zu deinem Herzen und du wirst das Paradies entdecken", predigte der Kirchenvater Johannes Chrysostomos. Bei einer Firmung habe ich den jungen Leuten vorgeschlagen, mindestens so intensiv auf das *Soulfit* wie auf das *Outfit* zu achten. Die spannungsreiche Balance zwischen innen und außen muss von unserem Herz gehalten werden. Es sorgt auch dafür, dass die notwendige Innerlichkeit nicht zu einer narzisstischen Nabelschau verkommt. Das Herz ist der Mut zu neuer „Lebenstiefe" (Clemens Sedmak) und Weltbezogenheit zugleich. Warum also mehr Innerlichkeit?

- *Innerlichkeit* gleicht aus. Sie ermöglicht in nervöser Zeit ein gewalt- und aggressionsarmes Sprechen und Handeln.
- *Innerlichkeit* entschleunigt. Sie widersteht einem krankhaften Aktionismus und befähigt zu einer neuen Dankbarkeit.
- *Innerlichkeit* stabilisiert. Sie bewahrt vor Panik und befähigt zu einem angemessenen Verhalten in Krisensituationen.
- *Innerlichkeit* stärkt. Sie vermittelt einen langen Atem und das nötige Durchhaltevermögen für die Umsetzung von Visionen.
- *Innerlichkeit* konzentriert. Sie bewahrt vor Zerstreuung angesichts einer raffinierten Ausbeutung unserer Aufmerksamkeit.
- *Innerlichkeit* verbindet. Sie stärkt die Beziehung mit Gott und macht den Glaubenden zum Netzverstärker göttlichen Segens.
- *Innerlichkeit* tröstet. Sie spiegelt Gottes Ja zum Leben und befreit zur Annahme von Krankheit, Schwäche und Gebrechlichkeit.
- *Innerlichkeit* macht verlässlich. Sie ermutigt zu treuen Beziehungen, Freundschaften und vielfältigen Begegnungen.
- *Innerlichkeit* baut auf. Sie befähigt zu einer liebevollen Lebensweise, zu einem Sehen und Urteilen mit den Augen Gottes.

Vulnerabilität? Wer Herz hat, kann Schwäche zeigen

So viele Wunden! Die spontane Reaktion kam von Liz, einer amerikanischen Künstlerin mit asiatischen Wurzeln, die ich durch eine pfarrliche Kunstsammlung christlicher Statuen und Bilder geführt habe. *So many wounds!* Es war für sie die erste Begegnung mit der für uns geläufigen barocken Bilderwelt. Durch ihr Befremden bin ich stutzig geworden – ja, sie hat genau hingeschaut: Die Wunde am Oberschenkel des Hl. Rochus, mindestens fünf Pfeile im attraktiven Körper des Hl. Sebastian, ein Bild von Christus an der Geißelsäule und – augenfällig – sieben Schwerter in der Brust der leidenden Jungfrau Maria. So viele Wunden! Tatsächlich wurden wir bei diesem Museumsbesuch mit viel Leidenssymbolik konfrontiert. *What's that?* Höchst intensiv hat mein Gast auf eine üppige Herz-Jesu-Darstellung reagiert – ein intensiv rotes Herz mit Feuerflammen und Seitenwunde. Ein Logo für *Love* und *Happiness* schaut doch anders aus, nicht wahr? Ich habe erklärt, dass Jesus immer Herz gezeigt hat – in allem, was er gesagt und getan hat. Er war und ist das offene Herz Gottes und damit auch „verwundbar". Die christlichen Bildwerke spiegeln sehr intensiv die Palette individueller und kollektiver Leiderfahrungen.

Nach dem Rundgang im Museum habe ich Liz in die nahe gelegene Barockkirche geführt. Auch dort war sie wieder „geflasht" – sorry für diesen Anglizismus, hier muss er sein. Blitzartig ein anderes Bild: ein ekstatisch-fröhlicher Auftritt unzähliger Heiliger und ein faszinierender Blick in den aufgerissenen Himmel. Im dynamischen Deckenfresko verbindet sich die irdische und göttliche Welt in einem einzigen Rausch von Farben, Figuren und Licht. Lebens- und Glaubensfreude pur! Die Wunden und der offene Himmel gehören zusammen. Damit erhielt der ursprüngliche Einwand von Liz einen anderen Horizont.

Die zahlreichen Verwundungen, Irritationen, Verluste und Enttäuschungen, die es zu erleiden gibt, machen unser Leben aus, zumindest die Narben, die daran erinnern. Sie zu leugnen oder krampfhaft zu verdrängen, nimmt die durchwachsene Geschichte des realen Lebens nicht ernst. Es gibt keine echte Biografie ohne Wunden. Alles, was uns zu Herzen geht und damit auch verwundet, formt unsere Identität. Was uns zeichnet, zeichnet uns aus. Wir sind unsere Geschichte. An scheinbar unverwundbaren, glatten, wie mit Teflon beschichteten Menschen bleibt nichts haften – dementsprechend gesichtslos ist letztlich auch ihr Leben.

Macht es Sinn, verwundbar zu sein?

Vulnerabilität – das Fremdwort mussten wir in der Pandemiezeit lernen, aber es ist immer noch schwer auszusprechen. Wir haben gelernt, dass es im medizinischen Jargon die Anfälligkeit für Infektionen, eine Immunschwäche oder grundsätzlich eine körperliche Schwäche bezeichnet. In den coronabedingten Maßnahmen spielten die „vulnerablen Personen" eine wichtige Rolle – alte und pflegebedürftige Menschen, Kinder, Schwangere, Personen mit mentaler Beeinträchtigung oder psychischer Belastung.

Unabhängig von einer aktuellen Gesundheitskrise zeigt sich die Herzqualität einer Gesellschaft am Umgang mit den besonders Verwundbaren. Neben der physischen muss auch die psychische und soziale Vulnerabilität beachtet werden. Eine bestimmte Milieuzugehörigkeit, Bildungsdefizite und andere Benachteiligungen drängen leider recht verlässlich bestimmte Gruppen auf die Verliererstraße. Es braucht herzhafte Sensibilität, um solche Entwicklungen wahrzunehmen und gegenzusteuern. Dass wir *alle* verwundbar sind, war eine der wichtigsten Erkenntnisse in der jüngsten Pandemie. Das Virus mit seinen unberechenbaren Mutationen hat die Welt in Atem gehalten – zahllose

Verluste und Abschiede, überlastete und überforderte Gesundheitssysteme waren die Folgen. Ob wir nachhaltig etwas gelernt haben, ist schwer zu sagen – weniger Hochmut, Überlegenheitsgefühl und eingebildete Souveränität, dafür mehr Ehrlichkeit und Dankbarkeit? Verwundbar sind wir alle. Da wo wir unsere Verletzlichkeit spüren, wird uns ganz besonders die Kostbarkeit des Lebens bewusst. Darin liegt ein tieferer Sinn, eine Schule der Menschlichkeit. Tatsache ist, dass uns viele Selbstverständlichkeiten in den letzten Jahren entglitten sind.

Global verwundbar

Die Wohlstands-Welt, in der wir leben, ist verwundbarer geworden. Eingebildete Sicherheiten sind weggebrochen. Bereits im Jahr 2008 musste der Staat einspringen, um auf Kosten der Allgemeinheit marode Banken zu retten. War das nicht schon ein deutliches Warnsignal, dass die internationale Finanzwirtschaft ein aufgeblähtes, letztlich irreales Konstrukt ist? Während der Pandemie mussten wir die Illusion aufgeben, dass globale Seuchen von einer technisch hochgerüsteten Medizin sofort abgefangen werden könnten. Reisen war nicht mehr möglich. Und im Februar 2022 wurden wir aus dem Traum gerissen, dass im Nachkriegseuropa kein Staat einen anderen bestialisch überfallen würde. Die vorangegangenen Warnungen wurden gut verdrängt. Mit nuklearen Waffen wird wieder gedroht. Apokalyptische Szenarien, nur politische Angstrhetorik? Wir sind im höchsten Maß „terrorisierbar" und angreifbarer geworden. Internationale Hackerbanden kidnappen IT-Systeme großer Unternehmen, können Staaten lahmlegen, fordern astronomische Lösegeldsummen. Verwundbarkeit ist nicht lustig. Unzählige Millionen von Geflüchteten weltweit können davon erzählen, besonders auch jene, die in den Elendslagern an den Rändern des europäischen Kontinents ausharren. Unfassbar viele humanitäre Wunden! Und wie sehr uns der voranschreitende Klimawandel vor sich hertreibt, wird durch die Häufung von Unwetterkatastrophen, Trockenperioden, Waldbränden und Ernteausfällen immer deutlicher.

Ich erinnere an die Hochwasserflut im Juli 2021 in Deutschland. Extrem stark betroffen waren neben dem Ahrtal auch andere Eifel-Regionen sowie die Stadt Trier. Was Menschen über Jahrzehnte aufgebaut haben, wurde innerhalb kürzester Zeit weggerissen, weggeschwemmt. Auch in alpinen Regionen vermehren sich Hangrutschungen und Vermurungen. Der Gletscherschwund kann auch in Tirol mit riesigen Abdeckfolien nicht aufgehalten werden. Globale Verwundbarkeit ist ein Faktum.

Zeige deine Wunde

Es gibt nur wenige Kunstwerke, die mich so berührt haben wie das Werk von Joseph Beuys „zeige deine Wunde" aus dem Jahr 1976. Es befindet sich im Lenbachhaus in München, hat beim Ankauf einen riesigen Skandal ausgelöst und regt immer noch auf. Man sieht in einem großen klinisch anmutenden Raum zwei Leichenbahren aus der Pathologie, darüber zwei Kästen aus verzinktem Eisenblech mit

Glasscheiben, die von innen mit Fett bestrichen sind. Unter den Betten sieht man zwei Behälter mit Fieberthermometer und Reagenzglas. An der Wand darüber hängen zwei schwarze Schultafeln, die von Beuys mit Kreide beschriftet wurden: „zeige deine Wunde". Links daneben lehnen zwei geschmiedete Werkzeuge (Schäleisen) an der Wand. Weitere Details zähle ich jetzt nicht auf. Nach dem Ankauf wurde in der Boulevardpresse über diesen „teuersten Sperrmüll aller Zeiten" heftig diskutiert. Scheinbar nichts wert – und doch berührt die Installation. Das Thema ist die Abwesenheit des Menschen, kein Verwundeter, kein Toter. Die archaische Apparatur ist hergerichtet, aber die Masse ist in eine heile, cleane Welt geflüchtet. Vieles wird einfach verdrängt – auch psychische Beeinträchtigungen und Belastungen oftmals ins Schweigen getaucht. Joseph Beuys hat dementgegen bereits in den 1970er-Jahren das Thema der Verwundbarkeit in den Kunstdiskurs und in die öffentliche Debatte zurückgebracht. Die Vision von einem Leben ohne Leid ist eine gefährliche Illusion, ein falsches Versprechen, eigentlich eine Anstiftung zur Lieblosigkeit. Die Wirklichkeit ist anders. Es kann uns etwas zu Herzen gehen, weil wir innerlich berührbar, ja verletzbar sind. Ein verhärtetes Herz lässt sich nicht betreffen.

Sich leiden können

Herz ist Symbol für Leben, Liebe und Leid. Höchste Vitalität und Verwundbarkeit gehören zusammen. Mir gefällt der Ausdruck, *sich und andere leiden mögen*. Er benennt die Fähigkeit des Herzens, sich und andere auszuhalten, einander wahrzunehmen, zu ertragen und gelten zu lassen. Das ist insgesamt keine geringe Herausforderung. Aus dem Griechischen stammt dafür das Wort *sympathein*, das wir mit „sympathisch" übersetzen – die Fähigkeit, mit jemandem leiden zu können, jenseits von oberflächlicher Sympathie oder spontaner Zuneigung.

Liebe ist in jedem Fall ein risikoreiches Unterfangen. Liebe öffnet das „Fenster der Verletzlichkeit" (Manfred Scheuer) und damit auch den Raum für Enttäuschung, Vereinnahmung und Verausgabung.

Billiger gibt es authentische Liebe nicht. Ein liebendes Herz ist wie ein offener Raum, der sich einer anderen Person zur Verfügung stellt. Missverständnisse, Störungen und Belastungen bleiben damit nicht außen vor. Alles beansprucht Raum. Jeder weiß, wie wohl es tut, sich jemandem ganz anvertrauen zu können, alles frei von der Leber erzählen zu dürfen. Und wie heilsam es ist, wenn in solchen Momenten auch die mitgebrachten Enttäuschungen, eine aufgestaute Wut, Verletzungen und Wunden zur Sprache kommen dürfen. Wer wünscht sich nicht, in seinem ganzen Sein wahrgenommen, respektiert, geliebt – und gelegentlich auch umarmt zu werden? Nur so ist Heilung möglich.

Öffentliche Aussprache

Eine drogensüchtige, relativ junge, kleine, schrill gestylte Frau wird in der Fußgängerzone von einer kleinen, älteren Frau intensiv umarmt, vermutlich ihre Mutter oder Großmutter – oder? Vorausgegangen ist dieser innigen Begegnung ein heftiger Streit, der auf offener Straße ausgetragen wurde. Keine Seite hat mit Vorwürfen und Anschuldigungen gespart, auch nicht mit Gehässigkeiten. Lauthals wurde zwischen der älteren und der jüngeren Frau alles herausgeschrien, was sich in beiden an Verletzungen aufgestaut hat. Die jüngere Frau war in Begleitung von augenscheinlich drogensüchtigen Freunden und Bekannten. Der Streit wurde immer lauter ausgetragen, für uns Außenstehende, die wir zufällig dazukamen, irritierend, peinlich und berührend zugleich – waren doch die schonungslos benannten „Wunden" mehr als verständlich und nachvollziehbar. Plötzlich endete diese eigenartige öffentliche Aussprache. Die „Tochter" wandte sich ab und wollte weg, doch die „Mutter" lief ihr aufgeregt nach und stellte sich ihr in den Weg. Die „aufgezwungene" Umarmung lehnte sie anfangs ab, aber nach nur wenigen Augenblicken ließ sie sich auf die Geborgenheit der Umarmung ein. Und es war fühlbar eine Ruhe zwischen ihnen, ein Angenommen- und Geborgensein trotz der heftigen Vorgeschichte. Die Ruhe übertrug sich auf uns, die wir mittlerweile schon Publikum waren. Stille, dann Applaus. War das nun eine Show, ein Aktionstheater als Therapieversuch? Wir wussten es nicht. Genügend Stoff war jedenfalls im Spiel – nämlich die Sehnsucht, bei jemandem „sein zu dürfen" und ein bergendes Resort zu haben, trotz aller Entfremdung. Ein offenes Herz.

Das Herz im Bunker?

Im Buch „Was man Liebe nennt" schreibt C. S. Lewis: „Lieben heißt verletzlich sein. Wenn du ganz sicher sein willst, dass deinem Herzen nichts zustößt, dann darfst du es nie verschenken, nicht einmal an ein Tier. Umgib es sorgfältig mit harmlosen Hobbys und kleinen Genüssen; meide alle Verwicklungen; verschließe es sicher im Schrein deiner Selbstsucht. Aber in diesem Schrein – sicher, dunkel, reglos, luftdicht – verändert es sich. Es bricht nicht; es wird unzerbrechlich, undurchdringlich, unerlösbar. Die Alternative zum Leiden, oder wenigstens zum Wagnis des Leidens, ist die Verdammung. Es gibt nur einen Ort außer dem Himmel, an dem wir vor allen Gefahren und Wirrungen der Liebe vollkommen sicher sind: die Hölle." Der aus Belfast stammende Philosoph und Literat hat es auf den Punkt gebracht: Die totale Unempfindlichkeit ist die Hölle. Lewis hatte diese Zeilen nach der Heirat seiner an Krebs erkrankten Frau geschrieben, die nur wenige Jahre später an ihrer Krankheit sterben sollte.

Vermutlich haben wir einen großen Lernbedarf. Als Kinder waren wir im Umgang mit unserer Verletzlichkeit jedenfalls ungenierter: Ein aufgeschlagenes Knie, Nasenbluten oder Bauchweh wurden nicht versteckt. Auch nicht die Enttäuschungen, die wir in der Schule „kassiert" haben, die Niederlagen auf dem Schulweg oder anderswo. Ein gutes „Trostpflasterl", ein heilsames Pusten übers Knie oder eine Umarmung konnten Wunder wirken. Weil Eltern, Großeltern oder andere Bezugspersonen mit heilsamer Nähe erreichbar waren, war es nicht nötig, sich selbst zu verstellen – Schmerz, Verzweiflung, Unsicherheit und Überforderung zuzugeben, war und ist keine Schande. Es macht uns menschlicher und gibt uns die Möglichkeit, einander Zuwendung zu schenken. In der öffentlichen Kommunikation sind wir noch nicht bei dieser Ehrlichkeit angelangt.

Schwäche zeigen

„Ich tue mir diesen Scheiß nicht nochmals an!" Diesen Satz hat mir ein Mittfünfziger nach seiner zweiten Scheidung entgegengeschleudert. Er war nicht unbeteiligt am Zerbrechen seiner zweiten Beziehung, aber dennoch zutiefst enttäuscht und gebrochen. Es hat sehr lange gebraucht, viele Gespräche und Seelsorge, bis er fähig war, sich mit einer kleinen Restmenge an Vertrauen wieder zu öffnen. Und noch länger, bis er den zur Notwehr angelernten Zynismus nicht mehr bedienen musste. Sich wieder „verwundbar" machen, ist keine leichte Sache – auch nicht das Eingeständnis von Mitschuld, wenn es zu einem Beziehungsdesaster oder zu einer anderen schweren Krise gekommen ist. Wir leben doch mit gefährlichen Paradigmen: „Perfektion ist geil", keine Blöße zeigen! Stärke, Attraktivität und Souveränität sind gefragt. Alles andere lässt sich nicht verkaufen, auch nicht gut in der Social-Media-Community posten. Obwohl wir eigentlich anders empfinden und eher jemanden bewundern, der nicht nur Überlegenheit ausstrahlt. Schwäche zeigen zu können, zeugt von menschlicher Größe. Es bedeutet, jemandem Raum geben, der in Not ist. Wir sind damit in der Schule Gottes, der in radikalster Form für uns Schwäche gezeigt hat.

Das entscheidende Plus

Von Zenita Komad, einer österreichischen Künstlerin, gibt es eine mehrteilige Skulptur, die wir temporär in einer Kirche ausgestellt hatten. Man sieht eine Fülle von Händen aus Wachs, die an Votivgaben erinnern, wie sie in den Wallfahrtskirchen als Bitte um Bewahrung vor Krankheit und Katastrophen zu finden sind. Der Verweis auf Vergänglichkeit und Verwundbarkeit ist evident. Gleich den Kerzen wird unser Leben einmal verlöschen. In richtiger Anordnung ergeben die sprechenden Hände in der Buchstaben-Gebärdensprache den Satz: „Liebe deinen Nächsten, sehr!" Mit dem „sehr" hat Komad das vertraute Gebot angeschärft und zugleich verständlich gemacht. Es ist der feine, aber wesentliche Unterschied für den Umgang miteinander: ein kleines Plus an Aufmerksamkeit, an Zuwendung, an Geduld, an Bereitschaft zur Vergebung. Nicht die großen Dinge werden am Ende des Lebens entscheidend sein, sondern wie sehr wir innerhalb der uns gesteckten Grenzen dieses kostbare Plus zu leben versucht haben. Mit den Worten von Mutter Teresa ausgedrückt: Es ist nicht unser Auftrag, große Werke der Liebe zu vollbringen, sondern die vielen kleinen Werke „mit großer Liebe" zu tun.

Alles hängt mit allem zusammen – ein Blutkreislauf

Nichts ist seinem Blick entgangen – der weiche, atmende Humusboden, die Vielfalt der Insekten und Kleintiere, die herrlichen Gräser und Gewächse im Unterholz. Mein Onkel Peter, im Juli 2022 mit 95 Jahren verstorben, war eine Pioniergestalt der Achtsamkeit. Ein Waldspaziergang mit ihm – ein Erlebnis! Schon vor vierzig Jahren hat er sich als Land- und Forstwirt für einen behutsamen Umgang mit der Natur eingesetzt. Der Schutz der Biodiversität war ihm längst ein Anliegen, als noch kaum jemand das Wort kannte. Auf sein Grab haben seine 16 Urenkel einen Herzkranz gelegt, der von ihnen eigenhändig aus Wiesen- und Almkräutern, Waldfrüchten und Moos geflochten wurde.

Onkel Peter hat nicht nur mich nachhaltig beeindruckt. Seine dankbare Sensibilität für die Vielfalt des Lebendigen wird uns immer deutlicher als Auftrag bewusst. Leben will atmen und zirkulieren. Dies zu unterbinden, weil wir in den natürlichen Kreislauf zu brutal, zu gierig oder einfach nur zu gedankenlos eingreifen, ist fürchterlich. Es geschieht beispielsweise im großen Maßstab, wenn die uralten Wälder

Amazoniens, die die „Lunge unseres Globus'" bilden, niedergebrannt werden. Aber auch in den Alpen schreitet die Zerstörung von Habitaten sukzessive voran. Es ist offensichtlich, dass wir damit und mit vielen anderen ökologischen Sünden unsere Erde in eine finale Erschöpfung treiben. Längst schon ist der „Gesamthaushalt" unseres Planeten gefährdet.

„Alles hängt mit allem zusammen", lautete die wichtigste Erkenntnis des Universalgelehrten Alexander von Humboldt (1769–1859). Ob Artenvielfalt, Ressourcenschutz oder Klimawandel – die Erkenntnisse dieses genialen Gelehrten sind aktueller denn je. Wir sind als Menschen Teil eines hochkomplexen Kreislaufs des Lebens, eingebettet in eine Schöpfung mit unfassbarer Schönheit und Einzigartigkeit. Wir sind Materie und Geist inmitten eines unendlichen Kosmos', d. h., „jeder Mensch und überhaupt jedes Geschöpf trägt die Beziehung zwischen dem Unendlichen und dem Endlichen in sich selbst", bringt es der Schriftsteller Navid Kermani auf den Punkt. Alles ist miteinander verbunden. Mit jedem Herzschlag nehmen wir teil am Ganzen. Herz und Kreislauf bilden eine untrennbare Einheit – und das Herz ist nicht bloß der „Motor" für den Energiekreislauf in unserem Körper.

Hochkomplexe Kreisläufe

Unser menschlicher Blutkreislauf funktioniert über ein Netzwerk von Blutgefäßen. Durch sie pumpt das Herz stetig und regelmäßig Blut, 10.000 Liter pro Tag. Eine enorme Leistung, permanenter Anlass zum Staunen. Über dieses Versorgungs- und Entsorgungssystem gelangt das Blut in jeden Bereich des Körpers und wieder zurück. Das Herz versorgt mit seiner Pumpleistung alle Organe, Gewebe und jede noch so kleine Zelle ständig ausreichend mit Energie – mit Sauerstoff, Nährstoffen, Vitaminen, Mineralien und anderen wichtigen Substanzen. Besonders intensiv werden Nieren und Leber mit Blut beschickt. Sie sind die körpereigene Reinigungsanlage. Sie müssen das Blut von schädlichen Substanzen reinigen, die dann über den Harn ausgeschieden werden.

Wie viel Blut die anderen Organe unseres Körpers bekommen, hängt davon ab, wie aktiv sie gerade sind. Herz, Lunge und Nieren sorgen also für eine ständige Versorgung mit frischer Energie und zugleich für eine ebenso wichtige Entgiftung.

Ich beschreibe das so ausführlich, weil der komplexe Blutkreislauf ein Modell für viele andere Kreisläufe ist. Soziale, wirtschaftliche und ökologische Abläufe sind ineinander verflochten. Ein Sozialstaat funktioniert auf Dauer nur, wenn Geben und Nehmen in Balance sind. Mehrwert und Belastung für das Gemeinwohl sind zu berücksichtigen. Wenn aus dem sozialen Gesamthaushalt mehr Energie abgesaugt als eingespeist wird, wird der soziale Kreislauf längerfristig kollabieren. Der gesellschaftliche Zusammenhalt ist gefährdet. Gefährliche Polarisierungen und immer neue Gesichter von Armut sind die Folge. Nierenfunktionen sind gefragt: Entgiftungen des sozialen Klimas, Entsorgung diskriminierender Sprache und etwas mehr mit Sauerstoff angereichertes Blut für mühsame Dialoge und Begegnungen. Jedenfalls: Alles hängt mit allem zusammen.

Im Folgenden ein Beispiel, das uns die Ambivalenz unserer globalen Vernetzung vor Augen führt.

Überraschung im Massai-Dorf

Vor einigen Jahren war ich mit einer kleinen Caritas-Delegation im dürren, keineswegs idyllischen Siedlungsgebiet der Massai im Norden Tansanias unterwegs. Unser Interesse war nicht Urlaub oder Touristik, sondern eine Begegnung mit den Menschen dieser traditionsbewussten Stämme. In einem wirklich originalen Dorf angekommen, das rund um ein riesiges Gehege für die Rinderherden angelegt war, trafen wir auf Frauen, Kinder und alte Menschen. Der Kuhmist, der auch als Bau- und Dämmungsmaterial verwendet wurde, und die dazugehörigen Fliegen waren omnipräsent. Der uns begleitende Pfarrer, der die Leute kannte, fragte eine Frau, die ein Kind auf dem Arm trug und von weiteren Kindern am Rock gezupft wurde, wann die Männer mit den Tieren zurückkämen. Sie überlegte nicht lange, sondern griff hinter das Tragetuch, das über ihre Brust gelegt war, holte ihr Handy heraus und machte einen Anruf. Schon bei der Anreise mit dem Jeep über die gewohnt ausbaufähigen Straßen ist uns die systematische Markierung mit Handy-Masten aufgefallen. Die riesige Steppe war mit diesen Stelen internationaler Kommunikationstechnik überzogen. Milliardengeschäfte im Hintergrund. Dennoch waren wir etwas baff über die Selbstverständlichkeit dieser Art der Kommunikation inmitten einer sonst eher zivilisationsscheuen Kultur. Totale Abgelegenheit und trotzdem „im Netz". Mit diesem kleinen Gerät, das mittlerweile bestimmt flächendeckend durch noch leistungsstärkere Smartphones ersetzt wurde, hat sich das Leben der Massai verbessert – und wurde vermutlich wohl auch vielen Entfremdungen ausgesetzt. Der kleine Computer liefert die Welt ins letzte Dorf. Auch ein Kreislauf, zweifellos wertvoll – und zugleich aber höchst problematisch. Was die Welt-News, Life-Style-Werbungen und andere Infos dort anrichten, weiß niemand. Das gilt übrigens auch für die Langzeitfolgen in unserem Kulturkreis. Sehr wohl wissen wir, wie Smartphones aufgebaut sind – und müssen uns damit auseinandersetzen.

Global vernetzt – mit Fairphones?

Papst Franziskus stellt in seiner ökologischen Mahnschrift „Laudato si'" klar, dass die offenen Fragen einer Welt in sozialer Schieflage und die fahrlässige Ausbeutung der Schöpfung ineinander verschränkt sind: „Es gibt nicht zwei Krisen nebeneinander, eine der Umwelt und eine der Gesellschaft, sondern eine einzige und komplexe sozio-ökologische Krise." (LS 139) Der Papst aus Lateinamerika ließ sich für den prophetischen Text, den er 2015, unmittelbar vor dem Weltklimagipfel in Paris herausgegeben hat, auch von der lateinamerikanischen Theologie der Befreiung inspirieren. Tatsächlich ist ein befreiendes Handeln gefragt, um den Öko-Kreislauf vor dem finalen Kollaps zu bewahren. Versuchen wir es anhand eines konkreten Beispiels:

Smartphones sind aus unserem Alltag nicht mehr wegzudenken. Dennoch stellen uns diese raffinierten Kommunikationstools den kapitalistischen Raubbau westlicher Wirtschaft deutlich vor Augen. Ihre Herstellung hat höchst problematische Auswirkungen auf Mensch und Umwelt. Wertvolle Rohstoffe werden benötigt, die teils unter ausbeuterischen Verhältnissen gefördert werden: Eisen, Kupfer, Aluminium, Nickel, Zink, Indium, Tantal und Gold. Oft werden Lebensräume zerstört, um an Metalle zu gelangen, in manchen Abbauregionen Urwälder gerodet, für Tagebaue Berge gesprengt. „Der eigentliche Grund für die systematische Gier unserer Zeit liegt unter der Erde." Sehr deutlich benannte der Schriftsteller Ilija Trojanow in seiner bemerkenswerten Eröffnungsrede der Salzburger Festspiele 2022 Ursachen und Folgen der gefährlichen Zivilisationskrankheiten Habsucht und Gier. Er erwähnte als Beispiel einen See in Guatemala, wo die Fische tot auf der Oberfläche treiben, weil durch den rücksichtslosen Abbau von Nickel die Gewässer vergiftet sind. Außerdem fehlen beim Abbau von „Konfliktmaterialien" fast überall die primitivsten arbeitsrechtlichen Standards.

Ich formuliere die utopische Hoffnung, dass im global expandierenden Smartphone-Markt doch auch das Bewusstsein für nachhaltigere und länger haltbare Produkte wachsen möge, für faire Materialien, faire Arbeitsbedingungen und fairen Lohn. Vielleicht haben bald wesentlich mehr Menschen „Fairphones" in der Hand! Die genannte Kritik auszublenden, geht auf Dauer nicht. Zahlreiche chronische „Umweltsünden" werden zu noch viel deutlicheren „Kreislaufbeschwerden" des Ökosystems führen. Und zu wesentlich größeren Migrationsbewegungen.

Ein wachsames Herz?

„Solange uns die Menschlichkeit miteinander verbindet, ist es völlig egal, was uns trennt." Dieser humorvolle Sager des österreichischen Schriftstellers Ernst Ferstl macht auf das Wesentliche aufmerksam, das wir mit „Herz" bezeichnen. Trotz aller Gefährdungen gibt es einen faszinierenden „Ökohaushalt von Beziehungen", der jeden Einzelnen an der Menschheitsfamilie teilnehmen lässt. Diese Verbundenheit darf nicht zerstört werden. Sind wir diesbezüglich wachsam genug?

„Freunde, dass der Mandelbaum wieder blüht und treibt, ist das nicht ein Fingerzeig, dass die Liebe bleibt?" Diese Zeilen aus dem Lied „Das Zeichen" des damals 20-jährigen jüdischen Religionsphilosophen Ben-Chorin entstanden 1942, also mitten im Krieg. Sie sollten die „unbändige Kraft des Lebens" feiern. Der Mandelbaum ist im Orient der erste Baum, der mit seinen rosafarbigen Blüten den Frühling anzeigt. Welch ein prophetisches Bild des Mutes und des Widerstands! Trotz des Elends der Verfolgung durch alle Jahrhunderte und trotz des Holocaust ist im jüdischen Volk nie die Hoffnung auf Gottes Treue verblasst. Unausrottbar war die Hoffnung, dass der Ewige „den Geist der Niedrigen wieder aufleben lässt und das Herz der Zerschlagenen neu belebt." (Jes 57,15) In der jüdischen Tradition kündet der Mandelbaum also nicht nur den Frühling an, sondern ist auch das Symbol für Gottes Wachsamkeit, dass sein Wort in Erfüllung geht. Im Hebräischen klingt übrigens das Wort für „Wachsamkeit" und jenes für „Mandelbaum" sehr ähnlich. Nochmals Schalom Ben-Chorin: „Freunde, dass der Mandelzweig sich in Blüten wiegt, das bleibt mir ein Fingerzeig für des Lebens Sieg." Ich verstehe dieses blühende Symbol als Ermutigung, wachsam zu bleiben – nicht zuletzt auf die vielen prophetischen Fingerzeige, die uns auffordern, das uns anvertraute „Haus" der Schöpfung zu pflegen und zu schützen.

Auch am Ende Verbundenheit?

Gelegentlich bin ich zu Besuch im Hospizhaus Tirol. Es gibt kaum einen Ort, wo einem die Schönheit und Zerbrechlichkeit des Lebens in höchster Intensität – und gleichzeitig – vor Augen stehen. Die verbleibende Lebenszeit wird für die Betroffenen und ihre Angehörigen oftmals zur wertvollen Schule einer wiedergefundenen Verbundenheit. An jedem Heiligen Abend feiere ich dort einen Gottesdienst. Es herrscht meist eine unaufgeregte, ehrliche und sehr berührende Stimmung. Bei der Betrachtung des Weihnachtsevangeliums fällt unsere Aufmerksamkeit nicht zufällig auf die Schwäche und Verwundbarkeit des Kindes in der Krippe. Es ist das erstaunliche Ereignis, dass Gott selbst in der Person Jesu mit Haut und Knochen in unser begrenztes Menschsein eingetaucht ist. Und die Mitte der aufregenden Botschaft: In einem menschlichen Herzen schlägt Gottes Herz! Eine tiefere Verbundenheit zwischen Himmel und Erde ist nicht vorstellbar!

Es war mein erster Weihnachtsgottesdienst dieser Art, als mich eine von Krebs im Endstadium gezeichnete Patientin bei der abschließenden Einzelsegnung zu sich hinzog und mir leise zuflüsterte: „Eine Umarmung bitte!" Selbstverständlich war dies möglich, die tiefe Sehnsucht und ehrliche Frage dieser Frau, die in ihrem mobilen Pflegebett an der Feier teilnahm, hat mich bewegt. Bedeutet nicht Glaube, sich von Gott umarmen zu lassen? Ich habe mit dieser Geste Weihnachten neu verstanden – es ist ein persönliches und familiäres Fest, das zu Herzen geht und Zugehörigkeit vermittelt. Zugleich aber reicht die Bedeutung dieses Festes weit darüber hinaus. Nicht zufällig gehört zur traditionellen Krippendarstellung die „zerfallene Hütte". Gott, der in menschlicher Gestalt in das Haus seiner Schöpfung eintrat, will sein Haus aufrichten, „reparieren", neu gestalten und bewahren. Und bittet uns um die nötige Achtsamkeit.

Ein Herz für die Schöpfung – auch für Tiere?

„Oikos" ist der griechische Begriff für Haus, der sich in den Begriffen Ökonomie, Ökologie und Ökumene wiederfindet. Immer geht es um den einen großen Lebensraum, dessen Gesetzmäßigkeiten zu achten sind. Diese Achtsamkeit muss konkret werden, nicht zuletzt in der Sorge um die Vielfalt der Arten, wie wir dies bei Onkel Peter gesehen haben, als auch im Schutz der Pflanzen- und Tierwelt. Die biblische Grundlage dafür ist schnell benannt: Gott übertrug Adam und Eva, also den „Menschen par excellence", eine nicht zu leugnende Verantwortung, als er sie aufforderte, allem Lebendigen einen Namen zu geben. Und „der Mensch gab Namen allem Vieh, den Vögeln des Himmels und allen Tieren des Feldes". (Gen 2,20) Namensgebung bedeutet Wertschätzung und Übernahme von Fürsorge. Mit anderen Worten: Ein Herz für Tiere haben! Ich greife aus dem weiten Feld der Tierethik nur den problematischen Umgang mit den Nutztieren heraus. Dass es weltweit enorm schwierig geworden ist, klein-strukturierte Landwirtschaften auch nur einigermaßen rentabel zu führen, ist hinlänglich bekannt. Der Marktdruck verunmöglicht genau diese achtsame Art agrarischen Wirtschaftens, die am ehesten auf natürliche Zyklen Rücksicht nimmt. Was ist die Konsequenz? Es zählt ausschließlich die Masse – bei Aufzucht, Transport und Schlachtung. Die Produktionslogik der immer größer werdenden Milch- und Fleischindustrien produziert in gleichem Ausmaß ein immer größeres Tierleid. Und eine gigantische Belastung für die gesamte Umwelt. Entgegensteuern? Ja, dem Tierwohl eine Stimme geben! Regionalität fördern, die Herkunft der Lebensmittel benennen und die Transportkosten ökologisch richtig bepreisen, gehört ebenso dazu wie eine grundsätzliche Reduktion des Fleischkonsums. Herzhafte Schöpfungsverantwortung lässt sich nicht delegieren.

Papst Franziskus weist in seiner Enzyklika „Laudato si'" mehrfach auf den engen Zusammenhang zwischen Frieden, Gerechtigkeit und Bewahrung der Schöpfung hin. „Alles ist aufeinander bezogen." (LS 92) Nur eine ganzheitliche Sicht auf die komplexe Situation der Gefährdung unseres Planeten Erde kann einen Ausweg zeigen. Unübersehbar und unüberhörbar ist die globale Bewegung *Fridays for Future* geworden, getragen von Kindern und Jugendlichen. Mich fasziniert die Entschlossenheit dieser jungen Generation, die sich mit einer prophetischen, manchmal auch zornigen Stimme zu Wort meldet. Sie haben verstanden, dass wir als Teil einer unfassbar herrlichen und zugleich höchst gefährdeten Schöpfung für unser Handeln und Nicht-Handeln Verantwortung übernehmen müssen – aktiv, entschlossen und herzhaft wie mein Onkel Peter bereits vor einigen Jahrzehnten.

Das Herz verbrauchen?
Auf der Suche nach Sinn

We stand with Ukraine! Unter diesem Slogan feierten 40.000 Musikbegeisterte mit österreichischen Popstars am 19. März 2022 im Happel-Stadion. Dieses Solidaritätsfest der Superlative hat emotional gutgetan und betreffend des Erlöses war es höchst erfolgreich. Allein der Ticketverkauf brachte über 800.000 Euro für die Millionen von Kriegsopfern, die der abgründig sinnlosen Zerstörung ihrer Häuser, Städte und Familien vollkommen ohnmächtig gegenüberstehen. Ihr Vertrauen ins Leben ist nachhaltig beschädigt. Aufgrund dieser Tatsache hat mich ein Songtext aufgeschreckt, der vom österreichischen Pop-Duo „Pizzera & Jaus" kam. In dem Charthit „Eine ins Leben!" aus dem Jahr 2017 heißt es: „Wo foah ma hin? Mia foahn eine ins Leben. Suach ned an Sinn, es wird kan gebn!" Übersetzt: „Wo fahren wir hin? Wir fahren hinein ins Leben. Such keinen Sinn, es wird keinen geben!" Die Musiker sind damit Sprachrohr einer Ära, in der die Menschen offensichtlich müde geworden sind, nach einem übergeordneten Sinn zu suchen. Das bedeutet nicht, dass die heutige Gesellschaft kein solidarisches Empfinden hätte, aber offensichtlich überwiegen die vielen Energie- und Sinnverluste im persönlichen Umfeld – und noch nicht eingerechnet die globalen Krisen, die uns allen die dringend notwendige Gestaltungskraft abzusaugen drohen. Die Frage ist: Wofür schlägt unser Herz? Wofür lohnt es sich, Energie und Zeit, Herzenskraft und Kreativität zu investieren? Oder ist es klüger, sich zurückzuziehen, die Welt Welt sein zu lassen und möglichst ausgelassen zu feiern, bis die große Party ohnehin zu Ende ist?

Was hat Sinn?

Diese Frage wird meist nur indirekt gestellt, oftmals verdrängt und geleugnet. Aber sie ist da, unterschwellig und unausrottbar – speziell dann, wenn schwere Verluste und Abschiede zu verkraften sind. Mir scheint, dass die hohe Gereiztheit und Empörungsbereitschaft in unserer Gesellschaft auch zum Teil das Resultat der verdrängten Sinnfrage sind. Was macht denn noch Sinn? „Die Frage ist falsch gestellt", erklärte der Begründer der Existenzanalyse und Logotherapie Viktor Frankl bereits vor vielen Jahrzehnten. „Das Leben ist es, das Fragen stellt; wir sind die Befragten, die zu antworten haben."

Die unüberschaubare Flut an Ratgeberliteratur, Seminaren und Coachingangeboten belegt den Wunsch nach plausiblen Antworten. Esoterik und spirituelle Wellness boomen nicht zufällig. Das Ganze soll am Ende doch gut ausgehen! Filme, die ohne positive Auflösung, sprich *Happy End,* einfach abbrechen, schaffen es kaum zum Kassenschlager. Selbst der brutalste Action-Thriller braucht einen halbwegs versöhnlichen Abschluss – einen Sieg des Guten natürlich, was sonst?! Als herz-begabte Wesen suchen wir einen Sinn-Zusammenhang.

Das Herz verbrauchen

„Sind wir denn nicht auf der Welt, um unser Herz zu verbrauchen?" Im Diskurs über Sinnverlust und Sinnfindung fällt mir immer wieder dieser außerordentliche Satz von Waltraud Klasnic, der langjährigen Präsidentin des Dachverbandes Hospiz Österreich ein. Es war ihre Antwort auf die Frage, warum sie sich nach ihrer langjährigen Politkarriere dieser zeit- und energieintensiven Aufgabe widmen würde.

Den Sinn des Lebens gibt es nicht als Theorie, nicht in Träumen und aufgeblähten Idealen. Die Erfahrung von Sinn stellt sich oft erst im Nachhinein ein, meist dann, wenn jemand bereit war, auf die Anforderungen des Lebens in ganz persönlicher Weise zu antworten. Dafür gibt es keine Schablone. Es nützt nichts, sich mit anderen zu vergleichen. Es geht darum, das eigene Herz zu investieren, dort, wo es gebraucht wird. Also doch „Eine ins Leben!", wie das Pop-Duo singt, und nicht in sicherer Distanz bleiben? Die Paradigmen unserer Zeit klingen etwas anders: Lass dich nicht ausnützen! Pass auf, dass du nicht zu kurz kommst! Mach jederzeit das, worauf du Lust hast! … Diese Handlungsanleitungen machen teilweise auch Sinn – geht es doch auch darum, einer ungetrübten Lebenslust Raum zu geben, einer unbändigen Lebensfreude, die ohnehin nicht vorprogrammierbar ist. Und trauriger Weise passiert es ohnehin öfter, als man denkt, dass Menschen unter die Räder kommen – oder sich selbst ausbeuten. Mit Sicherheit lässt sich ein verlässlicher Sinn, der auch über den Moment, ja sogar über das irdische Leben hinausreicht, weder produzieren noch kaufen, schon gar nicht zum Diskountpreis. Er ist die vielfältige, persönliche Antwort auf das, was das Leben von uns fordert. Dass sich in diesem „Anruf des Lebens" oft Gott selbst zu Wort meldet, habe ich immer deutlicher vor Augen. Immer klarer steht mir auch das Wort Jesu vor Augen, das er in eine Debatte eingeworfen hat: „Ich bin der Weg und die Wahrheit und das Leben." (Joh 6,14) Es war seine Antwort auf die kritische Nachfrage des Thomas, wie es denn möglich sei, einen letzten, verlässlichen Weg zu finden? Entscheidend für eine reale, positive Sinn-Erfahrung ist die Möglichkeit echter Teilhabe am gesellschaftlichen Leben.

Annas Ansprache

Während der Nachspeise stand die 20-jährige Anna auf, nahm das Mikrofon und hielt in einem monatlichen Meeting eines Rotary-Clubs eine spontane Rede. Sie war aufgrund ihrer Beeinträchtigung durch Trisomie 21 eine ganz besondere Mitarbeiterin in diesem Tiroler First-Class-Hotel und wurde bewusst zum Abendessen eingeladen. Anna begann ihre Rede mit einem Dank an die Wirtsleute, dass sie so gut zu ihr seien: „Sie haben mir die Chance gegeben, mein eigenes Leben zu gestalten." Die Anwesenden haben den ersten Satz trotz der Sprechbehinderung offensichtlich gut verstanden. Schwieriger zu verstehen war die darauffolgende Begründung: „Ich arbeite hier, weil ich Geld verdienen möchte. Ich will einmal eine eigene Wohnung haben und mein Leben selbst gestalten." Die spontane Speakerin bemerkte, dass nicht alle diesen Satz, diesen ihren Beweggrund verstanden haben, und setzte zur Wiederholung an: „Ich möchte mein eigenes Leben gestalten!" Und noch einmal musste sie es sagen, weil ihre Aufregung und damit auch die Undeutlichkeit der Aussprache stieg. Nach dem dritten Mal fragte sie ganz energisch: „Kapiert´s?" Als sie ein Nicken erntete, sagte sie dreimal: „Danke, Danke, Danke!", legte das Mikrofon nieder und setzte sich. Zuerst bewegte Stille. Dann ein Applaus mit vielen strahlenden Gesichtern, teilweise Tränen in den Augen.

Es braucht Herz, so eine Rede zu halten, und es braucht noch viel mehr herzhafte Aufmerksamkeit, um Eigenständigkeit und Selbstwirksamkeit bestmöglich zu fördern. Niemand will ein totaler Versorgungsfall sein, ausschließlich Objekt von Fürsorge und Beaufsichtigung. „Kapiert´s?" Teilhabe und Zugehörigkeit sind in jedem Fall sinnstiftende Faktoren – nicht nur für die Betroffenen selbst, sondern für die ganze Gesellschaft, in der überraschend viele Potenziale unentdeckt schlummern.

Potenziale aufwecken

„Wer Menschen motivieren will und Leistung fordert, muss Sinnmöglichkeiten bieten." Diese Klarstellung von Viktor Frankl benennt deutlich das Manko, an dem die aktuelle Integrationsarbeit in unserem Land leidet. Der Bericht des Wiener Flüchtlingsseelsorgers P. Martin Rauch SJ bestätigt dies: „Mit der Schließung eines Asylheims Ende 2017 begann die Suche nach Wohnraum, die wochenlang erfolglos blieb. Kein Hausbesitzer wollte gut einem Dutzend junger Flüchtlinge aus dem arabischen Raum Wohnraum vermieten." Diese beschämende Situation war für P. Rauch Anlass, in Wien *Awakening Potentials* zu gründen – eine mittlerweile erfolgreiche Wohn-, Lebens- und Aktionsgemeinschaft, um Asylsuchenden reale Teilhabe und Integration in der österreichischen Gesellschaft zu ermöglichen. Wohngemeinschaften, in denen Muslime, Christen und Agnostiker zusammenleben und sich gegenseitig stützen, bilden die Basis. Gezielte Ausbildungsprogramme, viel Kommunikation und „kulturelles Lernen" bestimmen den Alltag. Der Name ist Programm: Menschliche Potenziale aufwecken! Mich fasziniert der präzise, auf die Einzelperson angepasste Einsatz für die Asylsuchenden, die mit unterschiedlichen Schulabschlüssen, Berufserfahrungen oder als Analphabeten in Österreich gelandet sind.

Nur ein Beispiel: Azeez aus dem Irak erhielt eine spezielle Nachhilfe für die Deutschprüfung Niveau C1. Damit erreichte er die Zulassung zum Pharmaziestudium. Zusätzlich ermöglichte ihm eine Unterstützerin des Projekts in ihrer Apotheke die im Rahmen der Ausbildung notwendige Anstellung. Sein erfolgreicher Studienabschluss gab all dieser Mühe Recht. Ein breiter Freundeskreis trägt mittlerweile die Initiative von P. Rauch, in der Frauen und Männer unterstützt werden. Was sowohl die jungen Asylsuchenden als auch deren Supporter einhellig als Feedback geben, ist die Erfahrung von Sinn – wenn auch durch viel Mühe und alltägliche Schwierigkeiten hindurch.

Alles nur Windhauch?

Unser Herz bleibt fragend. Mit Recht. Hören wir auf eine radikal kritische Stimme, die Eingang in die Weltliteratur gefunden hat. Es ist die Stimme des jüdischen Gelehrten Kohelet. Für ihn scheint vorerst alles nur „Windhauch" und nochmals Windhauch zu sein. In einem Tonfall zwischen Weisheit und Resignation räsoniert der wohlhabende Denker über seine Versuche, Sinn und Glück durch die Mehrung von

Besitz, Macht und optimalen Lustgewinn zu erheischen: „Ich dachte mir: Auf, versuch es mit der Freude, genieß das Glück! Das Ergebnis: Auch das ist Windhauch. Ich häufte mir auch Silber und Gold an und, als meinen persönlichen Schatz, Könige und ihre Provinzen. Ich besorgte mir Sänger und Sängerinnen und die Lust der Männer: Brüste und nochmals Brüste. […] Ich musste meinem Herzen keine einzige Freude versagen." (Koh 2,1–10)

Auf diese ernüchternde Aufzählung vergeblicher Sinnsuche folgt unmittelbar der berühmte Text: „Alles hat seine Zeit." In einem wunderschönen lyrischen Rhythmus wird festgehalten, dass es für jedes Geschehen eine bestimmte Zeit, einen Kairos gibt – „eine Zeit zum Umarmen und eine Zeit, die Umarmung zu lösen, eine Zeit zum Suchen und eine Zeit zum Verlieren, eine Zeit zum Lieben und eine Zeit zum Hassen, eine Zeit für den Krieg und eine Zeit für den Frieden" (Koh 3,5–8). Wunderbare Poesie – und zugleich ein irritierender Saldo: Wenn für alle Gegensätze Zeit und Raum ist, dann ist doch alles *gleich gültig*, oder? Meist wird der Text nur bis hierher gelesen. Die eigentliche Pointe vermittelt Kohelet in den darauffolgenden Sätzen. Er hält fest: „Ich sah mir das Geschäft an, für das jeder Mensch durch Gottes Auftrag sich abmüht. […] Überdies hat er die Ewigkeit in ihr Herz hineingelegt, doch ohne dass der Mensch das Tun, das Gott getan hat, von seinem Anfang bis zu seinem Ende wiederfinden könnte." Eine herrliche Wende! Auch wenn es menschliches Begreifen übersteigt, Windhauch ist nicht das letzte Wort. Gott hat seine Ewigkeit, seine Zeitfülle in das Vorläufige, kaum Fassbare und Widersprüchliche des menschlichen Tuns hineingelegt. Ja sogar seine Ewigkeit in unser flüchtiges Herz! Reicht das als Sinn? Gott im Alltäglichen, Banalen, Mühsamen, Leidvollen, im Kleinsten und scheinbar auch Sinnlosen? Dennoch bleibt eine Spannung, weil jeder ernsthafte Verlust mit Recht zu Herzen geht. Vor allem klafft die Frage nach Sinn mit neuer Wucht auf, wenn wir mit sinnloser Zerstörungswut und abgründiger Bosheit konfrontiert sind – und nur Menschen – und Kulturverachtung am

Werk zu sein scheinen. Was dann? Kann ein liebendes Herz der Dynamik des Bösen etwas entgegenhalten?

Der Entmenschlichung zum Trotz

Politische Klarheit und Unvorsichtigkeit wurden ihr zum Verhängnis. „Der Hitler ist eine Plage für ganz Europa" war eine der folgenschweren Aussagen von Sr. Angela Autsch. Weitere verhängnisvolle Bemerkungen dieser Art führten dazu, dass die Gestapo die in Mötz im Tiroler Oberland lebende Schwester aus dem Trinitarierorden beschuldigte, verbotene Feindsender zu hören, und sie schließlich der „Führerbeleidigung und Wehrkraftzersetzung" anklagte. Im August 1940 kam Sr. Angela ins KZ Ravensbrück, wo sie den roten Winkel der politischen Gefangenen trug. Die Sozialdemokratin Rosa Jochmann, eine der Blockältesten in Ravensbrück, erinnert sich an die „wundersame Nonne", die ihren Mithäftlingen auf so selbstlose Art zu helfen suchte: „Sie wurde die Beraterin und Helferin in jeder Situation. Sie ließ es sich nicht nehmen, jeden Tag die schweren Essenskübel zu holen; sah sie eine Frau, die zu krank und schwach war, die Toiletten zu reinigen, so nahm sie ihr den Eimer aus der Hand, lächelte ihr zu, und ehe man sich versah, war diese Arbeit getan. Alle liebten sie, ob nun Politische oder sogenannte Verbrecherinnen. Sie saß in der Freizeit stundenlang mit ihnen beisammen und hörte ihre Klagen über ihr Leben an."

1942 wurde Angela Autsch ins KZ Auschwitz überstellt. Sie wurde dem Lazarett zugewiesen, das den Nazis vorbehalten war, und sollte sich um die Wäschekammer und die Verteilung der Essensrationen kümmern. Dies wurde zum Segen für ihre Mithäftlinge, denn sie gab ihnen heimlich Essen, warmes Wasser und Seife zum Waschen. Mitunter versteckte sie erkrankte Mithäftlinge in der Wäschekammer. Keine Chance ließ Sr. Angela aus, für die Leidgeprüften etwas Gutes zu tun. Aller dämonischen Entmenschlichung zum Trotz blieb sie eine zärtlich Liebende.

Wie geht erfülltes Leben?

Anders gefragt: Wovon lebt der Mensch? Von einem gerechten Einkommen, angemessenen Wohn- und Mobilitätsangeboten, sozialer und gesundheitlicher Absicherung, Kultur-, Bildungs- und Freizeitangeboten, Garantien des Rechtsstaates, von Ansehen und Karriere …? Ja, all das gehört dazu. Dennoch ist eine solide Basisversorgung noch keine Garantie, dass Menschen auch wirklich glücklich sind. Eine aktuelle Schweizer Studie hat nachgewiesen, dass der Wunsch nach einem „lohnenswerten Leben" in der persönlichen Sehnsuchts-Skala sehr weit oben rangiert. Was lohnt sich? „Es bedeutet, dass Menschen im gelebten Leben einen Sinn erkennen wollen", sagt die Psychologin Doris Baumann, eine der Autorinnen der Studie, die in Frontiers in Psychology" erschienen ist. Eigentlich nichts Neues, ist doch der tiefste Herzenswunsch immer derselbe:

Der Mensch lebt davon, geliebt zu werden und lieben zu dürfen. Wer in der Angst verharrt, zu kurz zu kommen, wird die Geschichte des eigenen Unglücks festschreiben. Eine ältere Dame, die dieser Angst mit liebenswürdiger Kreativität entgegengewirkt hat, lernte ich in der steirischen Kleinstadt Judenburg kennen, wo ich als junger Priester im Einsatz war.

Fräulein Luise, wie wir sie genannt haben, war von kleiner und gebückter Gestalt, aber mit einem maßlosen Gottvertrauen und echter Herzensfröhlichkeit begabt. Nicht nur damit hat sie viele Menschen berührt, sondern auch mit einer faszinierenden Gewohnheit: Mindestens dreimal pro Woche lud sie jeweils eine andere alleinstehende Person auf Kaffee und Kuchen in die schönste Konditorei der Stadt ein. Das hatte Wirkung. Sehr vielen Menschen hat sie geholfen, ihre Einsamkeit zu überwinden. Sie hat in einfacher Weise Sinn gestiftet. Ihr Begräbnis war ein Staatsbegräbnis, Ausdruck tiefer Dankbarkeit.

Selbst geheilt werden

Beim Propheten Jesaja habe ich den biblischen Klartext für die paradoxe Umkehrung gefunden, dass eine nachhaltige Sinn-Erfahrung letztlich nur dann möglich ist, wenn wir der Ego-Falle ausweichen. Niemand wird leer ausgehen. Ganz im Gegenteil! Hier ein Teil der Zusage Gottes im O-Ton: „Dann wird dein Licht hervorbrechen wie das Morgenrot und deine Heilung wird schnell gedeihen. […] Wenn du Unterjochung aus deiner Mitte entfernst, auf keinen mit dem Finger zeigst und niemandem übel nachredest, den Hungrigen stärkst und den Gebeugten satt machst, dann geht im Dunkel dein Licht auf und deine Finsternis wird hell wie der Mittag." (Jes 58,7–10) Ist das nicht eine wichtige Klärung? Wer nicht primär und exklusiv seine eigenen, durchaus berechtigten Anliegen im Blick hat, wird selbst beschenkt. Mit Licht, Heilung, Orientierung und Sinn. Viele Alltagserfahrungen könnten dies belegen. Ich richte unseren Blick nun ein zweites Mal auf jene Lichtfigur von Fürsorge, die jegliche Angst um das eigene Wohlergehen abgelegt hatte.

Ein herrlich wahrer Mensch

67 Briefe sind von Sr. Angela Autsch aus ihrer vierjährigen Haftzeit erhalten, in denen sie zumeist verschlüsselt über ihren Alltag und über ihren tiefen Glauben an Gott berichtet. Die Jahre im KZ haben sie weder in die Falle des Hasses getrieben noch innerlich verbittert. Sie lebte aus einer tiefen, mystischen Verbundenheit mit dem demütigen und armen Christus. Nur so ist es ein wenig nachvollziehbar, dass sie in der Hölle radikaler Entmenschlichung zu einer Nächstenliebe fähig war, die alle Maßstäbe übersteigt. Als „Engel von Auschwitz" wurde Sr. Angela von den Mitgefangenen und später auch von Simon Wiesenthal bezeichnet. Am 23. Dezember 1944 kreiste ein Flugzeug über dem Lager. Ein Volltreffer auf das Lazarett brachte vielen SS-Männern den Tod. „18.45 Uhr, Angela drückte mir die Hand und bat um ein Gedenken in der Heiligen Nacht – da fiel die Bombe – dann Stille", lesen wir im Brief von Cäcilia Menzler, einer Mitgefangenen. Sr. Angela Autsch starb an einem Herzschlag. Margita Schwalbova, die slowakische jüdische Ärztin, die das KZ überlebt hat, meint: „Wie oft ich auch

an Menschen zu zweifeln begann, du hast es immer verstanden, mir meinen Glauben wiederzugeben, du herrlicher, wahrer Mensch – Angela." Die heroische Schwester hat offensichtlich ihr Herz verbraucht. Übrigens: Ihr ganzes Leben lang hat sie das Herz-Jesu verehrt, ihm alles anvertraut. Es gab für sie „nichts Schöneres auf dieser Welt", als in ihm „in ihrer ganzen Liebesfähigkeit" erneuert zu werden.

Unruhig bis zum Tod:
Typisch Herz!

Jährlich bewegt mich der Gottesdienst für „Sternenkinder" am zweiten Sonntag im Dezember – es ist ein Gedenken für alle Kinder, die vor oder kurz nach ihrer Geburt verstorben sind. Lange Zeit war es ein Tabuthema, obwohl es bereits seit 1996 den *Worldwide Candle Lighting Day* gibt. Unzählige Menschen stellen weltweit um 19 Uhr eine brennende Kerze ins Fenster, sodass eine Lichterwelle einmal um die Erde geht. Die betroffenen Eltern und ihre Angehörigen empfinden große Trauer darüber, dass ihr Kind gleich einem ganz besonderen Stern verlöscht ist – auch wenn sein Leuchten tief in ihren Herzen eingeprägt bleibt. Oft machen sich die Mütter der so viel zu früh verstorbenen Kinder Vorwürfe. Dass uralte Weisheiten behaupten, die kürzer lebenden Sterne würden umso heller leuchten, ist eine schöne Metapher, doch in der akuten Trauerphase nur ein schwacher Trost. Gibt es da irgendeinen Sinn? Die anfängliche Fassungslosigkeit über den Verlust des Kindes verwandelt sich meist in Wut und dann in eine stille Resignation. Wie geht es weiter? Nochmals dem Leben trauen? Sind wir nicht einem blinden Schicksal ausgeliefert, das Sterne aufleuchten lässt und sie einfach wieder wegwischt? Angesichts dieser Fragen fällt es nicht leicht, einen Spalt der Zuversicht aufzumachen. In jedem Fall ist es wichtig, den Kindern einen Namen zu geben und ein würdiges Abschiednehmen zu gewährleisten.

Langsam erschließt sich die Gewissheit des Glaubens: Auch die Sternenkinder leben bei Gott. Es gibt und bleibt in Gott eine Verbundenheit, die alles Begreifen übersteigt. Auf die Frage im bekannten Kinderlied „Weißt du, wie viel Sternlein stehen?", lautet die trostvolle

Antwort: „Gott, der Herr, hat sie gezählt, dass ihm auch nicht eines fehlt, von der ganzen großen Zahl." Jahrtausende zuvor hat ein Beter im Psalm 147 dieselbe Gewissheit formuliert: „Gott, der Herr, bestimmt die Zahl der Sterne und ruft sie alle mit Namen." Angesichts der vielen Milliarden der jetzt lebenden und leuchtenden „Sterne" sowie der schon verloschenen, ist dies ein Wunder göttlicher Allmacht, Intelligenz und Liebe.

Unruhe vorprogrammiert

„Ohne Herz sieht man und erkennt doch nichts, hört man und versteht doch nichts, isst man und schmeckt doch nichts." Dieses chinesische Sprichwort bringt die Sehnsucht nach Leben zum Ausdruck – ein Leben nicht auf Halbmast, mit angezogener Bremse oder wie ein Fertigessen aus der Dose. Herz steht für Vitalität, verrückte Liebe und für die vielen Fragen, die über unsere irdischen Horizonte hinausreichen. Herz steht für Sehnsucht. Auf der einen Seite ein ganzes Bündel von Erwartungen, Wünschen und Träumen, auf der anderen Seite die unberechenbaren Zumutungen des Lebens. In unserem Inneren schlagen sie alle auf. Überforderungen und Unruhe sind vorprogrammiert.

Am treffendsten hat dies Augustinus von Hippo, der geniale Redner, Philosoph und maßgebliche Theologe seiner Zeit auf Gott hin formuliert: „Unruhig ist unser Herz, bis es ruht in dir." Der Satz findet sich in seinem brillantesten Werk, den *Confessiones* (Bekenntnissen). Darin versucht er eine persönliche Vergewisserung: „Was war ich, was bin ich, und was werde ich sein?" Sind das nicht genau jene Fragen, die uns umtreiben, auch wenn wir sie kaum so direkt stellen? Meist gewinnen sie erst an Bedeutung, wenn ideal erträumte Lebensentwürfe zusammenbrechen. Ähnliches erlebte Augustinus. Er wurde von seiner besorgten Mutter Monika christlich erzogen, verfiel jedoch als junger Mann einem ausschweifenden Leben, schloss sich einer Straßenbande an und hatte bereits mit 19 Jahren aus einer unehelichen Beziehung einen Sohn. So intensiv er diese Facette menschlicher Freiheit auslebte, so sehr stürzte er in ihr Gegenteil. Er schloss sich der Sekte der Manichäer an, die alles Sinnliche und alles Materielle verdammten. Nur langsam konnte er sich auch aus diesen Fängen befreien. Sein Abgleiten in die Sünde beschreibt er in den *Confessiones* als ein „Sich Zersplittern Stück für Stück", als ein „Sich Abkehren vom Einen" und ein „Sich Verlieren in das Vielerlei" (2,1).

Wie der verlorene Sohn im biblischen Gleichnis vom Barmherzigen Vater beschreibt Augustinus seinen Weg zurück als ein Heimkommen aus vielfacher Entfremdung. Mir scheint, diesem inneren Reisebericht fehlt es nicht an Aktualität. Ich zitiere zusammenfassend aus dem 10. Buch, auch sprachlich ein unübertroffener Text: „Siehe, du warst drinnen, und ich war draußen, und dort draußen suchte ich dich und missgestaltet warf ich mich der Wohlgestalt in die Arme, die du geschaffen. Du warst mit mir, und ich war nicht bei dir. Und weit hielt ich mich von dir entfernt, was gar kein Dasein hätte, wenn es in dir nicht wäre. Du hast gerufen, ja geschrien und meine Taubheit zerrissen; du hast geblitzt und gestrahlt und meine Blindheit in die Flucht geschlagen; du hast geduftet, und ich habe deinen Hauch eingeatmet und lechze nun nach dir; ich habe dich gekostet und ich hungere und dürste; du hast mich angerührt, und da bin ich entbrannt nach deinem Frieden." (10,38)

Lukis Heimkommen

Sein Restaurant war „Heuriger des 20. Jahrhunderts" und er hatte Glück, gerade noch. Eigentlich wollte er sich das Leben nehmen. Alles, was es bieten kann, hat der Wiener Ludwig Killermann bereits konsumiert, wahnsinnig viel erreicht, mit internationaler Prominenz per Du, sechsmal verheiratet und auch wieder geschieden. Alle staunten über „Luki". Am Zenit seiner Bekanntheit gab er jedoch im Jahr 2000 alles auf und beendete seine erfolgreiche Karriere in der Gastronomie für immer, für viele Bekannte und Freunde vollkommen unverständlich. Verrückt, lebensmüde?

Schon als Kind und Jugendlicher hatte der spätere Betreiber des Nobelheurigen in Perchtoldsdorf bei Wien versucht, seinen eigenwilligen Weg zu gehen – mit viel Risiko und immer am Gaspedal. Jetzt wollte er nur mehr weg. Unterwegs auf der Autobahn in Richtung Wien überlegte er, welchen Pfeiler er nehmen würde, kam aber dann doch heil ins Hotel, warf sich aufs Bett und schaltete den Fernseher ein. Zufällig erheischte er im Bayerischen Rundfunk einen Blick auf zwei einfach gekleidete Ordensschwestern, die irgendwo in Osttirol durch den Schnee stapften. Sie stellten ihr spirituelles Gästehaus vor – und berührten den erfolgsverwöhnten „Luki". Nachdem er recht hektisch die Adresse ausfindig gemacht hatte, fuhr er zu ihnen, ins Haus Betanien nach Kalkstein in Innervillgraten. Und er blieb, fast ein halbes Jahr. Äußerlich ist nicht viel passiert – und doch hat sich sein Leben verändert. Er hatte den Eindruck, in dem schlichten Haus und in der kleinen Gemeinschaft endlich innerlich angekommen zu sein. Er erlebte, wie es war, einfach dazugehören zu dürfen. Es war nicht notwendig, irgendjemanden zu beeindrucken oder eine Promi-Show abzuziehen. In den offenen und verlässlichen Gebeten der Schwestern hatte er einen Platz, auch in ihrer Liebenswürdigkeit. Fast beiläufig fand er Gott wieder. Die Arbeiten im Haus waren für ihn kein Problem, auch nicht das Reinigen der Gästezimmer und der Toiletten. Zum Abschluss seines Aufenthalts folgte die humorvolle, nachhaltige Draufgabe Gottes: Luki lernte im Haus der Schwestern seine zukünftige Frau, die ebenfalls dort eine Auszeit genommen hatte, kennen. Ohne Übertreibung kann man sagen, dass beide zum Leben zurückgefunden haben. Seit 2009 sind sie ein glückliches Paar, leben in der Schweiz und betreiben mit Begeisterung eine Ergotherapiepraxis, die sich auf die Behandlung von chronischen Schmerzpatienten spezialisiert hat.

Ich habe den ehemaligen Erfolgsgastronomen, der durch eine heftige Depression gegangen ist, nach seinem Lebensmotto gefragt. Seine Antwort birgt Stoff zum Weiterdenken: „Essen und Wein ist zu wenig.

Das WC muss geputzt werden. Und bei allem, was du tust, immer um einen Löffel Butter mehr geben!" Leben nicht auf Halbmast, nicht knausern, und wenn nötig, auch alles wieder aufgeben. Das Herz verlangt nach einer anderen Sättigung: Es lässt sich nicht mit rein materiellen Gütern, Events und inszenierten Erlebnissen vollstopfen und „abspeisen". Luki, der gefeierte Qualitätsgastronom, weiß dies.

Sehnsuchtsbegriff Heimat

Die Gletschermumie „Ötzi" ist der weltweit bekannteste Südtiroler. Solange Ötzi eine unscheinbare Leiche war, waren österreichische Wissenschaftler zuständig. Als die Sensation bekannt wurde, dass es sich um die älteste Feuchtmumie der Welt handelt, wurde eigens eine Neuvermessung der Staatsgrenze am Tisenjoch angeordnet und Südtirol sicherte sich das Recht auf den Leichnam. Und tatsächlich: Die Untersuchung der Isotope in Zähnen, Knochen, Darm und der Abgleich mit lokalem Wasser und Gesteinsproben klärte auf: Südtirol war auch zu dessen Lebzeiten Ötzis Heimat. Kannte Ötzi also schon damals die

Grenze zwischen Tirol und Südtirol? Oder generell Staatsgrenzen, die eine Heimat definiert hätten?

Kaum ein Begriff ist in den letzten Jahren politisch und ideologisch stärker strapaziert und auch missbraucht worden als der Begriff Heimat. Er fällt permanent einer Aufrüstung der Worte zum Opfer. „Daham statt Islam" lautete einer der derbsten Wahlkampfslogans in Österreich. Im Dritten Reich war Heimat ein Ausschlusskriterium – nicht jeder durfte dazugehören und hatte ein Anrecht, dort zu leben. Der Begriff wurde von den Nazis ins Nationalistische gewendet, sodass mit einem Mal Heimat keine Landstriche, Regionen und Städte mehr beschrieb, sondern den Raum, der von einer rassistisch begründeten „Volksgemeinschaft" besiedelt wird. Trotz des historischen und aktuellen Missbrauchs bringt der Begriff „Heimat" etwas Unersetzliches zum Ausdruck: das Gefühl innerer Verbundenheit und Zugehörigkeit. „Heimat ist da, wo man sich nicht erklären muss", sagte der deutsche Dichter und Theologe Johann Gottfried von Herder. Heimat ist ein Haus, ein Ort, ein Land, Heimat sind vor allem Menschen, die einen Lebensraum öffnen, die mit Zuwendung und Wertschätzung jemanden ins Leben begleiten. Familien geben Heimat! Familien können aber auch Orte der Entfremdung werden.

Die Sehnsucht nach Heimat tragen wir ins Herz geschrieben, auch wenn sie in diesem Leben nur vorläufig erfüllt werden kann. Es braucht eine innere Spannkraft, um mit diesem Vorbehalt gut leben zu können. Frank Sinatra hat bekanntlich auf seinen Grabstein geschrieben: „*The best is yet to come*", übersetzt: „Das Beste kommt noch!" Das gilt auch für unsere Sehnsucht nach Heimat. Wir bleiben gespannt.

Sterben in Würde?

„Wenn ich mir meinen Tod als Bild vorstelle, sehe ich mich eigentlich immer auf der Bühne, während ich den eigenen Tod als Stück inszeniere", schrieb der 2010 an Lungenkrebs verstorbene künstlerische Multiaktivist Christoph Schlingensief in seinem Krebstagebuch *So schön wie hier kann's im Himmel gar nicht sein.* Stellvertretend für viele formuliert er: „Man will als Lebender immer noch Herr der Situation bleiben und sagen: Die Musik läuft, solange wie ich will, und wenn sie ausgeht, bin ich tot." Dass dies anders läuft, wurde ihm erst mit der Zeit klar: „Ich habe kapieren müssen, dass Sterben anders funktioniert, ohne großen Schlussakkord."

Ich möchte diese wertvolle Erkenntnis von Schlingensief mitnehmen in die Debatte rund um die Sterbehilfe. Was heißt Sterben in Würde? Möglichst rasch und vor allem schmerzfrei aus dem Leben scheiden, scheint für viele das Ideal zu sein. Viele schreckliche Schicksale in der Pandemie-Zeit, vor allem Abschiede, die kaum möglich waren, haben die Debatte über Tod und Sterben zumindest aus einer gewissen Tabuzone geholt. Mit der gesetzlichen Neuregelung zur „Selbsttötung mit Assistenz" scheint juristisch alles „korrekt" machbar geworden zu sein. Aber wohin geht die Reise? Der Blick auf die Entwicklungen in der Schweiz, in den Niederlanden, in Belgien und in vielen anderen Staaten belegt bereits die Befürchtung humanitärer Katastrophen. Der Druck auf die vulnerablen Gruppen der Alten, Schwerkranken und psychisch Belasteten nimmt zu. Der vielfach propagierte Ausdruck des „selbstbestimmten, autonomen Sterbens" berücksichtigt nicht, dass wir immer von der Resonanz unserer Umgebung, von gesellschaftlichen Stimmungen und diversen Fremdinteressen bestimmt sind. In einer Umfrage der FAZ wurden Sterbewillige nach ihren Motiven befragt. Ihre Antworten bezogen sich fast ausschließlich auf Fragen menschlicher Beziehung und sozialer Versorgung: „Ich fühle mich einsam; Ich will niemandem zur Last fallen; Ich will mit den hohen Pflegekosten nicht das Erbe der Kinder schmälern …" Von einem persönlichen Wollen war nichts zu hören. Selbstverständlich steht niemandem ein Urteil zu, wenn jemand in persönlich empfundener Ausweglosigkeit die Selbsttötung wählt – sei sie nun assistiert oder nicht assistiert. Meist ist dieser Schritt jedoch ein Ausdruck von Verzweiflung.

Mir scheint, dass wir noch viel mehr Herzenskraft investieren müssen, um Menschen in ihrer letzten Lebensphase besser begleiten zu können. Dazu gehören eine anspruchsvolle palliativ-medizinische Versorgung, aber ebenso eine ganzheitliche Seelsorge – getragen von Menschen, die verlässlich da sind, bereit zum Zuhören, bereit für zärtliche Gesten, wenn keine Gespräche mehr möglich sind. Ein deutlicher Sterbewunsch ist kein Grund zur Panik, in vielen Fällen verständlich und oft sogar wichtig, um die Prioritäten im Leben zu ordnen. Die verbleibende Lebenszeit bietet die Möglichkeit, noch Wesentliches zu erledigen. Es berühren mich immer wieder die Rückmeldungen der Angehörigen, dass in der letzten Phase noch Begegnungen geschenkt wurden, die mit dieser Tiefe und inneren Verbundenheit vorher nicht denkbar waren. Sterben in Würde hat vor allem mit Versöhnung zu tun.

Weil jede Minute zählt

Die Jugendbuchautorin Sally Nicholls verfasste mit 23 Jahren ihren Debütroman mit dem Titel *Wie man unsterblich wird. Jede Minute zählt*". In dem vielfach ausgezeichneten Werk erzählt sie die Geschichte von Sam. Er ist zwölf Jahre alt und erkrankt an Leukämie. Ähnlich wie sein Freund Felix weiß er, dass er nur noch höchstens ein Jahr leben wird. Nach dem Motto „Wenn man nur wenig Zeit hat, muss man sie nützen!" beginnen die beiden einen abenteuerlichen Parcours. Sie beschließen, all das zu machen, was sie immer schon vorhatten – einen Weltrekord aufstellen, Horrorfilme schauen, ein Mädchen küssen, in einem Raumschiff durch das Weltall fliegen. Sie machen sich an die Erfüllung einer langen Wunschliste. Und lernen viel über das Leben. Die wirkliche Entdeckung aber ist die Wahrheit über die Begrenztheit des Lebens. Sam im O-Ton: „Dass man stirbt, ist die schwammigste Sache überhaupt. Darüber sagt dir keiner was. Du stellst Fragen, und sie fangen an zu husten und wechseln das Thema."

Warum eigentlich? Vielfach haben wir es verlernt, das Leben und einander zärtlich zu umarmen. Dennoch: Auch in unserer krampfhaft auf Optimismus programmierten Gesellschaft werden wir den Tod nicht los. Kein Haarfärbemittel, keine Anti-Faltencreme, kein Botox können uns darüber hinwegtäuschen: Wir sind sterblich! Wenn wir deshalb in einer nervösen Torschlusspanik uns selbst und unsere Umwelt wie eine Zitrone ausquetschen, wird insgesamt auch nicht mehr Qualität rauskommen. Eher schlagen Ent-Täuschungen noch härter auf. Gelassenheit, Zufriedenheit und Lebensruhe stellen sich nur dann ein, wenn unser Herz „gesättigt" ist. Und diese Sättigung hängt wesentlich davon ab, wie viel Zeit wir einander schenken.

Nochmals Christoph Schlingensief im O-Ton: „Vielleicht erreiche ich ja jetzt eine neue Entwicklungsstufe. Nach der Erschütterung, dass alles zu Ende sein soll, nach der Distanzierung von der Welt, die ich unter dem Motto ‚Ich nehme daran nicht mehr teil' aufgebaut habe, gewinne ich dieser Distanz nämlich gerade etwas Positives ab. Denn ich kann sie ja auch in eine Bereitschaft transformieren, besser hinzuhören und hinzuschauen. Das heißt: Ich muss nicht auf die Welt blicken, um in Trauer dahinzuschmelzen, sondern ich kann versuchen, Neues zu erleben. […] Auf der Erde kann man so viel machen, das ist doch ein sensationeller Ort. Man kann Frieden schließen, man kann die Natur achten, man kann Menschen lieben, man kann Menschen helfen, man kann einfach alles tun."

Barmherzigkeit.
Allen Kälteströmungen zum Trotz

„Nun bin ich in der Jugendhaft der Justizanstalt Innsbruck. Alkohol, Drogen und Gewalt haben mir falsche Sicherheit gegeben. Ich schaue mit Ekel zurück auf diese Zeit." Mit großer Ehrlichkeit erzählt Hussein seinen Absturz in den sozialen Sumpf. Woher ist er gekommen? Hussein hat nach einem Anschlag in Kabul seine Heimat in Richtung Iran verlassen. Mithilfe von Schleppern konnte der Teenager zusammen mit seinen Eltern, die er auf der Flucht verloren hat, nach Europa fliehen. In Österreich rutschte er rasch in ein problematisches Milieu ab. Zum Glück lernte er in Salzburg die Mutter eines Freundes kennen, die ihn in ihre Familie als Pflegekind aufnahm. Das war die erste Wende: „Ich habe angefangen, mich wieder zu lieben und mein Leben zu lieben. Sie hat mir Ziele gezeigt und Liebe gegeben, fast wie meine eigene Mutter, die ich so vermisse. Ich war plötzlich wieder motiviert, habe mit einem Deutschkurs begonnen und hatte Ziele. Mit den Drogen habe ich aufgehört. Ich hatte endlich wieder eine Familie, auch Oma und Opa." Hussein hat bei seiner Pflegefamilie erlebt, wonach sich jeder sehnt – irgendwo einen Ort zu haben, wo man sich für das eigene Dasein nicht entschuldigen muss. Leider konnte er seinen Traum von Schulabschluss und Studium noch nicht realisieren. Erneut ist er in die Spirale von Drogen und Gewalt gerutscht. Als ich ihm im Gefängnis begegnete, sagte er mir: „Nun bin ich kurz vor meiner Haftentlassung und bin so froh, dass mich meine Pflegefamilie nicht aufgegeben hat." Und unter Tränen ergänzt er: „Sie freuen sich, dass ich wiederkomme. Sie vertrauen mir und haben mich nicht fallen gelassen." Aufnahme nach einem zweiten Totalversagen. Ist das nicht eine starke Lektion in der Schule der Barmherzigkeit?

Mutterschoß, Eingeweide

Das hebräische Wort für Barmherzigkeit und Erbarmen lautet *racham*. Es bedeutet Mutterschoß und Gebärmutter und macht deutlich, dass durch Barmherzigkeit menschliches Leben entstehen, sich entfalten und reifen kann. Diese Deutung unterstreicht das Wortelement *barm*, das dem *herzig* vorangestellt wird. Es stammt aus dem Althochdeutschen und wird übersetzt mit „Schoß" oder „Busen". Es ähnelt dem Altindischen *bhar*, übersetzt mit „tragen, halten, erhalten, hegen, pflegen, ernähren". Also in beiden Sprachfamilien eindeutige Anspielungen auf das Mütterliche. Wer barmherzig ist, bringt gemäß dieser Wortbedeutung Leben hervor, schützt es in der Not und erhält es. Barmherzigkeit ist somit keine oberflächliche Gemütsregung, sondern gleicht der Haltung einer Mutter, die wachsendes Leben in sich trägt, Geborgenheit vermittelt und die nötige Geduld für das Heranreifen aufbringt. Barmherzigkeit ermöglicht Leben.

Das lateinische Wort für Barmherzigkeit, *misericordia*, ergänzt die geschilderte Palette. Es beinhaltet die *misere*, also Armut und Elend, und zugleich auch *cor*, das lateinische Wort für Herz. Von Barmherzigkeit ist dann die Rede, wenn Elend auf Herz trifft. Das, was „mies" ist, wird von jemandem ausgehalten. Nicht selten sind wir dabei überfordert, rasch am Ende unserer Geduld und Belastbarkeit. Der Anspruch, niemanden fallen zu lassen, kann nur von Gott eingelöst werden. Beim Propheten Jesaja ist uns ein O-Ton überliefert: „Kann denn eine Frau ihr Kind vergessen, ohne Erbarmen sein gegenüber ihrem leiblichen Sohn? Und selbst wenn sie ihn vergisst: Ich vergesse dich nicht." (Jes 49,15) Barmherzigkeit ist das treffendste Eigenschaftswort für Gott. Er ist der „Allbarmherzige", wie ihn nicht nur die Muslime gläubig nennen.

Vollbild Erbarmen

Auf meiner persönlichen Hitliste der besten Kunstwerke rangiert das Gemälde „Die sieben Werke der Barmherzigkeit" von Caravaggio sehr weit oben. Ein faszinierendes Meisterwerk, in dem sich Körper und Handlungen in einem hoch energetischen Wirbel begegnen. Ich stand davor und kam aus dem Staunen nicht mehr heraus. Caravaggio malte es 1606 für den *Pio Monte della Misericordia* in Neapel, wo es heute noch hängt. Der „Fromme Berg der Barmherzigkeit", so die Übersetzung, war eine wohltätige Institution, die zu Beginn des 17. Jahrhunderts gegründet wurde, um die erdrückende Armut in Neapel zu lindern. Auf dicht gedrängtem Raum stellt Caravaggio alle sieben „Werke der Barmherzigkeit" dar. Diese Aufzählung geht zurück auf die berühmte Gerichtsrede Jesu (Mt 25): Hungrige speisen, Durstige tränken, Fremde beherbergen, Nackte kleiden, Kranke pflegen, Gefangene besuchen und Tote begraben. Jesus hat unmissverständlich klargestellt, dass alles, was wir an den Geringsten tun oder nicht tun, ihn unmittelbar betrifft: „Das habt ihr mir getan." Allen Kälteströmungen zum Trotz sorgen die Werke der Barmherzigkeit für den Herzschlag einer humanen Gesellschaft. Gott ist real präsent unter den Hilfsbedürftigen.

Auf ein paar Details aus Caravaggios Gemälde möchte ich hinweisen: In einer fast skandalösen Szene werden gleich zwei Werke der Barmherzigkeit geschildert: „Hungrige speisen" und „Gefangene besuchen". Man sieht eine junge Frau, die stehend einem alten Mann die Brust reicht. Seinen Kopf streckt er durch ein vergittertes Fenster heraus. Die Szene beruht auf einer Geschichte des römischen Schriftstellers Valerius Maximus über einen gewissen Cimon, der zum Hungertod verurteilt war. Gerettet wurde er durch seine Tochter Pero, die ihn im Kerker besuchte und heimlich stillte. Tolle Botschaft: Wirkliche Barmherzigkeit muss diskret ausgeübt werden, jedes Zurschaustellen der Mildtätigkeit hat einen schalen Beigeschmack und erst recht jedes scheinbar „gnädige" Von-oben-Herab. „Nackte bekleiden" und „Kranke besuchen" sind ebenso zusammen dargestellt. Jemand teilt seinen Mantel und reicht ihn einem nackten Kranken, der im Vordergrund mit Rückenansicht gezeigt wird. Er kippt förmlich aus dem Bild heraus in die Arme des Betrachters – diese Dynamik ist beabsichtigt. Man kann nicht theoretisch über die Werke der Barmherzigkeit spekulieren. Es geht darum, sich involvieren zu lassen im persönlichen

Lebensumfeld, aber ebenso in den großen gesellschaftspolitischen Herausforderungen unserer Zeit.

Kältestrom Flüchtlingselend

Anfang des Jahres 2022 erreichten uns Berichte vom überraschenden Wintereinbruch in Griechenland – nicht nur die griechische Bevölkerung, sondern auch die vielen Asylsuchenden auf den griechischen Inseln nahe dem türkischen Festland waren betroffen. Wir sahen Fotos von Frauen mit Kindern auf den Armen auf nichtbeleuchteten Wegen zum eiskalten Dixi-Klo. Tagsüber warteten sie bei Minusgraden in einer Menschenreihe auf ihr Essen. Diese erschütternden Zustände fanden mit neun Todesopfern ihren grausamen Höhepunkt. Sie sind erfroren beim Versuch, die Grenze von der Türkei nach Europa zu überwinden. Ähnlich ist das Elend auf der sogenannten Balkanroute, auf der Geflüchtete wie Schwerverbrecher gejagt – oder einfach ihrem Schicksal überlassen werden. Diese systematische Aggression gegen Menschen, die zum Großteil aus Verzweiflung ihre Heimat verlassen haben, macht mir Sorge. Wie können wir zukünftig menschengerechter mit dieser komplexen Notlage umgehen? Von Barmherzigkeit will ich gar nicht reden.

Im Dezember 2020 besuchte ich mit einer kleinen Delegation von Menschenrechtsaktivisten die Insel Lesbos, die die *Washington Post* den „Ground Zero der ungelösten Flüchtlingskrise Europas" nennt. Dieser humanitäre Faktencheck war mir wichtig, um entsprechend gegen das gleichgültige Wegschauen auftreten zu können. Wir hatten eine Einladung von Doro Blancke, die als humanitärer Mastermind seit geraumer Zeit auf der Insel tätig war. So gut ich konnte, unterstützte ich ihre Arbeit. Deshalb auch die Reise.

Das alte Lager von Moria, das aufgrund der barbarischen Zustände einfach als „Schande Europas" bezeichnet wurde, war einem Feuer zum Opfer gefallen. Dieser Brand wäre das Signal gewesen, die prekären Elendszonen zur Gänze aufzuheben und den Flüchtenden ein menschenwürdiges Ankommen in Europa zu ermöglichen. Das Gegenteil ist passiert. Ein improvisiertes Lager wurde im September 2020 aus dem Boden gestampft – die unerträglichen Zustände sind geblieben. Teilweise sind sie noch schlimmer geworden. „Die Leute sollen sich hier nicht wohlfühlen." Diese unverblümte Aussage eines rechtspopulistischen Politikers in Griechenland hat mich erschüttert. Er sprach aus, was die versteckte Strategie ist. Mit den notdürftigen Lagern soll an den Rändern Europas eine „Ekelzone" aufrechterhalten werden, die alle möglichen Nachkommenden präventiv abschreckt. Und wie leider in den folgenden Monaten oftmals festgestellt wurde, sind Pushbacks auf dem offenen Meer an der Tagesordnung. Verbrechen dieser Art, verübt an Menschen, die vor Krieg, Terror, Not oder Perspektivlosigkeit flüchten mussten, sind bereits dokumentiert. Menschlichkeit geht anders. Barmherzigkeit geht anders!

Eintauchen

Im Elisabethjahr 2007 hat der mittlerweile emeritierte Erfurter Bischof Joachim Wanke die Werke der Barmherzigkeit (Mt 25) in die heutige Zeit übersetzt: „Einem Menschen sagen: Du gehörst dazu. Ich höre dir zu. Ich rede gut über dich. Ich gehe ein Stück mit dir. Ich teile mit dir. Ich besuche dich. Ich bete für dich." Ich finde diese neuen Formulierungen sehr hilfreich. Bischof Wanke hat damit den klassischen Werken der Barmherzigkeit eine neue Gestalt gegeben – gelebt werden müssen sie von uns allen. Die „Werke der Barmherzigkeit" sind in jedem Fall der Beleg dafür, dass Menschsein in empathischer Weise gelingen kann – eine heilsame Alternative zum fordernden, anklagenden und verurteilenden Aufeinander-Losgehen. Martin Luther hat noch ernsthaft gefragt: „Wie bekomme ich einen gnädigen Gott?" Heutzutage müsste es lauten: „Wie bekomme ich einen gnädigen Nachbarn, einen gnädigen Arbeitskollegen oder Partner?" Dass barmherzige Menschen heilsam, wohltuend und ermutigend auf ihre Umgebung wirken, wissen wir. Ich zitiere nochmals Bischof Wanke:

„Gegen Unbarmherzigkeit helfen in der Regel keine Gesetze und Paragraphen. Gegen Unbarmherzigkeit hilft nur eine Umkehr im Herzen." Meist beginnt diese mit dem Hinhören, Wahrnehmen und Eintauchen in eine vorerst fremde Lebensrealität.

Begegnung verwandelt

Im multikulturellen Grazer Stadtbezirk Gries, wo ich viele Jahre als Pfarrer gearbeitet habe, gab es ein massives Problem mit gewaltbereiten tschetschenischen Jugendlichen. Die Verurteilung „dieser Ausländer" durch die Bevölkerung war entsprechend hart. An einem Sonntag lud ich eine tschetschenische Mutter ein, im Pfarrcafé aus ihrem Leben und von ihrer Flucht aus Grosny in Tschetschenien zu erzählen. Sie sprach vom Tod ihres Mannes im Krieg, von der mühsamen Flucht, von ihren Schwierigkeiten mit den pubertierenden Jungs und von ihrem Stress, ihr Leben in der neuen Heimat doch irgendwie zu schaffen – und all das unter dem Damoklesschwert, dennoch wieder abgeschoben zu werden. Nach ihrer Erzählung war im Saal eine tiefe Betroffenheit. Viele Frauen aus der Gemeinde haben sie plötzlich verstanden – sie kannten ähnliche Ängste und Sorgen mit ihren eigenen heranwachsenden Söhnen. Das abschätzige, vernichtende Gerede ist danach mehr und mehr verstummt. Anstelle dessen ist eine menschliche Verbundenheit zwischen den Frauen gewachsen. Auf der Basis solcher und ähnlicher Begegnungen gelang immer öfter ein Ansprechen von Problemen, ein Benennen von Konflikten und eine konstruktive Suche nach Lösungen. Begegnungen, die in die Tiefe des Herzens reichen, ermöglichen positive Veränderungen. Barmherzigkeit schafft Neues.

Gott, der Allbarmherzige

Die religiös Gebildeten konnten den Rabbi aus Galiläa, der sich mit den öffentlichen Sündern abgab, nicht als Gesandten Gottes akzeptieren. Sie machten Jesus Vorwürfe, weil er mit den

Zöllnern und Prostituierten, ja selbst mit den Ungläubigen Gemeinschaft pflegte. Als Antwort darauf erzählte Jesus das Gleichnis vom Barmherzigen Vater (Lk 15). Es ist eine Erzählung, die den eigentlichen Herzschlag Gottes offenlegt. Hören wir genau hin: Der Vater lässt den jüngeren Sohn, der sein Erbteil einfordert, ziehen. Kein Vorwurf, keine Drohung. Einfach nur Freiheit. Gott lässt zu, dass sich der Mensch von ihm absetzt. Was dann folgt, ist die Dynamik eines Weges, der von Gott wegführt. Alles scheint vorerst zu gelingen, Spaß und Anerkennung, ein ausgelassenes Leben, Genuss in allen Belangen, solange die Kohle reicht. Doch das Blatt wendet sich, das Kartenhaus stürzt in sich zusammen, ein Schicksalsschlag nach dem anderen. In der Not ist der jüdische Sohn als Knecht beim Schweinehüten gelandet und hätte gerne deren Futter zu sich genommen. Was tun? Aufbruch nach Hause? Ein Entschuldigungsspruch musste zuerst eingelernt werden, bevor er tatsächlich aufbrach. Und dann heißt es: Der Vater sah ihn von der Ferne kommen – welch eine Aufmerksamkeit! Gott wartet auf den nach Schweinetrog stinkenden Sohn, läuft ihm entgegen und umarmt ihn. Unfassbar! So ist Gott: Geduldig wartend und überschwänglich mit seiner Vergebung. Der Davongelaufene, der alles durchgebracht hat, wird wieder als Sohn eingesetzt. Schöner geht´s nicht!

Der zweite Sohn hat damit ein Problem. Er rechnet dem Vater seine Verdienste vor und versteht nicht, dass „der da" so empfangen wird. Der zweite Sohn ist unser Spiegel: Bilden wir uns des Öfteren nicht zu viel auf unser korrektes Benehmen ein, auf unsere Verdienste und ein durchschnittliches Okay-Sein? Trauigerweise hat der zweite Sohn die Fähigkeit verloren, sich mit dem Vater und seinem Bruder (!) mitzufreuen. Der Ausgang des Gleichnisses bleibt offen. Wir wissen nicht, wie der zweite Sohn letztlich reagiert hat – ob er sich auf einen Gleichklang zur Barmherzigkeit des Vaters eingelassen hat oder nicht.

Selig, die Esel?

Überraschenderweise hat bei einem Kunstwettbewerb zum Jubiläumsjahr „200 Jahre Herz-Jesu-Gelöbnis des Landes Tirol" eine Esels-Skulptur gewonnen. Für viele befremdlich. Das hochverehrte Herz Jesu mit diesem bescheidenen, störrischen und mäßig attraktiven Tier in Verbindung zu bringen, löste nicht wenig Irritation aus. Der Südtiroler Künstler Erich Kofler Fuchsberg hat mit der dürftigen Figur des

Esels dennoch das Wesentliche der Herz-Jesu-Spiritualität getroffen. Vermutlich hatte er den „sanftmütigen und von Herzen demütigen" Jesus vor Augen, den er mit dem Reittier der Armen in Verbindung brachte. Der eigentliche Friedensfürst hat schließlich selbst den Esel gewählt und nicht ein Schlachtross, um in Jerusalem einzuziehen – als Anwalt der Belasteten und Verachteten und nicht mit dem Herrschaftsanspruch weltlicher Macht. Entspricht dies nicht ganz und gar einer authentischen Herz-Spiritualität? Bestimmt brauchen wir zukünftig sehr viel mehr Jesus-Esel, die mit all ihrer Intelligenz und Sturheit versuchen, die Logik des Krieges zu durchbrechen, die Logik des Aufrüstens und der Vergeltung. Einer dazu konträren Logik war die wohl nachhaltigste Predigt Jesu verpflichtet, die er auf einer Anhöhe unmittelbar beim See Genezareth hielt. Die darin formulierten „Seligpreisungen" entsprechen keinesfalls dem Mainstream von Erfolgscoaching und Selbststoptimierung. Die Bergpredigt Jesu ist sein Lebensprogramm. Nur in seinem Geist lassen sich die herausfordernden Worte verstehen und leben – alles andere wäre eine moralische Überforderung.

Ich schätze die Übersetzung der jesuanischen Seligpreisungen, wie sie uns Papst Franziskus in Malmö, Schweden, am Allerheiligenfest 2016 vorgelegt hat: „Selig, die im Glauben das Böse ertragen, das andere ihnen antun, und von Herzen verzeihen. Selig, die den Ausgesonderten und an den Rand Gedrängten in die Augen schauen und ihnen Nähe zeigen. Selig, die Gott in jedem Menschen erkennen und dafür kämpfen, dass andere auch diese Entdeckung machen. Selig, die das gemeinsame Haus der Schöpfung schützen und pflegen. Selig, die zum Wohl anderer auf den eigenen Wohlstand verzichten. Selig, die für die volle Gemeinschaft der Christen beten und arbeiten. Sie alle sind Überbringer der Barmherzigkeit und Zärtlichkeit Gottes und werden sicher von ihm den verdienten Lohn erhalten."

Zusammengefasst: Barmherzigkeit ist vermutlich das wichtigste Herz-Wort für unsere Zeit.

Konfliktzone Herz.
Versöhnung ist möglich!

„Jeder Hass zerstört den Menschen im Menschen. Doch Versöhnung ist möglich." Für Antoine Kambanda, Erzbischof von Kigali (Ruanda) und seit 2020 Kardinal, ist Versöhnung in erster Linie der Wiederaufbau von Beziehungen. Damit ist das Wesentliche gesagt. Zur Erinnerung: Über eine Million Tote – obwohl der Genozid in Ruanda, dem kleinen ostafrikanischen Land mit den tausend Hügeln, im Jahr 1994 nur knapp hundert Tage gedauert hat. Eine schreckliche Bilanz, ein dämonischer Rausch im bestialischen Töten, angetrieben vom Wahn, es gelte eine verfeindete Ethnie auszurotten.

Antoine Kambanda hat diese fürchterliche Katastrophe aus der Ferne miterlebt, da er zu dieser Zeit für sein Doktoratsstudium in Rom war. Seine Eltern jedoch und fast alle seine Geschwister wurden umgebracht; nur ein Bruder blieb am Leben. Als er wieder in sein Heimatland zurückkehren konnte, brach eine tiefe seelische Erschütterung über ihn herein. Alle, die das Massaker überlebt haben, mussten eine kollektive Traumatisierung verarbeiten. Von Heilung war anfangs überhaupt noch keine Rede. Alle waren involviert, in jeder Familie gab es Täter oder Opfer. Sie lebten in denselben Dörfern, benötigten dieselben Spitäler. Erst mehrere Jahre später war es für die ruandische Gesellschaft und so auch für die Kirche möglich, mit einer ernsthaften Aufarbeitung der Massaker zu beginnen. Die Frage nach Schuld und Verantwortung für das maßlose Verbrechen musste gestellt werden. Als Bischof hat Antoine eine Synode mitinitiiert, in der dem gegenseitigen Zuhören ein wesentlicher Platz eingeräumt wurde: „Wer zuhört, öffnet dem Leiden des anderen einen

Raum." Diese Haltung wurde zum Schlüssel für einen erstaunlichen Versöhnungsprozess.

Das Leiden des anderen

Antoine erzählt vom Leiden der Opfer, das unablässig zum Himmel schreit. Ganze Familien wurden zerrissen oder ausgerottet. Ebenso erwähnt er das Leiden der Täter – sie müssen mit der Schande leben, im konkreten Fall Teil eines mordenden Mobs gewesen zu sein und damit unvorstellbares Leid verursacht zu haben. Sie haben eine Schuld auf sich geladen, die jedes menschlich mögliche Vergeben übersteigt. Der Kardinal versichert, dass es kein Bagatellisieren des Bösen sei, wenn man sich für das Leid der Täter öffnet. Vielmehr führe dies in eine Tiefe des Herzens, wo rein intellektuelles Verstehen keinen Zugang hat. „Das Teilhaben an der Leidenserfahrung des anderen öffnet einen neuen Raum, in dem Heilung und Versöhnung möglich werden", erklärt Antoine Kambanda. Er weiß, wovon er spricht.

Begleitet wurde der synodale Zuhör-Prozess in den kirchlichen Gemeinschaften durch die staatliche Wiedereinführung der sogenannten *Gacacas* im Jahr 2001. Diese traditionelle Form der Dorfgerichte wurde notwendig, weil die moderne Justiz mit dem Ausmaß des aufzuarbeitenden Verbrechens überfordert war. Die Gefängnisse waren voll mit vielen unschuldig Inhaftierten, die keine Verfahren hatten. Andererseits befanden sich unzählige Täter auf freiem Fuß, die für ihre Schandtaten und Verbrechen während des Bürgerkrieges bis zu diesem Zeitpunkt keine Rechenschaft ablegen mussten. In der intensivsten Phase arbeiteten nun unter dem Vorsitz von staatlichen Beamten und Sicherheitskräften rund 13.000 *Gacaca*-Gerichte über das ganze Land verteilt. Ich konnte bei Besuchen in Ruanda einige dieser Zusammenkünfte beobachten. Aus den Gefängnissen wurden die Häftlinge, erkenntlich an ihren rosafarbigen Kleidern, in ihre Dörfer gebracht und mussten zusammen mit allen versammelten Dorfbewohnern über sich selbst und über das Verhalten aller Beteiligten aussagen.

Durch den Prozess der Klärung und kollektiven „Reinigung", der offiziell bis 2012 gedauert hat, wurde ein neuer gesellschaftlicher Zusammenhalt ermöglicht. Das Ringen um Wahrheit und Gerechtigkeit führte zu einer kollektiven Entlastung. Ruanda verdankte seine künftige Bekanntheit nicht mehr einzig dem bestialischen Genozid, sondern auch seinem in vielerlei Hinsicht erfolgreichen Bemühen um Versöhnung.

Nachhaltig beeindruckt haben mich Berichte von speziellen Versöhnungsfesten in den Kirchen. Sie wurden organisiert, um der erstmaligen Begegnung von entlassenen Mördern mit den Familien der von ihnen Ermordeten einen Rahmen zu geben. Unfassbare Momente, beschämend und gottvoll zugleich! Tränen der Ergriffenheit und Freude. Kardinal Antoine erklärte, dass in seiner Muttersprache Kinyarwanda das Wort „Vergebung" mit dem Wort „Mitleiden" verwandt ist. Versöhnung ist möglich, wenn wir uns in das Leiden des anderen hineinbegeben. Dieser Schritt durchbricht die Gesetzmäßigkeit von Verurteilung und Vergeltung. Es beginnt ein Prozess der „Entfeindung", wie ihn Hildegard Goss-Mayr nennt, die ihr Leben lang zusammen mit ihrem Mann zum Thema Gewaltfreiheit und Versöhnung geforscht hat.

Vergiftete oder gesunde Böden?

„Das ist das Problem unserer Zeit. Der große Hass gegen die Deutschen, der das eigene Gemüt vergiftet. […] Sollte ich in dieser Zeit dahin gelangen, dass ich wirklich zu hassen anfange, dann wäre ich in meiner Seele verwundet und müsste danach streben, so rasch wie möglich Genesung zu finden." Dieses Zitat, datiert mit dem 15. März 1941, stammt von Etty Hillesum. Die niederländisch-jüdische Sprachlehrerin wurde bekannt durch ihre posthum veröffentlichten Tagebücher. Hillesum hatte durch ihren Einsatz für die Kranken und Alten im Durchgangslager Westerbork die „nackte Not" der Menschen schon früh hautnah erfahren. Dennoch, und das fasziniert mich, ist sie nie in die Falle der Vergeltung oder Rache getappt. Sie wollte „ein Pflaster auf vielen Wunden sein", wie sie am 13. Oktober 1942 schrieb. Ein Jahr später wurde sie von den Nazis in Auschwitz hingerichtet. Auf die herausfordernde Frage, was die Berechtigung unseres Daseins auf dieser Erde sei, notierte sie: „Früchte tragen, und Blumen, auf jedem Flecken Erde, wo man gepflanzt wurde – wäre das nicht der Sinn? Und sollen wir nicht mithelfen, diesen Sinn zu verwirklichen?"

Das Leben aufblühen lassen und gute Früchte tragen, ja, das wär's! Ob etwas blüht und gedeiht, hängt nicht zuletzt wesentlich vom Boden ab, von seiner Beschaffenheit und Unversehrtheit.

Unweit vom Bauernhof meiner Eltern befand sich eine Müllhalde im Wald. In den 1970er-Jahren gab es kein Gespür, was dort hingehört und was nicht – Plastikabfälle, Autoreifen, Batterien und die ersten kaputten Haushaltsgeräte, alles wurde dort entsorgt. Ich habe mich als Kind nur gewundert, warum die Bäume rundherum zusehends ihren „Geist aufgaben". Ihre Nadeln wurden braun und sie verdorrten. Nach einigen Jahren wurde die umweltgefährdende Deponie aufgelöst. Aus einem vergifteten Boden wächst nichts. Auch von einem vergifteten Herzen wird kaum etwas Positives hervorkommen, geschweige denn etwas Neues aufblühen.

Deponie, Schatztruhe

Unser Herz kann tatsächlich eine problematische Deponie sein, in der Bosheit, Hass und anderes Übel vor sich hinbrüten. Oder auch eine Schatzkammer. Güte, Sanftmut, Geduld und viele, viele andere Ressourcen an Menschlichkeit können im Herzen eines Menschen verborgen sein – oftmals unentdeckt, nicht aktiviert oder beansprucht. Auf Dauer lässt sich jedoch nicht verbergen, womit der innere Tresor gefüllt ist: „Der gute Mensch bringt aus dem guten Schatz Gutes hervor und der böse Mensch bringt aus dem bösen Schatz Böses hervor", sagt Jesus (Mt 12,35). Die Formulierung des Hervorbringens aus einem angelegten Depot ist wichtig. Sie zeigt, dass uns eigentlich nichts zufällig trifft oder „blüht". Im Herzen des Menschen wird langfristig angelegt, archiviert und „kultiviert", was bei gegebenem Anlass hervortritt – Gutes und Böses.

Die entscheidende Frage lautet, wofür wir unsere Herzensspeicher bereitstellen, welchem Geist wir Raum geben. Es liegt an uns. Pedro Arrupe SJ, der langjährige Generalobere der Jesuiten, hat dies so ausgedrückt: „Das, was du liebst, was deine Vorstellungskraft beherrscht, wird nichts unberührt lassen. Es entscheidet darüber, was dich am Morgen veranlasst aufzustehen, was du mit deinen Abenden anfängst, wie du deine Wochenenden verbringst, was du liest, wen du kennenlernst, was dir das Herz bricht und was dich in Erstaunen versetzt. Liebe, bleib in der Liebe, und das wird alles entscheiden." In der Debatte um die Gültigkeit der Speisevorschriften sagt Jesus: „Von innen, aus dem Herzen der Menschen, kommen die bösen Gedanken, Unzucht, Diebstahl, Mord, Ehebruch, Habgier, Bosheit, Hinterlist, Ausschweifung, Neid, Lästerung, Hochmut und Unvernunft. All dieses Böse kommt von innen und macht den Menschen unrein." (Mt 7,21) Jesus macht damit deutlich, dass es keinen Sinn ergibt, mit peniblen Reinheitsvorschriften eine äußerliche Verschmutzung zu vermeiden. Wichtiger ist die Reinigung, die im eigenen Herzen ansetzt und die uns niemand abnimmt.

Der wichtigste Fensterputz

Brillengläser müssen gereinigt werden, ein permanenter Kampf um gute Durchsicht. Ich weiß, wovon ich spreche. Ebenso brauchen die Fensterscheiben unserer Wohnungen einen regelmäßigen Putz. Auch wenn sich nicht die großen Dreckpatzen auf ihnen sammeln, gibt es eine kontinuierliche Eintrübung durch Staub und andere Schmutzpartikel. Ich liebe dieses Bild, um die Notwendigkeit von Versöhnung zu beschreiben. Es ist wie die Reinigung einer verschmutzten Scheibe, um das Licht und die Schönheit des Lebens von Neuem durchstrahlen zu lassen. Der alltägliche Staub der „feinen" Lieblosigkeiten, Vorwürfe und Unversöhnlichkeiten bleibt auf der Scheibe haften und trübt zusehends den Blick auf sich selbst und auf die Umgebung. Abhilfe schafft nur ein regelmäßiger Fensterputz, um nicht den eigenen Schmutz auf den Nachbarn und die Umgebung zu projizieren – und sie infolgedessen durch diesen „verdreckten" Filter hindurch nur mehr schemenhaft und mit Schmutz behaftet wahrzunehmen. Gar nicht zu reden vom mikroskopischen Feinstaub, der sich nicht nur wie eine Schmutzschicht auf unser Herz legen kann, sondern bis in die Lungen- und Herzgefäße einzudringen vermag. Der aggressive Feinstaub von Unversöhnlichkeit und gegenseitiger Verurteilung wird dadurch nicht nur das Blut, sondern den ganzen Organismus – Familie, Nachbarschaft, Gesellschaft – verunreinigen. Versöhnung ist eine innere Reinigung, um den Durchblick auf den Nächsten und das Leben wiederzugewinnen.

Das Herz ausschütten

Eine Grundreinigung passiert im Sakrament der Versöhnung. Ich erlaube mir eine unerwartete Werbeeinschaltung – wissend, dass die Beichte, wie das Sakrament verkürzt genannt wird, auch sehr vielen katholischen Gläubigen fremd geworden ist. Viel zu lange wurde fast ausschließlich auf das sechste Gebot hingestarrt, als ob es keine anderen Sünden und Probleme gäbe. Leider wurde auch der Aspekt der Heilung der zahlreichen Wunden, die Menschen mit sich tragen, nicht genügend beachtet. Dennoch: Dieses Sakrament hat Zukunft – es ermöglicht einen befreienden Neubeginn. Oftmals durfte ich als Priester, der diesen Dienst anbietet, miterleben, dass sich nach einer ungekünstelten Beichte eine unerhörte Lebensfreude einstellte. Entscheidend ist, dass Menschen in einer verlässlich diskreten Atmosphäre vor Gott ihr Herz ausschütten können. Darum geht´s, nicht in erster Linie um das Aufzählen von Sünden. Die Lossprechung ist Gottes Ja zu einem Menschen, der sich der Wahrheit seines Lebens gestellt hat. Es ist eine Zusage von Vergebung, eine Entlastung, die jene Tiefen des Herzens berührt, wo keine Therapie hinreicht.

Eine Tagebucheintragung von Etty Hillesum, datiert mit 17. September 1942, unterstreicht diesen Aspekt, der nicht nur für die Aussprache innerhalb einer Beichte gilt: „Wie groß ist doch die innere Not deiner Geschöpfe auf dieser Erde, mein Gott. Ich danke dir, dass du so viele Menschen mit ihren inneren Nöten zu mir kommen lässt. […] Verhältnis zu Vater und Mutter, Jugenderinnerungen, Träume, Schuldgefühle, Minderwertigkeitsgefühle, nun ja, eben das ganze Drumherum. Bei jedem, der zu mir kommt, gehe ich sehr behutsam suchend vor."

Verbundenheit erneuern

Ein krebskranker Mann lag im Sterben. Seine Frau hatte panische Angst vor diesem unausweichlichen Moment und bat mich, mit ihnen zu sein. Der eigentliche Grund ihrer Angst war nicht der bevorstehende Verlust ihres Mannes, sondern ihre völlige Hilflosigkeit, miteinander zu kommunizieren. Sie hatten sich schon viel zu lange nichts mehr zu sagen. Totale Entfremdung, beiderseitige Blockade. Eine wirkliche Aussprache wurde versäumt und war im fortgeschrittenen Schwächezustand des Krebspatienten auch nicht mehr möglich. Was konnte ich tun? Ich habe die Hände der beiden ineinanderlegt und mit ein paar schlichten Worten an ihre ursprünglich liebevolle Beziehung erinnert.

Beiderseits Tränen, Berührung der Blicke, kleine Gesten. Spürbar erleichtert konnte der Mann loslassen. Zumindest eine einfache Begegnung von Herz zu Herz ist ihnen *„last minute"* noch geschenkt worden. Nicht immer gelingt dies. Versöhnung ist nicht zuletzt deshalb ein Dauerauftrag. „Am Ende des Lebens gibt es nur mehr zwei Fragen zu beantworten: Wem muss ich vergeben und wen muss ich um Vergebung bitten?" Diese beiden Fragen, die der Reformator Martin Luther so formuliert hat, sind tatsächlich entscheidend. Nach vielen Jahren in der Seelsorge weiß ich, dass das Nicht-Vergeben-Können das größte Hindernis für ein „ruhiges Hinübergehen" ist. Und ich weiß, dass durch die Mühe um Vergebung die Schönheit des Lebens zurückkehrt – denn in keinem Augenblick ist der Mensch schöner, als wenn er vergibt oder Vergebung annimmt. Aber wem fällt das Vergeben schon leicht? Es ist keine Take-it-easy-Übung.

Pädagogik des Kreuzes

Antoine Kambanda erklärte uns in diesem Zusammenhang die „Pädagogik des Kreuzes". Jesus hat bei seinem qualvollen Sterben am Kreuz jedem menschlichen Leid in sich Raum gegeben. Kein Versagen ist ihm fremd. Sein brutal aufgestoßenes Herz ist zum geheimnisvollen Raum der Vergebung geworden – es ist der größtmögliche Resonanzraum für alles, was an menschlicher Bosheit denkbar ist. Es ist Gottes offener Herzraum! Die letzten Worte Jesu waren das Gegenteil von jeder apokalyptischen Strafandrohung oder Vergeltung: „Vater, vergib ihnen, denn sie wissen nicht, was sie tun!" (Lk 23,34)

In derselben Haltung erschien der Auferstandene am Ostermorgen den Jüngern, die sich hinter verschlossenen Türen verbarrikadiert hatten. Sie waren wie gelähmt von Ängsten, Selbstvorwürfen und Schuldgefühlen. *Shalom!* Mit diesem Gruß hat sie Jesus, den sie letztlich an seinen Wundmalen erkannten, überrascht. Alles echt, alles wahr. Der Auferstandene ist Traumbild und kein „Sunny Boy", der das vorangegangene Leiden nur gespielt hätte.

Nicht dabei bei dieser ersten Begegnung war der Apostel Thomas. Den Erzählungen seiner Kollegen konnte er nicht glauben. Er hat gefordert, die Wunden Jesu selbst berühren zu dürfen, um Gewissheit zu haben. Tatsächlich kam es eine Woche später zu dieser Begegnung. Der Auferstandene forderte nun Thomas persönlich auf, seine Hand in die Seitenwunde zu legen. Dieser Moment ist kaum vorstellbar – und doch so naheliegend: Nur wenn Wunden wahrgenommen werden, kann Heilung passieren. Die Reaktion des „Ungläubigen" ist das stärkste Bekenntnis, das uns überliefert ist: „Mein Herr und mein Gott!" (Joh 20,28) Thomas hat verstanden, dass die Seitenwunde Jesu der offene Herzraum Gottes ist – offen für alle! Oder wie es der Prophet Jesaja Jahrhunderte davor vorausgesagt hat: „Durch seine Wunden sind wir geheilt." (Jes 53,5)

Trotzdem lieben

Der international ausgezeichnete Film *Corpus Christi* des polnischen Regisseurs Jan Komasa hat mich mit seiner schonungslosen Ehrlichkeit tief berührt. Ein wirklicher Filmtipp! Kurz die Story: Der aus der Haft entlassene Straftäter Daniel rutscht in eine eigenartige Situation. Er gibt sich als Priester aus, um der öffentlichen Verurteilung als Ex-Häftling zu entgehen. Durch ein Zusammenspiel kurioser Zufälle wird er zum Aushilfspfarrer in einem abgelegenen Dorf. Vieles, was durch die Routine und eigene Suchterkrankung des alten Pfarrers unter den Teppich gekehrt wurde, schlägt nun mit voller Wucht auf: nicht stattgefundene Trauer, pharisäische Verlogenheit und vor allem die lähmende Unfähigkeit, einander zu vergeben. Mit seinen Aussagen und Aktionen berührt der unkonventionelle Seelsorger die Herzen der Leute. Er weiß, was es bedeutet, verurteilt und ausgegrenzt zu sein. Er versteht sogar die als „Hure" beschimpfte Witwe des betrunkenen Todeslenkers, der viele Opfer auf dem Gewissen hat. Nachdem nun der vermeintliche Pfarrer Tomas von einem Verräter, seinem ehemaligen Mitgefangenen, enttarnt und erpresst wurde, predigt er beim

Fronleichnamsfest: „Wisst ihr, was wir gut können? Menschen aufgeben. Mit dem Finger auf sie zeigen. Ja! Tagtäglich suchte auch ich jemanden, der eine Stufe tiefer liegt als ich, schlechter ist." Und dann mit noch radikalerer Ehrlichkeit bekennend: „Ich bin ein Mörder. Ihr habt richtig gehört, ich habe getötet. Ich tötete in Gedanken. Ich tötete durch Unterlassung. Ich tötete durch meine Taten." Und ohne viele Umschweife geht er dann auf das Wunder der Verwandlung in der Heiligen Messe ein: „Vergeben heißt nicht vergessen. Oder so tun, als wäre nichts passiert. Vergeben heißt lieben. Jemanden trotz seiner Schuld lieben. Egal, wessen er schuldig ist."

Stop – Listen – Go!
Der Rhythmus entscheidet

„Papa, wir müssen alles langsamer machen, damit die Zeit nicht so schnell vergeht!" Ist das nicht ein philosophischer Spitzensatz? Er stammt von meiner Nichte Lotte, im Alter von fünf Jahren. Sie hat meinem Bruder gegenüber intuitiv benannt, worauf es ankäme: Entschleunigung, ein gesunder Rhythmus und eine größere Portion Geduld. Wie wir wissen, wächst das Wesentliche in der Natur und im spirituellen Bereich organisch, es braucht Zeit zum Reifen. Dasselbe gilt für den mühsamen, oft zähen Ausgleich von Interessen im gesellschaftlichen Diskurs. Ohne genügend Zeit zum Nachdenken und Reflektieren kommt es immer öfter zu falschen Entscheidungen. Mitunter verfallen wir der gefährlichen Illusion, dass sich das Leben wie mit einem Touchscreen steuern ließe – ein Touch-und-Wisch und alles sollte in der volldigitalisierten Welt nach unseren Vorstellungen laufen. Wir sind im nervösen Alltag zugleich Täter und Opfer unheilvoller Beschleunigungen. Zurück bleiben Getriebene und Gehetzte.

Bernhard von Clairvaux (1090–1153) gab seinem früheren Schüler Papst Eugen III. den sympathischen Tipp: „Gönne dich dir selbst!" Mit scharfen Worten kritisierte er dessen übertriebenen Aktivismus: „Ich fürchte, dass Du, eingekeilt in Deine zahlreichen Beschäftigungen, keinen Ausweg mehr siehst und deshalb Deine Stirn verhärtest; dass Du Dich nach und nach des Gespürs für einen durchaus richtigen und heilsamen Schmerz entledigst. Es ist viel klüger, Du entziehst Dich von Zeit zu Zeit Deinen Beschäftigungen, als dass sie Dich ziehen und Dich nach und nach an einen Punkt führen, an dem Du nicht landen willst. Du fragst an welchen Punkt? An den Punkt, wo das Herz anfängt, hart zu werden. Frage nicht weiter, was damit gemeint sei: Wenn Du jetzt nicht erschrickst, ist Dein Herz schon so weit. Das harte Herz ist allein; es ist sich selbst nicht zuwider, weil es sich selbst nicht spürt." Dieser mahnende Ratschlag hat nichts an Aktualität verloren. Das Herz verliert – schneller als man denkt – seinen gesunden Rhythmus und verhärtet.

Die ersten Takte – bereits perfekt

Systole und Diastole, der Rhythmus von Anspannung und Entspannung ist uns wortwörtlich ins Herz geschrieben. Von Anfang an, geheimnisvoll. Erst 21 Tage alt und fünf Millimeter groß ist der Embryo, da beginnt sein winziges Herz schon zu schlagen. Diesen Job wird es unaufhörlich bis zum Lebensende verrichten. Das Herz ist das erste funktionstüchtige Organ im menschlichen Embryo. Es gleicht einem winzigen Schlauch, in dem sich das Blut aufgrund spontaner Impulse hin- und herbewegt. Einige der Zellen im hinteren Teil des Herzschlauches pulsieren schneller als die anderen und geben so die Fließrichtung vor. Erstaunlicherweise kann man bis heute nicht wirklich erklären, warum die Zellen in diesem Schlauch auf einmal anfangen, rhythmisch, scheinbar völlig automatisch, zu kontrahieren. Es ist ein

Geheimnis gleich am Anfang des Lebens, das trotz jahrzehntelanger Forschung und High-Tech-Medizin bislang im Dunkeln liegt. Wer oder was gibt den Anstoß? „Keiner weiß es bisher, keiner kann es sich erklären. Und dennoch geschieht immer das Gleiche: Kaum haben sich eine Eizelle und ein Spermium verbunden, beginnen schon nach wenigen Tagen einige Zellen zu pulsieren", schreibt der Arzt Dietrich Grönemeyer. Bis heute wissen wir nicht wirklich, wie der verborgene Taktgeber des Herzens gestartet, wie und wodurch er programmiert werde, so Grönemeyer. „Es scheint, als seien uns der Herzschlag und sein Rhythmus geschenkt, woher und von wem auch immer."

Der verlässliche Rhythmus

Das menschliche Herz eines Erwachsenen, so groß wie seine Faust und mit dem durchschnittlichen Gewicht von etwa drei Tafeln Schokolade, ca. 300 Gramm, vollbringt permanent Höchstleistungen. Ein gesundes Herz schlägt im Ruhezustand etwa 60- bis 80-mal pro Minute, bei Anstrengung bis zu 180-mal. Hochgerechnet in einem Jahr bis zu 42 Millionen Mal. So kommen wir bei 70 Lebensjahren auf ca. 2,5 Milliarden Herzschläge. Das ist eine sensationelle Leistung, selbst wenn wir mit dem Herz des kleinsten Säugetiers der Welt, das auch im Tiroler Alpenzoo lebt und Etruskerspitzmaus heißt, nicht mithalten können. Es schlägt 1.500-mal pro Minute! Der Rhythmus entscheidet. Doch woher kommt er und wer sorgt für seine Verlässlichkeit? Wir haben kurz schon die Schrittmacheraktivität einiger Zellen im embryonalen Urstadium des Herzens erwähnt. Einige Herzzellen haben sich diese spezielle Fähigkeit bewahrt. Sie sind die „Schrittmacherzellen", die über selbst generierte elektronische Impulse Kontraktionen in anderen Herzzellen auslösen und so für den verlässlichen Herzschlag sorgen.

Es ist offenkundig, dass das Herz bei einer physischen und psychischen Dauerbelastung erkrankt. Andauernder Stress und das Vernachlässigen von Ruhephasen können zu chronischen Erkrankungen führen – so wie auch ein Nicht-Training, ein Nicht-Belasten eines

Muskels entsprechende Folgen hat. Die natürliche Reaktion auf Stress ist, dass der Herzmuskel die Blutversorgung steigert. Der Körper wird in Alarmbereitschaft versetzt – Kampf, Flucht und andere überlebensnotwendige Aktivitäten sind möglich. Im Stress stellt sich auch eine eigenartige Normierung der Herzfrequenz ein. Feinste rhythmische Abweichungen werden nicht zugelassen. Dagegen findet das Herz im unbelasteten Zustand einen wesentlich weicheren Rhythmus. Eigentlich typisch: Kreativität und Zärtlichkeit für das Leben gehen in Stresszeiten leicht verloren. Was übrig bleibt, ist ein zunehmend unsensibles, mechanisches Funktionieren, wie es bereits Bernhard von Clairvaux erwähnt hat.

Stop – Listen – Go

Ich möchte gerne von einer einfachen, aber höchst spirituellen Formel sprechen, die ich dem bekannten Benediktiner David Steindl-Rast verdanke: „Stop – Listen – Go". Auf Deutsch: „Innehalten – Wahrnehmen – Handeln". Es ist keine spezielle Technik, sondern eine einfache Übung, die sich unproblematisch in den Tageslauf einbauen lässt. Der Dreischritt kann auch bei Meetings und in diversen Debatten eine neue Qualität bringen.

Im ersten Schritt geht es um ein bewusstes Innehalten. Das fällt niemandem leicht, weil es in der Logik des raschen Erledigens scheinbar so überflüssig ist. Das Innehalten führt aus dem Hexenkessel des hastigen Agierens und Reagierens heraus. Die Unterbrechung ermöglicht eine heilsame Distanzierung und eine bewusstere Wahrnehmung. Damit ist auch schon der zweite Schritt benannt – wirkliches Hinhören, ein Zuhören, das den anderen verstehen will, ein genaues Beobachten. Die simple Frage: „Worum geht's?", kann eine Hilfe sein. Diese Phase der Nachdenklichkeit stärkt auch das Vertrauen in die menschlichen Sinne: „Was spüre ich, was berührt und fragt mich an?" Details und bisher nicht wahrgenommene Zusammenhänge kommen in den Blick. Erst dann, und wirklich erst dann, geht es im dritten

Schritt wieder um das Handeln. Aufgrund eines neuen Bewusstseins, das durch die Unterbrechung und Verzögerung entstanden ist, erhält das Tun eine neue Qualität.

Ich halte die Formel „Stop – Listen – Go" für ein geniales Instrument, um auch bei großer Arbeitsbelastung den menschlichen Herzrhythmus nicht zu verlieren. Wenn wir ihn beachten, erhöht sich nachweislich unsere Resilienz und Kreativität.

Beschleunigungskrisen und Rhythmusstörungen

Die Öko-Krise, die Demokratie-Krise und die Burn-out-Krise sind nach Hartmut Rosa, dem deutschen Soziologen, die drei Beschleunigungskrisen unserer Zeit: Die entscheidende Ursache aller drei Phänomene ist eine dauerhaft zu hohe Geschwindigkeit, in der sich unser Leben abspielt. Durch das enorme Tempo ist es nicht mehr möglich, auf das Gegenüber zu achten, auf die Verbundenheit – ganz egal, ob es sich um einen Menschen, um die Umwelt oder die eigene Gesundheit handelt. Die Gefahr besteht, dass wir uns selbst und einander fremd werden. Unfreies Agieren verdrängt besonnenes Handeln. Vielleicht sollten wir uns die Projekte zur Renaturierung von Flüssen zum Vorbild nehmen. Man versucht, durch den Rückbau von Betonfassungen, unnötigen Einbettungen und Begradigungen dem Fluss seinen ursprünglichen Rhythmus zurückzugeben. Wer einmal im Tiroler Außerfern den „Lech" erlebt hat, den größten noch existierenden Wildfluss Europas, weiß, wovon ich spreche.

Ähnliches gilt für den Energiefluss in unserem Körper. Der Rhythmus entscheidet, eigentlich nicht das Tempo. Herzrhythmusstörungen bringen das Herz aus dem genauen Takt, der vom Ansaugen des verunreinigten und sauerstoffarmen Blutes bis zum neuerlichen Ausstoß des vital angereicherten Blutes genau strukturiert ist. Rhythmusstörungen haben mit einer fehlenden regelmäßigen Taktung zu tun. Etwas anderes ist die Taktzahl, die eine ganz natürliche Schwankungsbreite hat. Ist sie zu gering, dann kommt es zu Schwäche, Schwindel, Schwarzwerden vor den Augen bis hin zur Bewusstlosigkeit.

Herzschrittmacher

Sorry, etwas angelesenes Allgemeinwissen: Bei Herzrhythmusstörungen mit sehr langsamer Herzfrequenz oder gar einem Aussetzen des Herzschlags muss je nach der zugrunde liegenden Störung ein Herzschrittmacher eingesetzt werden. Diese Implantate gibt es bereits seit Ende der 1950er-Jahre. Moderne Geräte bestehen aus einer leicht ovalen Scheibe in der Größe eines Zwei-Euro-Stückes. Sie werden unterhalb des Schlüsselbeins in den Körper eingepflanzt und haben eine Batterie, die für mehrere Jahre reicht. Gesteuert von einem Computer, unterstützen sie mit regelmäßigen Impulsen die zu schwache oder fehlender elektrische Aktivität des Herzmuskels.

Über das Medizinisch-Technische hinaus möchte ich von Menschen mit Schrittmacher-Qualität sprechen. Sie sorgen für den regelmäßigen Puls von gestaltender Energie, unternehmerischer Freude und Mut – trotz möglicher Widerwärtigkeiten und gegenläufiger Stimmungen. Wir begegnen ihnen in Betrieben und Bildungseinrichtungen, in Vereinen und Initiativen, aber auch im Supermarkt, in der Arztpraxis, auf der Polizeistation und im Friseursalon. Ja, tatsächlich schenken viele Friseurinnen ihren Kunden ein offenes Ohr, Verständnis, kleine und größere Portionen Zuwendung und Zärtlichkeit – und bringen sie damit in Schwung. Herzschrittmacher sind geistesgegenwärtige Frauen und Männer, die rechtzeitig und präventiv „einsetzen", wo Menschen überfordert und ausgelaugt sind oder durch einen Schicksalsschlag aus dem Rhythmus geworfen wurden. Sie übernehmen Verantwortung, fördern die Eigenkräfte der Betroffenen und begleiten alle notwendigen Schritte. Dennoch verfallen sie nicht der Illusion, mit einem übertriebenen Aktivismus selbst alles leisten zu können. Ihr wertvoller Einsatz hält vieles stressfrei am Laufen – und bewirkt nicht selten tatsächliche „Laufwunder".

Apropos: Tausende junge Leute beteiligen sich mit ihren Schulklassen am österreichischen Caritas-Projekt „Laufwunder". Für jede Runde, die die Schulkinder in den schulischen Sportanlagen zurücklegen, geben die „Sponsoren" – meist sind es Eltern, Nachbarn oder Verwandte – eine Spende für ein Sozialprojekt der Caritas. Diese Aktion ermöglicht es Kindern und Jugendlichen, aktiv zu werden. Ihr solidarisches Laufen befreit sie vor Lethargie oder Aggression angesichts einer bedrückenden Krisensituation. Sie finden mit der Teilnahme an einem sinnvollen Projekt selbst wieder den guten Rhythmus.

Wozu ein Defi?

Vollkommen anders, aber ebenso zur Wiederherstellung von Herzschlag und Rhythmus ist der Einsatz eines implantierten Defibrillators. Bei 85 Prozent aller plötzlichen Herztode liegt anfangs ein Kammerflimmern vor, eine irreguläre Erregung im Herzen. Ein Defibrillator versetzt dem Herzen einen elektrischen Schock, um diese irreguläre Aktivität zu beenden und das Herz in seinen vertrauten Takt zurückzubringen. Für die Betroffenen meist eine eigenartige Empfindung. Eine Frau erzählte, dass sich der Stromstoß, der vom Gerät ausgeht und unverhofft daherkommt, wie der Tritt eines Pferdes anfühlt. Ob sie gerade kocht oder im Zug sitzt, der Defi springt an, sobald ihr Herz ins Stolpern kommt.

Im übertragenen Sinn könnte es ebenso notwendig sein, einen Defi einzusetzen, um ein geistiges, emotionales Herzflimmern aufzuheben – Unentschlossenheit, Passivität, verlorene Spontanität und Trägheit. Das gilt uneingeschränkt auch für den Glauben, falls er eine Daseins- und Lebensrelevanz haben soll. Anstelle eines lauen Dauerflimmerns, das sich von etwas Tradition und bürgerlicher Konvention speist, braucht es einen stärkeren Herzschlag – eine Vertrautheit mit Gott und eine sympathische Furchtlosigkeit im Einsatz für die Ausgegrenzten. Ein mutiger Verzicht auf unnötige Absicherungen und Wohlstandsprivilegien könnte den Defi-Effekt auslösen. Alles schnell dahingesagt, ich weiß, aber es lässt mich nicht in Ruhe, dass uns Papst Franziskus ständig mahnt, „eine Kirche der Armen für die Armen" zu sein. Ist das nur ein frommes Geplapper? Ein Verstaatlichten-Manager ist vor die Belegschaft getreten und hat ihnen gesagt: „Verstehen Sie, wir sind pleite!" Diese klare Ansage hat wie ein Defi gewirkt und die Herzen erreicht. Plötzlich wurden Innovations- und, ich würde sagen, Überlebenskräfte wach.

The Power of Love
– Flügel zum Abheben und Landen

„Nein, geliebt habe ich meinen Mann nicht wirklich, aber immer gerne gemocht." Die Antwort unserer Oma auf die Frage, wie es ihr in ihrer Ehe ergangen sei, war für uns Enkel überraschend, ernüchternd und weise zugleich. Sie wurde in der Zwischenkriegszeit als Magd vom Nachbarhof geholt, um die zweite Frau meines Großvaters zu werden. Eine solche Eheschließung ist für uns heute schwer vorstellbar. Sie hatten miteinander neun Kinder, zwei davon sind im Krieg gefallen. „Immer gerne gemocht!" Diese Aussage ist mir auch nach Jahrzehnten noch in Erinnerung, auch der Ort, wo wir unsere Oma „interviewt" haben. Sie war eine rundum zufriedene, meist lächelnde Frau. Frei von Verbitterung ist sie im besten Sinn des Wortes „lebenssatt" verstorben.

Es sind leider nicht selten Trugbilder andauernden Verliebtseins und ungetrübter Harmonie, die bittere Enttäuschungen produzieren. Miteinander das Leben mit all seinen Höhen und Tiefen, traumhaften Momenten und bösartigen Überraschungen zu meistern – das ist doch ein gewaltiges Programm!

Eine ebenso bemerkenswert abgeklärte Antwort, wie sie meine Oma gab, kam von einem Ehepaar, das seine diamantene Hochzeit gefeiert hat. Der hocherfreute Pfarrer fragte die Jubilare vor versammelter Festgemeinde, ob sie denn nie an eine Trennung gedacht hätten. 60 Jahre verheiratet! Darauf sagte die ins Alter gekommene, aber immer noch charmante Frau mit einem verschmitzten Lächeln: „Wissen Sie, wir sind katholisch, an Scheidung haben wir nie gedacht, aber ans Umbringen mindestens einmal pro Woche." Stürmisches Lachen über die deftige Antwort. Sich ein Leben lang „lieben, achten und ehren", wie es der katholische Trauungsritus vorgibt, ist tatsächlich eine steile Vorgabe. Wirkliche Liebe ist in jedem Fall anspruchsvoll.

Die Liebe – ein Fest

Das Herz des Menschen ist Schauplatz für das aufregendste Fest. Dort, wo die Liebe „hinfällt", gerät alles in Bewegung, vorerst auch durcheinander. Wer verliebt ist, ist außer sich. Die Griechen sprachen mit dem Begriff des „Eros" von einem göttlichen Rausch, der den Menschen aus der Enge seines Daseins herausreißt. Das Herz schlägt in höchster Aufregung. Alle Räume scheinen offen zu stehen. Das Fest der Liebe will gefeiert werden! Was sonst Mühe bereitet, scheint leichtzufallen: Freundlichkeit, Entgegenkommen, Rücksicht und maximales Verständnis – alles kein Problem! Total verrückt. Von einer anarchischen Urgewalt schreibt das alttestamentliche „Hohelied der Liebe", eine faszinierende Liebespoesie mitten in der Bibel: „Stark wie der Tod ist die Liebe, die Leidenschaft ist hart wie die Unterwelt! Ihre Gluten sind Feuergluten, gewaltige Flammen. Mächtige Wasser können die Liebe nicht löschen, auch Ströme schwemmen sie nicht hinweg. Böte einer für die Liebe den ganzen Reichtum seines Hauses, nur verachten würde man ihn." (Hld 8,6f.) Die Liebe verleiht Flügel. Abheben ist angesagt – Flugmomente in ekstatischer Liebe, himmlisch und nicht programmierbar.

Dass der Landeanflug auf die ruppige Piste alltäglicher Herausforderungen dennoch niemandem erspart bleibt, ist auch klar. Es folgt eine neue Phase. Eine partnerschaftliche Beziehung beginnt zu wachsen, Verantwortung für einen konkreten Menschen, Anpassung, gegenseitiges Vertrauen. Auch für das Landen braucht es Herzflügel. Wirkliche Liebe ist mit Sicherheit keine Greencard für einen Dauerrausch oder für Willkür. Das Herz möchte sich verlässlich einem konkreten Menschen schenken. So ist die Liebe ein Ja zum Nächsten, eine Entscheidung, dem anderen Gutes zu wollen – zunehmend unabhängig von romantischen Gefühlen „in guten und in bösen Tagen".

Was tun, wenn …?

Ein kleines Kind fragt die Eltern, wie denn Kinder auf die Welt kämen? Und ohne die Antwort abzuwarten, gibt es selbst mit dem Brustton kindlicher Überzeugung die weiseste aller Erklärungen: „Ich weiß es! Das Kind wird zuerst im Herzen Gottes geboren. Und dann überlegt er, welcher Familie er es schicken kann."

Spätestens mit dem erfreulichen „Landeanflug" der Kinder kommt eine partnerschaftliche Beziehung in eine neue Phase. Kinder beanspruchen und erobern sich die Mitte des familiären Lebens. Sie schenken Lebensenergie und saugen sie zugleich ganz selbstverständlich ab. Die Beziehung der Eltern ist gefordert. Es geht sehr schnell, dass sich Missverständnisse häufen. Sich auszusprechen und einander Konflikte zuzumuten, wurde oft kaum gelernt. Erste, kleine Fluchtversuche in den Beruf, in eine zusätzliche Ausbildung oder Hobbys können zur Regel werden – und mit der Zeit bestimmen die aufgestauten Enttäuschungen das Klima der Partnerschaft. Auch wenn ein Ehebruch noch tabu ist, spielen manche Partner bereits mit dem Gedanken an „alternative" Beziehungen. Die Alltagskonversation reduziert sich auf ein vorwurfsvolles Aufrechnen von Gründen, warum dies oder jenes nicht mehr funktioniert. Der anfangs großzügig geöffnete Herzensraum für den Nächsten wird zusehends enger.

Was tun? Resignieren, die Ehe beenden, eine nüchterne Lösung der Folgeprobleme anstreben – bei wem wohnen die Kinder und Ähnliches? Statistisch gesehen scheint eine Scheidung häufig die einzige Exit-Strategie zu sein. Niemandem steht ein Urteil zu, wenn diese „Lösung" gewählt wurde. Meist ist viel Leid damit verbunden.

Eine zweite Entscheidung

Nach sechs Jahren haben sie ein zweites Mal Ja zueinander gesagt. Ich möchte die aufregende Geschichte von Barbara und Jakob erzählen. Sie ist voll von faszinierenden Höhepunkten und zahlreichen Bruchlandungen. Mit ihnen befreundet habe ich vieles „live" miterlebt, ihre Sehnsucht und das Scheitern. Jakob, Leiter eines großen Sozialhilfeverbandes, und Barbara, Lehrerin aus Überzeugung, haben sehr jung geheiratet. Schon nach drei Jahren und zwei kleinen Töchtern war die anfangs große Liebe ein Scherbenhaufen. Untreue und Scheidung folgten – der getrennte Weg war für sie der einzig realistische Ausweg. Beide haben sich rasch in neue Partnerschaften geflüchtet, allerdings nicht von Dauer.

In den verrückten Krisenzeiten haben sie dennoch gespürt, dass Gott sie nicht fallen lässt. „Jesus hat uns nicht verlassen", sagen sie heute, „gerade auch dann nicht, als wir uns gegenseitig so verletzt haben." Dennoch war das Comeback ihrer Liebe für uns Außenstehende kaum zu fassen. Nach sechs Jahren Trennung haben sie sich ein zweites Mal füreinander entschieden! Sehr geheimnisvoll ist ihnen eine

Heilung ihrer vielen inneren Wunden geschenkt worden – was nicht bedeutet, dass ihnen weitere Konflikte und Stressmomente erspart geblieben wären. Zum 30. Hochzeitstag haben ihnen ihre Kinder – aus der ersten und zweiten Phase ihrer Ehe, die meisten schon erwachsen – einige „Liebeserklärungen" geschenkt, herrliche Perspektiven auf die elterlichen Flug- und Landeabenteuer.

Neue Worte finden

Der ganze Mensch „spricht" oder verstummt, teilt sich mit oder verweigert sich. Wesentlich ist der Wille zur Kommunikation, zu einer ernsthaften Begegnung im Hören und Sprechen. Aber was tun, wenn das Herz durch dauerhaftes Geschwätz seine Aufmerksamkeit für ein konkretes Du verloren oder seine „Hör- und Sprachfähigkeit" kaum trainiert hat? Bei einem Treffen mit Ehepaaren von *Marriage Encounter*, einer weltweiten katholischen Bewegung, die für ihre Expertise in Sachen Paar-Kommunikation bekannt ist, bekam ich für eine konkrete Dialog-Übung eine Tabelle in die Hand gedrückt. Es war eine Auflistung von alternativen Ausdrücken für Empfindungen und Emotionen, die das Gespräch beleben, echter und lebendiger machen sollten. Und es funktioniert, anfangs wie in der Tanzschule etwas holprig, aber mit der Zeit spürt man den Effekt größerer Lebendigkeit im Gespräch. Für das Wort „Freude" finden sich auf der besagten Liste mehr als fünfzig Ausdrücke, sie reichen von „angetrieben" und „aufgeregt" bis hin zu „zufriedengestellt" und „zuversichtlich". Also: Kreativität und Lust zum Erlernen neuer Worte und Ausdrücke sind gefragt. Es ist eine Basisübung, um die vielen „Sprachen der Liebe" zu verstehen. Ich habe bewusst den Plural gewählt. Der Paarberater Gary Chapman stellt in *Die fünf Sprachen der Liebe* die verschiedenen Liebessprachen vor: Lob und Anerkennung, Zweisamkeit, Geschenke, Hilfsbereitschaft und Zärtlichkeit. Nicht jeder Mensch ist mit derselben Sprache zu erreichen. Paare, die sich auf den Weg machen, um gemeinsam diese fünf Grundsprachen zu entdecken, haben einen wichtigen Schritt zu einer geist- und liebevolleren Beziehung getan.

Nur Small Talk?

Ein befreundetes Ehepaar, Christoph und Anna, seit 23 Jahren verheiratet, erzählt, dass sie recht mühsam wieder lernen mussten, miteinander gut und unverzweckt zu kommunizieren. Der knappe, nicht selten belanglose Small Talk hat ihnen nicht mehr genügt. Einander Zeit zum Gespräch schenken, war der Schlüssel. „Statt genervt zu sein und meinen Mann nach meinen Vorstellungen zurechtbiegen zu wollen, lernte ich, ihn wieder zu schätzen", sagt Anna. Und auch Christoph bestätigt, dass er durch das sorgsame Hinhören die vielen persönlichen Facetten seiner Frau neu wertzuschätzen gelernt hat. Die beiden kehrten damit zurück zu dem, was ihnen in den ersten Ehejahren ohnehin vertraut war: ungestörte Ehe-Abende, ein regelmäßiger Termin an einem ruhigen Ort. Christoph und Anna sagen, dass diese speziellen Abende ihrer Beziehung einfach guttun und dass sie mittlerweile auch schwierige Themen nicht mehr „in sich hineinfressen". Ihre wiedergefundene geistige Intimität drückt sich bei ihnen auch in einer erneuerten körperlichen Intimität aus. Welch ein Geschenk, wenn Ehepaare nach einigen Ehe-Jahrzehnten die Sprache der Sexualität als Ausdruck ihrer Verbundenheit neu entdecken können! In jedem Fall sind Eheleute trotz aller Vorläufigkeit und Nicht-Perfektion ihrer Liebe ein ermutigendes Zeichen für Gottes Nähe in einer nervösen Zeit.

Über Sexualität sprechen

Ja, trotz Aufklärung und einer vielfachen Vermarktung von Sexualität ist eine anspruchsvolle, herzhafte Rede über diesen so wichtigen Bereich unseres Menschseins eher selten. Auch in der Kirche, wo diesbezüglich viel Vertrauen verspielt wurde. Die Vorwürfe sind bekannt. Das Christentum hat den Eros vergiftet, die sexuelle Liebe verteufelt. Nicht nur der deutsche Philosoph Friedrich Nietzsche hat dies behauptet. Tatsächlich wurde mit einer durchgängig moralisierenden Sicht von Sexualität viel Unheil angerichtet. Neben den zu Recht kritisierten Einseitigkeiten hat jedoch die kirchliche Sexualmoral immer auch zu vermitteln versucht, dass Sexualität erst in einer verlässlichen Beziehung ihre ganze Schönheit entfaltet – und dass sie lustvoll auch mit Kreativität zu tun hat. Wir erleben leider auch schmerzhaft, dass Medien und Werbung sehr problematische Vorstellungen von Liebe und Sexualität verbreiten. Das hat zur Folge, dass viele glauben, nicht begehrenswert zu sein, da ihr Körper nicht den millionenfach verbreiteten Schönheitsidealen entspricht. Auch pornografische Darstellungen, die gerade für junge Menschen oftmals der erste Zugang zum Thema sind, boomen. Das diskriminierende Frauenbild, das damit vermittelt wird, ist vehement abzulehnen. Ein weiteres Übel, weitgehend tabuisiert, ist der „Frauenhandel". Angeblich gibt es allein in Westeuropa etwa eine halbe Million Zwangsprostituierte, die unter menschenunwürdigsten Bedingungen benutzt und traumatisiert werden.

Auf den Punkt gebracht: Sexualität ist für mich in erster Linie kein moralisches Thema, sondern ein menschliches – sowohl auf der individuellen als auch auf der gesellschaftlichen Ebene. Es geht um die Weitung des Herzens – um Lebensfreude, Stärkung ganzheitlicher Identität und um ein verlässliches Dasein füreinander. Papst Franziskus findet im Schreiben „Die Freude der Liebe" (Amoris laetitia) eine realistische Einschätzung partnerschaftlicher Liebe: „Die eheliche Freude, die sogar mitten im Schmerz erlebt werden kann, schließt ein zu akzeptieren, dass die Ehe notwendig ein Miteinander von Wonnen und Mühen, von Spannungen und Erholung, von Leiden und Befreiung, von Befriedigung und Streben, von Missbehagen und Vergnügen ist, immer auf dem Weg der Freundschaft, die die Eheleute dazu bewegt, füreinander zu sorgen." (Al 126)

Komm her zu uns!

Jesus hat keine langatmigen Wertediskussionen geführt. Kurz vor seinem Sterben hat er uns den knappen Auftrag gegeben: „Liebt einander! So wie ich euch geliebt habe." Großes Wort, aber wie geht's konkret? Versuchen wir eine familiäre Übersetzung: „Komm her, nimm Platz an unserem Tisch! Du gehörst dazu!" Jemandem einen Platz anzubieten, ist keine altmodische Höflichkeit. Familie ist der Ort, wo man sich für sein Dasein nicht rechtfertigen muss. Kinder, Eltern, Geschwister und wer sonst noch dazugehört, haben sich nicht gegenseitig ausgesucht – ob gesund, fit oder krank, ob leistungsstark oder beeinträchtigt, ob selbstständig oder pflegebedürftig. Familien sind der natürliche Ort von Inklusion. So vielfältig sie auch sein mögen, sind sie für Kinder Lernorte für eine erste soziale Orientierung, für Rücksicht und Solidarität – Übungsfelder für Zusammenhalt und menschliche Streitkultur. Wo sonst lernen Kinder, dass es eine Vielfalt von Meinungen und Interessen gibt, die es auszuhalten gilt – wenn nicht im familiären Umfeld? Familien sind in dieser Hinsicht die ersten und echten Lernorte für eine aufmerksame Menschlichkeit, auch wenn dies gesellschaftlich nicht immer wahrgenommen und bedankt wird.

La vita è bella!

Es gibt kaum einen Film, bei dem ich mit gleicher Intensität lachen und weinen musste. Millionen Menschen wurden in ähnlicher Weise weltweit vom Meisterwerk des italienischen Regisseurs Roberto Benigni berührt. „Das Leben ist schön" ist der Titel der tragikomischen Hymne auf eine große Liebe, die sich auch in extremen Umständen bewährt. Kurz erzählt: Guido verliebt sich in die schöne Lehrerin Dora, die er nach einer Romanze voller komischer Missgeschicke und zufälliger Begegnungen schließlich auch heiratet. Fünf Jahre später zerstören die Nazis das gemeinsame Glück. Aufgrund ihrer jüdischen Vorfahren werden Vater Guido und Sohn Giosuè in ein KZ deportiert. Dora kommt in ein Arbeitslager im selben Ort. Um das psychische Überleben seines Sohnes zu sichern, deutet ihm Guido den ganzen Aufenthalt im KZ als ein Spiel, das am Ende den Sieger mit einer Panzerfahrt belohnt. Der „heilige Gaukler", so bezeichne ich jetzt Roberto Benigni in der Hauptrolle seines Films, nützt auch jede Gelegenheit, um seiner geliebten Frau über die KZ-Mauern hinaus ein Zeichen der Verbundenheit zu übermitteln. Die Innovationskraft dieser seiner Liebe ist atemberaubend! Der für mich berührendste Moment ist, als es ihm beim Marsch durch den Innenhof gelingt, in der nicht besetzten Kabine des Aufsehers eine vertraute Musik für seine Frau aufzulegen. Was folgt, sind auf beiden Seiten Tränen der Freude inmitten qualvoller Bedingungen. Die Liebe wirkt Wunder – und ermöglicht eine Hingabe bis zur finalen Erschöpfung. Roberto Benignis Filme sind im Grunde immer eine Hymne an die Liebe zu seiner Frau Nicoletta Braschi, die in vielen seiner Filme die weibliche Hauptrolle spielt.

Die Liebe ist mit Sicherheit kein Spiel, wie dies im Film gezeigt wird. Liebe ist das Schönste, was Gott uns gegeben hat. Sie beflügelt zu einer Kreativität, die sich auch in schwierigsten Momenten durchzusetzen vermag. „Lieben", so bekräftigte Papst Franziskus in einem Gespräch mit Schülern, „bedeutet, das Herz zu vergrößern". Sie verleiht immer neu Flügel zum Abheben und Landen.

Herzintelligenz – zwischen Bauch und Hirn

Der Schweizer Obdachlosenpfarrer Ernst Sieber, bekannt für seine öffentlichkeitswirksame Symbolsprache, hielt einmal während einer Predigt einen Kopfsalat in die Höhe. Als er ihn anschließend demonstrativ entzweischnitt, wurde das „Herzerl" in der Mitte, also die inneren Blätter des Salatkopfes, sichtbar. „Das Herz im Kopf!" nannte Sieber seine Demonstration, um auf das notwendige Wechselspiel zwischen Herz und Hirn zu verweisen. Nur wenn der Verstand auf das Herz hört und umgekehrt, können gleichzeitig empathische und vernünftige Entscheidungen getroffen werden. Wie ein Seismograf erfühlt das Herz Einsichten und Erkenntnisse, die über eine rein rationale Abwägung hinausgehen. „Ein guter Kopf und ein gutes Herz sind eine hervorragende Kombination", brachte es Nelson Mandela auf den Punkt. Ähnlich markant die Formulierung von Medizinern der WHO: „Gehirn und Herz sind die komplexesten und interessantesten Maschinen, die es auf der Erde gibt." Ja, tatsächlich, diese beiden Superstars spielen in unserem Organismus eine Hauptrolle. Beide Kraftzentren sind aufeinander angewiesen, wie es das uralte Wissen der Menschheit bezeugt. Das Herz steht mit dem Gehirn in einer beständigen Wechselbeziehung. Beide Organe sind sogenannte Endorgane, d. h., sie werden im Prinzip in ihrer Zellstruktur kaum erneuert, nur wenige Herzzellen werden im Laufe des Lebens durch neue ersetzt.

Wichtigkeitswissen

Niemand ist der Wissensexplosion im digitalen Zeitalter gewachsen. Allein im ersten Jahr nach dem Ausbruch der Covid-Pandemie wurde eine halbe Million wissenschaftlicher Texte zum Thema Covid-19 veröffentlicht. Die generelle Anzahl von Publikationen wissenschaftlicher Arbeiten lässt sich schwer erheben – es ist eine gigantische Summe. Auch wenn wir insbesondere in den Bereichen Medizin, Klimaforschung, Wirtschafts- und Sozialwissenschaften und in vielen weiteren Disziplinen, wo die wesentlichen Zukunftsfragen der Menschheit aufschlagen, noch weit mehr Expertise und Innovation brauchen – der massive globale Wissenszuwachs fühlt sich mitunter bedrohlich an. Das lebenslange Lernen erscheint zuweilen als Sisyphos-Arbeit: Jeden Tag wälzen wir den Steinblock des Mehr-wissen-Sollens auf den Berg. Niemand von uns kann jedoch den Felsblock über den Gipfel bringen. Niemand ist fähig, das theoretisch zugängliche Weltwissen auch nur annähernd einzuordnen, geschweige denn zu verarbeiten. Es braucht daher ein Korrektiv, um das wirklich Wichtige von Nebensächlichem zu unterscheiden.

Clemens Sedmak, der international gefragte Sozialethiker, Theologe, Philosoph und Armutsforscher, prägte dafür den Begriff „Wichtigkeitswissen". Er unterstreicht die Notwendigkeit der Unterscheidung, ob und welches Wissen auch lebensrelevant ist – nicht nur individuell, sondern auch für ein gutes Leben in sozialer Verpflichtung, sodass weniger Verlierer produziert werden. Sedmak fragt ergänzend, welches Wissen angesichts der globalen Krisen überlebensnotwendig ist. Die Giga-Speicher und Highspeed-Datenübertragungen machen uns doch bewusst, dass wir die alten „Herzenshaltungen" Klugheit und Weisheit zur Klärung und zur „Unterscheidung der Geister" brauchen. Herzintelligenz ist gefragt. Und eine entschlossene interdisziplinäre Zusammenarbeit aller verfügbaren Kompetenzen und Wissensbereiche.

Herzenslogik für das Wir

Mit einer kleinen Caritas-Delegation besuchte ich 2017 ein Flüchtlingscamp in Juba, in der Hauptstadt des Südsudan – ein Land, das nicht nur durch eine Hungerkrise bedroht wurde, sondern auch durch die immer noch andauernden Kämpfe rivalisierender Stämme. 8000

Personen lebten in dem Lager, eng zusammengepfercht in Hütten, die aus verschiedensten Abfallmaterialien höchst erfinderisch zusammengebaut wurden. Es gab einen zentralen Versammlungsplatz und einige Gassen, die durch die Baracken führten. Wir kamen gerade rechtzeitig zur Verteilung einer großen Nahrungsmittellieferung – finanziert vom *UN World Food Programme*, dem Welternährungsprogramm der Vereinten Nationen, und einer nennenswerten Spende der Caritas Österreich. Die Verteilung der Lebensmittel erfolgte nach genauem Kommando der Lagerleitung. Säcke mit Weizenmehl, Säcke mit Bohnen und 50-Liter-Kanister mit Palmöl mussten zugeteilt werden. Im Lager fanden sich Vertreter aller verfeindeten Stämme auf engstem Raum zusammen. Der brutale Bürgerkrieg machte sie alle gleich, nämlich zu Vertriebenen. Das für mich Erstaunlichste bei diesem Lokalaugenschein war, dass die Aufgabenverteilung im Lager im Unterschied zu draußen in einer überraschenden Kooperation funktionierte. Neben der selbst gewählten Lagerleitung gab es eine zuständige Gruppe für die logistisch anspruchsvolle Verteilung der Lebensmittel, ein Schiedsgericht für alle Konfliktfälle, ein Team, das sich um die Betreuung der Kinder und Jugendlichen bemühte, sowie eine Gruppe, die kleine medizinische Dienste anbot. In allen Teams gab es eine erstaunliche Zusammenarbeit über die so hässliche Rivalität der Stämme hinweg. Die Not hat offensichtlich ein Umdenken erzwungen – ein Zusammenspiel von Verstand und Herz. „Herzenslogisch" kooperieren! Diese Lektion habe ich aus Juba mitgenommen.

Das Herzgehirn

Laut dem kalifornischen Heart Math Institute ist das Herz nicht nur eine mechanische Pumpe, sondern verfügt auch über ein Netz aus Nervenzellen, das wichtige Aufgaben der Steuerung übernimmt und aus dem Herz ein Sinnesorgan macht, das Innen- und Außenwelt miteinander verbindet. Minimale, vom Herzen ausgehende elektrische Impulse kommunizieren direkt mit dem Zentralnervensystem. Die sogenannten sympathischen Herznerven sind für die Beschleunigung der Herzfrequenz zuständig, die parasympathischen für die Verlangsamung und Entspannung. Auch der Blutdruck wird vom „Herzgehirn", das aus 40.000 Nervenzellen besteht, beeinflusst. Diese Nervenzellen sind unter anderem dafür verantwortlich, dass ein transplantiertes Herz sofort zu schlagen beginnt, obwohl es noch gar nicht mit dem Nervensystem des Empfängers verbunden ist. Sogar ein Kurz- und Langzeitgedächtnis im Herz kann mittlerweile nachgewiesen werden – auch wenn diese Redeweise sehr metaphorisch ist. Das Heart Math Institute hat ebenfalls festgestellt, dass die elektrischen Impulse des Herzens 60-mal stärker sind als die des Gehirns. Rollin McCraty, der Forschungsdirektor des Instituts, erklärt: „Das Nervensystem im Herzen (also das Herzgehirn) ermöglicht es dem Herzen, unabhängig von der Großhirnrinde zu lernen, sich zu erinnern und Entscheidungen treffen zu können. Zahlreiche Experimente haben gezeigt, dass die ununterbrochen gesendeten Signale des Herzens zum Gehirn einen großen Einfluss auf die höheren Gehirnfunktionen (Wahrnehmung, Kognition, emotionale Verarbeitung) haben."

Oder doch alles im Bauch?

Die wissenschaftlichen Positionen gehen auseinander. Einigen Forschern geht der Ausdruck „Herzhirn" zu weit, sie situieren das emotionale Vermittlungszentrum eher in einem Organkomplex, der kaum für romantische Gefühle zu taugen scheint, nämlich im Gedärm: „Der Magen-Darm-Trakt ist ähnlich stark wie das Gehirn mit einem

Geflecht aus Nervenzellen durchsetzt. Deshalb spricht man auch von einem Bauchhirn", erklärt der Psychokardiologe Jochen Jordan. Die Forschung, so Jordan, gehe heute davon aus, dass im Bauchraum „basale, emotionale Muster gespeichert" seien. „In bestimmten Situationen vermag der Bauch bessere Entscheidungen zu treffen als das Gehirn. Er gibt uns ein klareres Signal, was wir tun sollen. Wenn wir warten und vor einer Entscheidung eine Nacht schlafen, kann uns der Bauch die Richtung weisen, wohingegen unser Gehirn bestechlich und unzuverlässiger in basalen emotionalen Fragen ist", erklärt der Kardiologe. Medizinisch unbestritten scheint es mittlerweile zu sein, dass Herztätigkeit und Darm-Mikrobiom zusammenhängen und sich beide Organe wechselseitig beeinflussen. Zusammengefasst: Zwischen Bauch und Hirn werden Entscheidungen vorbereitet. Das Herz ist dafür eine zentrale, interaktiv vermittelnde Plattform. Das lateinische Wort für „sich erinnern" (*recordari*) scheint dies zu bestätigen, es bedeutet auch „bedenken" oder „beherzigen". Fundamentale Informationen und Bewertungen aus dem Herz-Darm-Bereich werden im Gehirn repräsentiert und verarbeitet.

Mehr wissen wollen, mehr wissen sollen!

Irren ist menschlich! Leichtfertig wird diese lateinische Redewendung oft gebraucht. Wirklich anspruchsvoll ist sie in ihrer ungekürzten Form: *Humanum errare est, diabolicum per animositatem in errore manere.* Übersetzt: „Irren ist menschlich, durch Arroganz jedoch im Irrtum zu verharren, ist teuflisch." Diese starke Pointe ist nicht angenehm. Wirkliches Erkennen und Verstehen setzt ein Wissen-*wollen* voraus. Speziell in Momenten existenziell bedeutsamer Entscheidungen. Ein historisches Beispiel: Josef Mayr-Nusser war ein sozial engagierter Katholik, verheiratet, Führer der Jungmänner der Katholischen Aktion des sogenannten „Deutschen Anteils" in der Erzdiözese Trient. Da er sich 1939 bei der Option für den Verbleib in Südtirol entschied, wurde er als „Dableiber" mehrmals einberufen, zuletzt am 5. September 1944 zur Waffen-SS. Einen Tag vor der Eidesleistung entschied er sich, dies nicht zu tun. Niemand konnte ihn umstimmen. Am 5. Oktober 1944 verweigerte er schließlich aus Glaubensgründen den Führereid.

An seine Frau Hildegard und an seinen Sohn Albert schrieb er: „Dieses Bekennen-müssen wird sicher kommen, denn zwei Welten stoßen aufeinander." Warum und woher hatte er diese Entschiedenheit? Josef Mayr-Nusser hat sich schon vor dem Ausbruch des Krieges durch Kontakte nach Deutschland über die neue Ideologie informiert. Darin liegt der Schlüssel. Menschen in der Masse lassen sich leicht verführen. Josef Mayr-Nusser hat um Erkenntnis gerungen. Sein Lebenszeugnis macht deutlich, dass die menschenverachtende Fratze des Nationalsozialismus auch für einen einfachen Menschen durchschaubar gewesen wäre. Er wusste mehr, weil er mehr wissen wollte. Und jeder hätte mehr wissen sollen! Mayr-Nusser hätte einer opportunen Zweckrationalität folgen können, demnach das Ableisten des Kriegsdienstes seine Überlebenschancen erhöht hätten. Er tat es nicht. Er hat sich nicht hinter Mehrheitsoptionen versteckt. Er ist seinem Gewissen und einer Logik des Herzens gefolgt, der zufolge kein Kompromiss möglich war. Sein Tod im Konzentrationslager in Dachau wurde am 24. Februar 1945 gemeldet. Seine Widerstandskraft kam aus dem Gebet, das er nicht fatalistisch oder quietistisch verstand, „sondern als Résistance der Innerlichkeit, als höchste innere Freiheit, die gerade dazu befähigt, angstfreier und nicht korrumpierbar sich einzumischen in die Verhältnisse, wie sie sind."

Siegeszug der Ratio

Seit der Neuzeit folgt unser Verständnis von Vernunft der Auffassung des französischen Philosophen René Descartes (1596–1650). Denken und Herz wurden systematisch voneinander getrennt. Alles muss sich seither vor einer naturwissenschaftlich argumentierenden Vernunft rechtfertigen. Der Vorteil dieser Engführung ist die rationale Überprüfbarkeit von wissenschaftlichen Theorien. Leider wurde mit dem

Siegeszug dieses „technokratischen Zugriffs auf Wirklichkeit" (Papst Franziskus) die reiche Palette des kulturellen und religiösen Wissens unter Verdacht gestellt. Bis heute gibt es zahlreiche Gegenreaktionen auf diese Engführung, vor allem auch in den Wirtschafts- und Sozialwissenschaften, in welchen die Rolle von „nicht-rationalen" emotionalen Herz-Faktoren bei der Entscheidungsfindung immer stärker betont wird. Bereits zu Descartes' Lebzeiten wandte sich der Mathematiker und Philosoph Blaise Pascal (1623–1662) mit seinem fundamentalen Werk *Pensées* („Gedanken") dagegen. Er spricht darin über die „Logik des Herzens". Berühmt ist der Satz: „Das Herz hat seine Gründe, die der Verstand nicht kennt." Das technische Denken braucht im Blick auf eine humane Entwicklung der Zukunft die Gedanken von Blaise Pascal als notwendige Ergänzung.

Dialogisch denken

Im biblischen Hebräisch gibt es kein eigenes Wort für „denken" und auch nicht für „Gehirn". Das Wort *lev* deckt ein viel breiteres Bedeutungsspektrum ab als unser Wort „Herz". Neben dem Sitz der Emotionen und des Willens auch alle Funktionen, die wir für gewöhnlich Kopf und Gehirn zuschreiben: Verstehen, Einsicht, Bewusstsein, Gedächtnis, Wissen, Nachdenken, Urteilen, Orientierung, Verstand. Das Herz ist der Ort von Authentizität und Wahrhaftigkeit – hier muss ich mich nicht verstecken, sondern kann mir selbst begegnen. Im Herzen werden Wünsche ergründet und ausgesprochen, Pläne geschmiedet und Entscheidungen getroffen. Ganz wesentlich ist, dass das Denken als ein hörender, dialogischer Prozess verstanden wird. Inneres Erwägen ist ein „Sprechen im Herzen" (Gen 17,17). Das Herz ist das Vermittlungsorgan, das sensibel verschiedene Welten verschränkt. Mit Recht sieht der Soziologe Hartmut Rosa den Verlust einer natürlichen, hörenden Weltbeziehung als das große Problem der Moderne. Abhilfe kann nur eine Weltsicht bieten, „welche den Kosmos ultimativ als von der Liebe Gottes durchwaltet und in diesem Sinne als hinter aller

Widersprüchlichkeit, Gleichgültigkeit und Bosheit ‚tiefenresonant' versteht."

Im hörenden Herzen, wie es uns die Bibel als Ideal vorstellt, gibt es zwei Formen von Erkennen: Auf der einen Seite ist es ein eher kognitives Erkennen, das vom göttlichen Logos geleitet die ganze Schöpfung durchforscht und vor der unfassbaren Größe kapituliert. Die zweite Form von Erkennen meint im Hebräischen das sexuelle Zusammenkommen von Mann und Frau, wenn es zum Beispiel heißt: „Adam erkannte Eva, seine Frau; sie wurde schwanger und gebar Kain." (Gen 4,1) Dasselbe Wort liebender „Erkenntnis" verwendet auch Maria in ihrer Rückfrage an den Engel Gabriel, als er ihr die Ankunft Jesu verkündet hatte: „Wie soll das geschehen, da ich keinen Mann erkenne?" (Lk 2,34) Erkennen steht also auch für ein ganzheitliches Lieben, nicht nur für einen intellektuellen Vorgang – es involviert den ganzen Menschen und übersteigt ihn. Als Denkender und Liebender kann er zugleich ganz bei sich und vollkommen „außer sich" sein, ausgerichtet auf eine Wirklichkeit, die sich jedem Begreifen entzieht.

Größer denken

„Think big!" Nicht im engstirnigen Denken stecken bleiben, sondern sich vom Leben in seiner ganzen Weite überraschen lassen! *„Out of the box!"* – lernbereit für Neues sein, das ultimative Kriterium für Innovation schlechthin. Auch für das Wahrnehmen einer immer komplexeren Wirklichkeit brauchen wir die Herzkraft im Denken. Denk groß! Denk über deine Grenzen hinaus! Überraschenderweise hat Jesus seine öffentlichen Auftritte genau mit diesem Appell begonnen. Ich zitiere den Evangelisten Markus, der Jesus die programmatischen Sätze in den Mund legt: „Die Zeit ist erfüllt, das Reich Gottes ist nahe. Kehrt um und glaubt an das Evangelium!" Das hier verwendete griechische Wort für Umkehr *metanoiete* sollte man besser mit „Denkt um!" oder noch besser mit „Denkt groß!" übersetzen und nicht mit „Kehrt um!". Jesus geht es doch nicht um einen moralischen Appell, sondern um ein

großzügiges Neu-Denken von Gott, Welt, Mensch und Leben. Wichtig ist der Perspektivenwechsel: Gott und Welt ticken anders, als wir es uns bislang zurechtgelegt haben. Dieses Größere lässt sich jedoch nur mit einem lernbereiten, großzügigen Herzen erfassen, das zur Umkehr bereit ist.

Und was tun, wenn sich das eigene Denken ständig im Kreis dreht – getrieben und angetriggert von den immer gleichen Sorgen? Ich bin in bei dieser Fragestellung auf Pia Callesen und die Metakognitive Therapie (MCT) gestoßen. Die mittlerweile sehr erfolgreiche Therapie versucht einen heilsam kritischen Umgang mit Denkmustern, die in uns ablaufen, Geist und Herz beschlagnahmen – und oft ernsthafte depressive Erkrankungen verursachen. Anstelle eines schwermütigen Dauerreflektierens von Problemen wird eine *Detached Mindfulness* vorgeschlagen – ein Bewusstsein über die eigenen Denkschleifen in einer gelösten Distanz. Durch den Versuch des Loslassens vom dauerhaften Grübeln wird Geist- und Herzensenergie frei. Diese sollten möglichst rasch auf etwas gelenkt werden, was Sorge, Reflexion und Aufmerksamkeit wirklich verdient. Ein interessanter Ansatz, inhaltlich ganz auf der Linie einer programmatischen Ansage, wie sie uns von Jesus überliefert ist: „Macht euch also keine Sorgen und fragt nicht: Was sollen wir essen? Was sollen wir trinken? Was sollen wir anziehen? Denn nach alldem streben die Heiden. Euer himmlischer Vater weiß, dass ihr das alles braucht. Sucht aber zuerst sein Reich und seine Gerechtigkeit; dann wird euch alles andere dazugegeben. Sorgt euch also nicht um morgen; denn der morgige Tag wird für sich selbst sorgen. Jeder Tag hat genug an seiner eigenen Plage." (Mt 6,31-34)

Vorauswissend lieben?

Wer liebt, sieht mehr! Ich steh zu dieser kühnen Behauptung, obwohl auch das Gegenteil stimmt, wie Bob Dylan humorvoll bemerkte: „Man kann nicht zur selben Zeit verliebt und weise sein." Dennoch: Liebe macht nicht nur blind. Wer liebt, sieht genauer – nämlich all das, was seinen Nächsten bewegt, was ihm wichtig ist, was kränkt oder Freude bereitet. Wer nicht liebt, ist gefährdet, sich in den eigenen Wahrnehmungsmustern zu verkrampfen und die ihn umgebende Wirklichkeit vor das eigene, meist rechthaberische Tribunal zu zitieren. Wer liebt, hat den besseren Überblick – kann mehr „übersehen". Der Wahrnehmungsraum des Herzens ist geweitet, auch auf Zukunft hin. Eltern oder Lehrpersonen, die Kinder und Jugendliche mit Empathie und in Freiheit begleiten, sehen in ihnen die angelegten Potenziale, ein Plus an Fähigkeiten und Möglichkeiten zur Entwicklung. Ihr Blick, sagen wir, ihr Vorauswissen ist in diesem Sinne sogar objektiver. Deshalb: Hirn und Herz gehören zusammen – komplementär, lebensbejahend, synergetisch.

Was tun, wenn das Herz erkrankt?

„Bitte, lass mich jetzt die Zeitung lesen!" Hörbar genervt reagiert der Vater auf die Versuche seiner sechsjährigen Tochter, seine Aufmerksamkeit zu erheischen. Wenigstens am Samstagmorgen möchte er etwas ausführlicher die Zeitung lesen, auch das Feuilleton. Aber der kleine Quälgeist lässt nicht locker. Unter der Woche gibt's ja ohnehin keinen Papa beim Frühstück. Um das Mädchen ruhig zu stellen, gibt er ihr schließlich einen großformatigen Werbeprospekt, auf dem ein Globus mit unendlich vielen Details zu sehen ist, und zerreißt ihn in kleinste Puzzleteile. „Setz diese Seite wieder zusammen!" Von diesem Auftrag erhofft sich der gestresste Leser eine gewisse Zeit lang Ruhe. Aber es dauert nur ein paar Minuten und die Kleine triumphiert: „Bin schon fertig!" Der Vater traut seinen Augen nicht. „Wie hast du es geschafft, die Welt in so kurzer Zeit wieder zusammenzusetzen?" Die Kleine erklärt ihm den Trick: „Weißt du, auf der Rückseite war ein Mensch abgebildet. Ich habe ihn schnell zusammengesetzt und dann das Blatt umgedreht. Dann hat auch die Welt wieder gepasst." Eine herrlich tiefsinnige Episode. Die Welt können wir nur „retten", wenn wir den Menschen zuerst in Ordnung bringen – sein Herz gesunden lassen.

Zuerst Herzgefühl

Das Zentralorgan Herz ist eingebettet in ein breites Gefühlsfeld. Viele Emotionen rufen messbare Reaktionen des Herzens hervor: Beträchtliche Ängste lassen das Herz nicht nur schneller schlagen oder sogar „stolpern", sondern ziehen es unangenehm zusammen. Eine Verengung im Brustkorb ist kein gutes Gefühl. Ent-Ängstigung wäre so heilsam. Funktioniert aber leider nicht auf Knopfdruck. Ein furchtbarer Schreck kann das Herz für einen kurzen Augenblick sogar stillstehen lassen. Bei starken Glückserfahrungen gerät das Herz außer sich, es scheint überzulaufen. Kinder geben diesem Herzgefühl meist unbeschwert Raum. Bei schwierigen Entscheidungen legt sich ein Gefühl der Schwere auf das Herz. Schmerzhafte Verluste, große Trauer und Abschiede können „das Herz brechen". Mediziner sprechen dann vom „Broken-Heart-Syndrom" mit ähnlichen Symptomen wie bei einem Herzinfarkt.

Das stärkste Herzgefühl löst die Liebe aus. Eine Studie der Universität Colorado aus dem Jahr 2017 zeigte, dass sich die Herzfrequenz einer Gebärenden mit der ihres Partners synchronisiert und dass ihr Schmerz nachlässt, wenn sie von ihrem Partner berührt wird. Ausgangspunkt der Studie war die Frage gewesen, wie Männer ihre Partnerinnen im Kreißsaal unterstützen können. Hingegen ist Lieblosigkeit austauschbar mit Begriffen wie Herzlosigkeit und Beziehungslosigkeit. Entscheidend ist in jedem Fall die Verbindung zwischen dem „Beziehungsorgan" Herz und dem physischen Muskel, der enorm belastbar ist, aber auch anfällig für Erkrankungen.

Die typische Herzschwäche

Die faszinierende Hochleistungspumpe „Herz" versorgt Organe und Gewebe ausreichend mit Sauerstoff und Nährstoffen. Der Herz-Kreislauf ist der hochenergetische Rhythmus, der uns am Leben erhält. Wird er geschwächt, unterbrochen oder beendet, dann wirkt sich das unmittelbar aus. Die Liste der Herzerkrankungen ist lang. Laienhaft kann ich ohnehin nur einiges andeuten: Bei einer klassischen Herzschwäche (Herzinsuffizienz) wird nicht mehr ausreichend Blut ausgeworfen. Im Krankheitsverlauf wird der Patient kurzatmig und schlapp – anfänglich nur unter körperlicher Anstrengung, später selbst in Ruhe. Weil die ersten Beschwerden oft kaum merkbar auftreten, wird die Krankheit oft längere Zeit verschleppt. Ein plötzlicher Herztod kann der traurige Abschluss einer schon längeren Herzschwäche sein. Sie tritt in Europa bei ein bis zwei Prozent der Gesamtbevölkerung auf. Durch eine chronische Herzschwäche verliert das Empfinden, Sprechen und Tun eines Menschen an Kraft und Selbstverständlichkeit. Alles wird zur Belastung und in der Folge zur kaum bewältigbaren Aufgabe.

Von der Empörung zum Engagement

Ein „sozialer Bluthochdruck" zeigt sich durch eine dauerhaft überhitzte und gereizte Stimmung. Auf simple Alltagsprobleme reagieren Menschen mit überbordender Empörung und nicht selten mit Hass. Viele lieben den Dauermodus der Erregung. *Empört Euch!* lautet der Titel eines Essays des französischen KZ-Überlebenden und UN-Diplomaten Stéphane Hessel aus dem Jahr 2010. Ich kann mich noch gut an den Hype erinnern, den dieses Buch ausgelöst hat. Die empfohlene Empörung richtete sich auf demokratiepolitische Defizite, auf das Verschlafen von längst fälligen ökologischen Entscheidungen, auf einen sozialen Werteverlust in Europa und ähnliche Themen. Ja, tatsächlich, dafür zahlt sich Empörung aus. Dennoch: Empörung kann eine Eigendynamik annehmen; rein um ihrer selbst willen stiftet sie noch keinen Sinn, sondern nur erhöhte Frustration. Kurzer humorvoller Schwenk: Für Frustration habe ich ein Wort auf Tirolerisch erfunden: „Luschtverluscht". Selbst eingefleischte Tiroler bringe ich damit zum Schmunzeln.

Der schon genannte Stéphane Hessel hat ein Jahr später ein zweites Buch mit dem Titel *Engagiert Euch!* nachgereicht, weil die Verstärkung der Empörung noch nicht zu einer Verhaltensänderung führt. Viele Empörte bleiben im Modus des Konsumenten, der seine Ansprüche formuliert hat und in seinen Wohlstandserwartungen enttäuscht wurde. Das menschliche Herz kann sich auch dadurch chronisch verhärten. „Es liegt an uns, uns angesichts der Tragödien der Welt zu erbarmen und den Schmerz mitzuempfinden. Wie die zarten Blätter des Baumes ist es auch an uns, die Verschmutzung, die uns umgibt, aufzunehmen und sie in etwas Gutes umzuwandeln: Es nützt nichts, über Probleme zu reden, zu streiten, sich zu empören – das kann jeder; wir müssen es den Blättern gleichtun, die jeden Tag unauffällig die schmutzige Luft in saubere Luft verwandeln." Diese Sätze stammen aus der Predigt von Papst Franziskus anlässlich des „Welttags der Armen" 2021.

Nur in den Banlieues?

Es zieht Kreise. Immer mehr Freiwillige helfen mit. Sie suchen Kontakt zu den teilweise verwahrlosten Kindern und Jugendlichen, geben Sprachunterricht, spielen Theater und organisieren Treffs mit Frauen, die außerhalb ihres Zuwanderermilieus null Anschluss haben. Mitten in den „No-Go-Zonen" der Banlieues von Paris entstehen Wohngemeinschaften, die einen Herzschlag der Menschlichkeit vermitteln. Ich erzähle von der im Jahr 2000 gestarteten Initiative *Le Rocher*, die sich mittlerweile auf viele Städte Frankreichs ausgebreitet hat. Begonnen hat es mit Cyril, einem jungen Familienvater, der es nicht mehr ausgehalten hat, dass sich in den Banlieues die Hoffnungslosigkeit wie ein großer sozialer Entzündungsherd ausbreitet. Mit ihm sind einige aufgebrochen, haben ihre bürgerlichen Komfortzonen verlassen, um mit den Menschen in den riesigen Plattenbauten der Vorstädte zu leben. Bei einem Besuch einer dieser Wohngemeinschaften habe ich den Kontrast gefühlt: Auf der einen Seite diese urbanen Hotspots mit viel Gewalt, die von Polizei und örtlicher Administration größtenteils ihrem Schicksal überlassen wurden, auf der anderen Seite unzählige Menschen, die nichts mehr als ein wenig normales, menschliches Leben ersehnen. *„Vivre avec les gens"* („mit den Leuten leben"), darin liegt das heilsame Rezept – um menschliche Nähe geht es und nicht primär um das Umsetzen von Integrations- und Resozialisierungsprogrammen. Das Herzstück der Mission von *Le Rocher*, einer Initiative der katholischen Gemeinschaft Emmanuel, ist eine proaktiv gelebte Gastfreundschaft. Ihre schlichten Wohnungen und auch die kleinen, schlichten Kapellen stehen nahezu immer offen. Ganz selbstverständlich gehören zu den wachsenden Freundeskreisen rund um die Wohngemeinschaften von *Le Rocher* mittlerweile viele muslimische Jugendliche und Frauen, die in den Banlieues mit 80 % die Mehrheitsbevölkerung bilden.

Heilung durch Selbstliebe?

Der Grazer Psychiater Michael Lehofer hat in seinem Buch *Mit mir sein. Selbstliebe als Basis für Begegnung und Beziehung* eindrucksvoll die Selbstliebe als Voraussetzung für die Liebesfähigkeit zu anderen beschrieben. Landläufig steht die Selbstliebe immer unter Verdacht, der Deckname für Egoismus und Narzissmus zu sein. Das Gegenteil ist der Fall. Wer sich selbst nicht mag, ist meist versucht, den Menschen neben sich abzuwerten oder sich selbst aufzublähen. Wir erleben immer öfter narzisstische Selbstüberschätzungen und krampfhafte „Ichvergrößerungen", die zur Last für die Umgebung werden. Lehofer zeigt, dass viele Konflikte, in die wir verstrickt sind, sich auf eine mangelnde Selbstliebe zurückführen lassen. Wer sich in seiner eigenen Haut nicht wohlfühlt, „sich selbst nicht gut sein kann", wird auch seinem Nächsten selten Gutes gönnen.

Mit Selbstliebe verknüpft sind Themen wie Selbstfürsorge, das Respektieren der eigenen Grenzen sowie Selbstvertrauen und Selbstwertschätzung. Zuerst zu sich selbst Ja sagen! Das klingt einfach, ist aber ein lebenslanger Prozess. Er gelingt, wenn man sich bewusst macht, geliebt zu sein – selbst dann, wenn dieses Ja zum konkreten Menschen niemand mehr in eine verständliche Sprache übersetzt. Trotz allem sagt Gott Ja zum Menschen. Jeder Mensch ist sein Lieblingsprojekt! Diese spirituelle Gewissheit kann das oft mühsame Ja zu sich selbst erleichtern. Selbstannahme wird mit seiner Hilfe möglich. Sie ist lebens-Not-wendend!

Michael Lehofer gab mir einmal augenzwinkernd den kindlichen Tipp: „Versuch von Zeit zu Zeit deinem Herzen zuzulächeln!" Es ist eine kleine Übung der Selbstzuwendung, vielleicht auch eine kleine Tröstung, mit Sicherheit ein kleiner emotionaler Vitamin-Snack, der dem Herzen guttut. Lächeln tut bekanntlich immer gut.

Die Selbstmitleids-Falle

Strikt von der Selbstliebe zu unterscheiden, ist ein überzogenes Selbstmitleid. Es hat sich in unserer „gekränkten Gesellschaft" zu einem kollektiven Krankheitsphänomen ausgewachsen. Der Philosoph Pascal Bruckner widmete der „Krankheit Selbstmitleid" bereits 1996 eine Streitschrift, die zum Bestseller wurde: *Ich leide, also bin ich. Die Krankheit der Moderne.* Seine provokante These lautete: Während in der modernen Gesellschaft die Fähigkeit zur Selbstkritik und der Übernahme von Verantwortung für sich und die Welt nachgelassen hat, habe die Tendenz zum Selbstmitleid zugenommen.

Diesen Eindruck teile ich. Es scheint so viele Menschen zu geben, die über mangelnde Wertschätzung und Beachtung klagen, die beleidigt sind, weil sie übersehen wurden oder ähnliche Kränkungen einstecken mussten. So viele „Opfer des Systems" – zumindest in der Selbsteinschätzung. Die Folge ist nicht selten eine „Systemwut", die als kollektives Phänomen nicht ganz unproblematisch ist. Protestaktionen in der Debatte um die Covid-Maßnahmen hatten bisweilen diesen unerfreulichen Geschmack. Wirklich grotesk wird die Selbstinszenierung als System-Opfer im Reality-Check mit jenen, die tatsächlich Armut, Gewalterfahrungen, psychische Belastungen oder anderes zu bewältigen haben. Die Frage ist, wie es uns in Zukunft gelingt, auch bei knapper werdenden Ressourcen, bei anhaltenden Teuerungen, bei Konflikten und politischem Theater jeglicher Art doch möglichst normal miteinander umzugehen. Vielleicht wäre ein erster Ansatz die Goldene Regel: „Alles, was ihr wollt, dass euch die Menschen tun, das tut auch ihnen!" (Mt 7,12) Es ist zumindest ein Versuch, um nicht die eigene Befindlichkeit zum Maß aller Dinge zu machen.

Verstopfte Herzkranzgefäße

Neben der typischen Herzschwäche ist die zweithäufigste Herzkrankheit die Arteriosklerose, umgangssprachlich „Arterienverkalkung" genannt. Die Mehrzahl der Todesfälle in der westlichen Welt geht auf diese heimtückische Erkrankung zurück. Das Herz wird nicht mehr ausreichend mit Sauerstoff und Nährstoffen versorgt, sodass die Gewebezellen der Herzarterien abzusterben beginnen. Eine zentrale Rolle spielt dabei das Blutfett Cholesterin. Verfügt der Körper über zu viel Cholesterin, lagert es sich häufig als dünne Zellschicht an den Arterienwänden ab und verkleinert damit den Querschnitt der Arterie. Was ist zu tun? Vorbeugung natürlich – tägliche Gymnastik und Übungen, um die Vitalität und Belastbarkeit des Herzens zu erhalten. Spaziergänge, Sport, Frischluft, gesunde und fettarme Ernährung, Vermeidung von Stress – und vieles mehr. All das bewahrt die Herzkranzgefäße davor, steif und mit der Zeit brüchig zu werden.

Gerne möchte ich an dieser Stelle eine Inspiration aus dem Buch *Das empathische Gen* von Joachim Bauer weitergeben. Der berühmte Hirnforscher, Psychotherapeut und Arzt erklärt, was heute wissenschaftlich nachweisbar ist: Empathische, liebevolle Menschen tun nicht nur anderen Gutes, sondern leben dadurch auch selbst gesünder.

Warum? Weil Empathie gesundheitsfördernde Gene aktiviert und die sogenannten „Risikogene" deaktiviert, die viele Krankheiten wie Krebs, Alzheimer und Demenz fördern oder sogar auslösen. „Wer aus freiem Willen hilft, aktiviert gute Gene", stellt Bauer fest. In jedem Fall ist empathisches Verhalten förderlich für die soziale Gesundheit einer Gesellschaft und für das körperlich seelische Wohlergehen jedes Einzelnen. Eine empathische Fürsorge bewahrt vor einer „Verfettung des Herzens", wie sie Jesaja der wohlhabenden Oberschicht seiner Zeit vorwarf. Belastbarkeit geht verloren. Verstopfte Herzkanäle können im übertragenen Sinn zu Gedankenstarre und Gefühlskälte führen.

Eine „päpstliche" Diagnose

Papst Franziskus hat im Jahr 2015 in seiner vorweihnachtlichen Ansprache an die Kurienmitglieder eine ganze Liste diverser Herzkrankheiten vorgestellt. Die treffenden Metaphern lassen nichts an Humor und Menschenkenntnis vermissen.

Der Papst beginnt seine Aufzählung mit der „Krankheit, sich unsterblich oder unentbehrlich zu fühlen". Franziskus empfiehlt einen Friedhofsbesuch, um sich der vielen Menschen zu vergewissern, die dort liegen und einmal dachten, dass die Welt ohne sie nicht weitergehen würde. Eine andere Krankheit zielt auf die Hyperaktivität, die zu permanentem Stress und Rastlosigkeit führt. Außerdem erwähnt Franziskus die „Versteinerung" von Gemüt und Herz. Durchaus unverblümt spricht er von der Krankheit des „geistlichen Alzheimer" bei Menschen, „die sich mit Mauern umgeben und in Gewohnheiten verschließen". Der Papst übersieht nicht die „Krankheit der Rivalität und der Eitelkeit", die das Herz des Menschen steril und letztlich traurig macht. Er erwähnt mit präziser Ironie die „Krankheit der Totengräbermiene". Es ist die Krankheit der Mürrischen und Griesgrämigen, die meinen, „um seriös zu sein, müsse man ein trübsinniges, strenges Gesicht aufsetzen". Eindeutig besser wäre ein humorvoller Geist, „der sogar zur Selbstironie fähig ist". Eine weitere Krankheit ist jene des Hortens materieller Güter, mit der der Mensch „eine existenzielle Leere in seinem Herzen zu füllen sucht". Doch der Effekt ist, dass sich eine immer abgründigere Leere einstellt. Ich unterbreche hier die skizzenhafte Wiedergabe dieser päpstlichen Ansprache. Papst Franziskus hat den Finger auf viele Wunden unserer Zeit gelegt. Gibt's eine Chance auf Heilung? Vermutlich ja.

Täglich ein paar Übungen der Aufmerksamkeit, täglich etwas genauer hinhören, täglich dranbleiben, wenn Geduld und Zivilcourage gefragt sind. Täglich ein humorvolles Wort, wenn nicht zu beschwerlich sogar einen Witz. Das Lachen ist schließlich die beste Daseinserleichterung. Eine kleine Geste der Aufmerksamkeit und Freundlichkeit – wenn möglich sogar für eine Person, die es scheinbar nicht verdient hat. Es gibt viele Heilige, die uns diese kleinen Übungen empfehlen. Bei Thérèse von Lisieux ist es der „Kleine Weg der Liebe", ein tägliches Fitnessprogramm, um mit dem Herzen gut drauf zu bleiben. Nur wer sich fordern lässt, bleibt gesund. Die beste präventive Wirkung gegen Herzerkrankungen aller Art bringt eine häufige Verabreichung des Vitamins „Z" – Zeit, Zuwendung und Zärtlichkeit.

Gebet für Kranke

Wie ist das möglich? Anfang Oktober 1998 stand ich an der Kirchentür von St. Nicolas des Champs, einer bemerkenswert vitalen Pfarre mitten in einem multikulturellen Stadtteil von Paris. Ich traute meinen Augen nicht. Über 600 Menschen strömten in die Kirche. Wie an jedem Donnerstagabend fand das „Gebet für Kranke" statt. Als damals noch junger Priester verbrachte ich ein Sabbatjahr in Frankreich, um derartige Initiativen kennenzulernen. Woche für Woche kamen körperlich und psychisch kranke Menschen in die Kirche – auch solche, die inmitten der überfüllten Metropole vereinsamt oder verwahrlost waren. Die Abende wurden bewusst einfach gestaltet – Musik, Gebet, viel Stille und die Einladung zu Gespräch, Beichte und Segen. Ich habe viele Tränen der Befreiung und Dankbarkeit erlebt. Inmitten der vielen Erwartungen und Leidensgeschichten ist mir Gottes zärtliche Gegenwart immer deutlicher bewusst geworden. Ich habe auch erlebt, dass Menschen heil geworden sind. Sie haben Befreiung von inneren Blockaden, Entlastung und Vergebung erfahren. Neben vielen seelischen Heilungen wurde gelegentlich sogar von einer körperlichen Gesundung berichtet. Das „Gebet für Kranke" war für mich eine Herzensweitung, ein solidarisches Anteilnehmen am Schicksal von körperlich und seelisch Geschwächten. Krankheit und Leid werden dabei nicht weggebetet, aber zumindest erträglicher gemacht. Auch das ist ein Trost.

Innere Spannkraft
– für die Zumutungen des Lebens

Samuel Koch kennt man. Seine Geschichte berührt. Am 4. Dezember 2010 war der 23-jährige Wettkandidat in der ZDF-Sendung „Wetten, dass ..?". Gegenstand seiner Wette war, dass er nacheinander über fünf Autos springen sollte. Alles schien nach Plan zu laufen, doch beim vierten Wagen, ausgerechnet gesteuert von seinem Vater, stürzte er und blieb regungslos liegen. Der entscheidende Sprung brachte das Unglück. Die Sendung musste abgebrochen werden. Die notwendigen Operationen, Spezialbehandlungen und Therapien verliefen gut, aber sein Leben hatte sich total verändert. Eine schwere Behinderung blieb. 2014 beendete er in Hannover seine Ausbildung zum Schauspieler und ist seither in vielen Rollen im Theater und in Kinoproduktionen aktiv. 2016 heiratete Koch die Schauspielerin Sarah Elena Timpe. Oftmals wurde er gefragt, ob jemand an dem dramatischen Sturz, den Millionen Fernsehzuschauer und seine Familie vor Ort miterlebten, schuld gewesen sei. „Ja", sagte Koch entschieden, „da mache ich schon jemanden verantwortlich – relativ uneingeschränkt mich."

Er wolle sich nicht anmaßen, andere für seine eigenen Fehler zu verurteilen. Wer ähnlich wie Samuel Koch Traumatisches erlebt hat, fragt sich fast automatisch, warum dies so und nicht anderes laufen konnte. Warum dieses Schicksal, warum, Gott? „Ja, ich habe mit Gott gehadert. Dennoch bleibe ich ein Glaubender und Hoffender", so Koch. Er habe die Antwort auf die wichtigste Frage der Menschheit gefunden. Seinen Bekanntheitsgrad nutzt Samuel Koch jetzt unentwegt, um sich für soziale Projekte starkzumachen. Er hat den entscheidenden Sprung gewagt – heraus aus dem Netz von Schuldzuweisungen, heraus aus dem lähmenden Selbstmitleid. Für diesen und viele andere „Sprünge" braucht es eine Spannkraft des Herzens.

Mit Spannungen leben

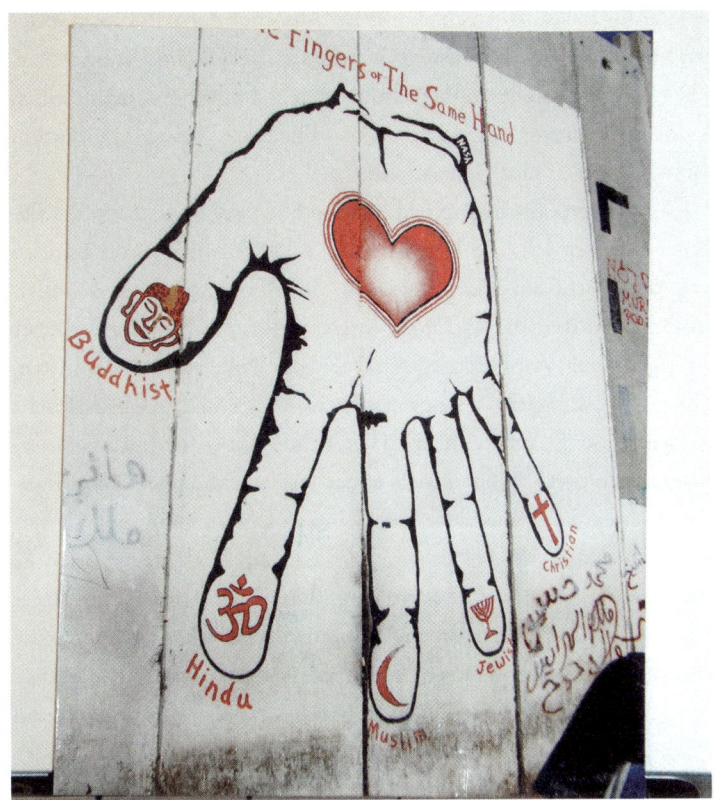

Die große Harmonie ist ein uralter, aber letztlich unerfüllbarer Traum – die Auflösung von Widersprüchen und die Versöhnung aller Gegensätze. Faktum ist, dass wir uns in vielfachen Spannungsfeldern zu bewähren haben. Ich denke zuerst an die beglückende und zugleich belastende Diversität unserer Gesellschaft – kulturell, weltanschaulich und religiös. Ob man in diesem offensichtlichen Multi-Kulti einen gefährlichen „Zusammenprall der Zivilisationen" (Samuel P. Huntington) erkennt und darin den Untergang des Abendlandes befürchtet – oder diese Vielfalt als Chance bejaht, ist eine Frage der Perspektive. Ich bin mir sicher, dass die Buntheit der Menschen, Ethnien und kulturellen Ausdrucksformen ein deutlicher Ausdruck der Schönheit Gottes ist. Monotonie und Einförmigkeit stehen nicht auf seiner Wunschliste. Dennoch: Kulturelle Authentizität entsteht immer erst durch einen kreativen Umgang mit Vielfalt. Dazu braucht es eine große Portion Geist, Offenheit und Herzenskraft.

Ein weiteres Spannungsfeld liegt im Sozialen. Es geht um die Balance zwischen Ich und Wir. Hier das subjektive Freiheitsempfinden mit dem Recht auf Unabhängigkeit, Selbstbestimmung und Individualität und dort die wichtigen Interessen der Gemeinschaft, soziale Anliegen und Verpflichtungen. Wenn die Pole auseinanderdriften, gibt es Stress, aggressiv ausgetragene Konflikte und gesellschaftliche Zerwürfnisse. Das menschliche Herz ist mit seiner Vermittlungskompetenz gefordert. Wenn es sich weder von einem aufgeblähten Individualismus, noch von einer ideologischen Überhöhung des Wir vereinnahmen lässt, ist es einer permanenten Zerreißprobe ausgesetzt. Es muss sich als versöhnende Mitte bewähren. Kein leichter Job! Weder eine Verharmlosung sozialer und kultureller Bruchlinien noch eine frustrierte Resignation wären brauchbare Alternativen. Eine lebendige Spannkraft des Herzens ist unendlich wertvoll – sie muss geschult und trainiert werden. Und ist trotzdem oft überfordert.

Wenn Welten einstürzen

„Wir funktionieren nur noch, meine Kinder und ich. Der Krieg hat uns das Herz herausgerissen. Wir können kaum etwas empfinden, obwohl wir so herzlich hier in Österreich empfangen wurden. Jede Bombe, jeder Schlag hat unsere Hoffnung zerstört. Unser Herz ist zugeschnürt." Ungefähr mit diesen Worten beschrieb mir eine junge ukrainische Mutter mit zwei Kindern ihr Schicksal. In der zweiten

Woche der Bombardierung ihrer Heimatstadt Charkiw durch die russische Luftwaffe flüchtete sie nach Wien. Ihr Mann musste im Krieg zurückbleiben, sie weiß nicht, ob er noch lebt. Das Schicksal dieser zerrissenen Familie ist nur eines unter Millionen.

Ähnlich beschreibt ein Künstler, der flüchten konnte, seine Empfindung: „Ich fühle nur noch Kälte in mir. Ich fühle mich vollkommen gelähmt und abgekapselt. Ich habe aufgehört, Dinge wahrzunehmen." Präziser kann man die Folge eines Traumas nicht ausdrücken. Der apathische Zustand zeigt, dass sich die seelische Verletzung nicht einordnen lässt. Die üblichen Verarbeitungsboxen sind überfordert. Das traumatische Erlebnis muss abgesondert davon unter Verschluss gehalten werden, was enorm viel Energie absorbiert. Und das Tragische: Jederzeit kann ein ähnliches, wenn auch objektiv nur unscheinbares Ereignis eine Retraumatisierung auslösen. Der ursprüngliche Schmerz kehrt mit voller Wucht zurück. Was ich laienhaft beschreibe, ist das Schicksal von Millionen. Immer wieder klafft die erste Wunde auf – dramatische Fluchtszenen, Überlebensängste, Gewalterfahrungen, psychische und physische Ausbeutungen und vieles mehr an „Grauslichkeiten". Was ist zu tun? Die unzähligen Betroffenen brauchen Räume zum Ankommen, stressfreie Ruhezonen, qualitätsvolle Therapien – und Menschen mit Herz! Traumata sind nicht leicht aufzulösen. Dennoch: Heilung und Versöhnung sind möglich, benötigen aber viel Zeit und Geduld.

In Beziehung investieren

Ich erinnere mich deutlich an ein zehnjähriges Mädchen, das in der 4. Volksschulklasse in der Schulpause zu mir kam und unter Tränen erklärte: „Wir lassen uns jetzt scheiden." Wir! Sie sprach im Namen ihrer Eltern, enttäuscht und aufgewühlt, unfähig zu verstehen, was da los war. Ganz sprachlos ist die Umgebung, wenn es scheinbar aus heiterem Himmel „nicht mehr geht" und das bekannte Paar ohne große Turbulenzen alles hinschmeißt. Meist jedoch bereitet sich ein endgültiger Bruch der Ehe über eine längere Zeit vor. Die wachsende Entfremdung wird zu spät angesprochen, geschweige denn wirklich ernst genommen. Ein Gegensteuern scheint im fortgeschrittenen Stadium unmöglich zu sein. Vorsicht, niemand ist davor gefeit. Ein hartherziges Urteil steht uns nicht zu, auch nicht das verletzende Gerede, dass es ohnehin schon alle gewusst hätten. In jedem Fall lohnt es sich, in Beziehung zu investieren, am besten heute noch!

Von einem befreundeten Ehepaar weiß ich, dass es ihnen sehr früh gelungen ist, die großen Unterschiede in ihren Persönlichkeitsstrukturen nicht als Problem, sondern als Bereicherung zu sehen. Ein Beispiel: Beide sind zwar neugierig und entdeckungsfreudig, der Mann aber eher risiko- und die Frau eher sicherheitsbetont. Bei Reisen, Urlaubsaktivitäten oder auch bei beruflichen Initiativen profitieren beide davon, weil sie leichter eine gute Balance zwischen Risiko und Sicherheit finden. Gerade aufgrund ihrer Unterschiedlichkeit nehmen sie sich gegenseitig genauer wahr, gelegentlich auch „liebevoller", – und kippen nicht durch die Übertreibung einer Seite ins Negative.

Ohnmacht aushalten

Ein guter, sensibler Umgang mit psychischen Erkrankungen ist nicht leicht. Betroffene Familien tun sich schwer. Es gibt kaum Lösungen. Ich denke an eine Bekannte, die aufgrund ihrer bipolaren Störung in einer manischen Phase rastlos durch die Stadt geirrt ist. Von ihrer Familie weggewiesen. Aufgrund einer polizeilich nicht feststellbaren Eigen- oder Fremdgefährdung konnte sie in keine psychiatrische Behandlung gebracht werden. Ratlos haben wir der Abgängigen hinterhertelefoniert, teilweise Hotelrechnungen bezahlt, zwischendurch von ihr wütende Kurzanrufe erhalten und dann … nichts mehr. Funkstille. Handy weggeworfen, Kommunikation abgebrochen. Nach einiger Zeit konnte sie gefunden werden, gelandet in einer Obdachloseneinrichtung. Es war für alle Beteiligten schwer, die erlebte Ohnmacht auszuhalten – ein liebenswürdiger Mensch, der beruflich und familiär viel aufgebaut hat, ist plötzlich nicht mehr „erreichbar", krankheitsbedingt in eine andere Welt abgedriftet. In der kritischen Phase haben alle Beteiligten gelitten und sich danach gesehnt, endlich wieder normal kommunizieren zu können! Engste Angehörige vergessen ohnehin oft, auf sich selbst zu achten, wenn sich geliebte Menschen in einer schweren Phase psychischer Erkrankung befinden. Ähnlich bei Suchterkrankungen. Wir alle waren im konkreten Fall so erschöpft, dass es notwendig wurde, unsere Freundin auch innerlich loszulassen und ganz auf die Fürsorge professioneller Einrichtungen zu vertrauen – und sie Gott anzuvertrauen. Getragen hat uns die Gewissheit, dass sie trotz aller Gefährdungen nicht tiefer als in seine Hände fallen kann. Klingt wie ein frommer Spruch, für uns hat es mehr bedeutet. Wir haben dadurch die nötige Spannkraft des Herzens wiedergefunden.

Loslassen

Verzweifeln, in Panik geraten oder überhaupt nichts mehr tun wollen – diese Reaktionen legen sich angesichts großer Überforderungen oft nahe. Es fällt nicht leicht, sich von idealen Konzepten, schönen „Lösungen" und Vorstellungen zu verabschieden. Ein wirkliches Loslassen fällt niemandem leicht: Ideen loslassen, Träume loslassen, unerfüllte Wünsche loslassen. Das Loslassen benötigt mindestens so viel Herzenskraft wie ein engagiertes Zupacken, um ein Projekt in die Tat umzusetzen. Loslassen bedeutet nicht unbedingt Aufgeben oder Fallen-Lassen. Denken wir an Kinder und Heranwachsende, die mit Recht ihren eigenen Weg gehen müssen. Aber es gilt letztlich für alle menschlichen Beziehungen. Nur in der Freiheit geliebte Menschen auch loslassen zu können, bleibt eine innere Verbundenheit.

In jedem Fall loslassen und tatsächlich verwerfen müssen wir die Vorstellung, dass wir einen Anspruch auf Gesundheit hätten. Das Gegenteil ist der Fall. Ich denke an zwei gute Bekannte, die von einer schrecklichen Krebsdiagnose überrascht wurden. In beiden Fällen ein

Karzinom in der Bauchspeicheldrüse. Was tun? Hoffen, mitgehen, in Verbindung bleiben. Ja, auch beten. Leider wird Krankheit in unserer erfolgsverwöhnten Wohlstandsgesellschaft immer öfter als fundamentale Kränkung erlebt, etwas, was eigentlich nicht passieren dürfte. Falls die Beseitigung der Krankheit nicht gelingt, hat die Medizin oder das ärztliche Personal versagt – so lautet meist der reflexartige Vorwurf. Dabei wird Krankheit auf ein „technisches Problem" reduziert. In Wirklichkeit ist sie Teil des Lebens – zerbrechlich und schön, wie es eben ist. Auch eine altersbedingte Schwäche gehört zum Leben – allen Machbarkeitsfantasien zum Trotz.

Clara bekam ihre Chance

Wer Clara kennt, ahnt nichts von ihrer kritischen Ankunftsphase auf unserem Planeten. Sie ist ein Bündel von Aufgewecktheit, Lebensfreude und quirliger Neugierde, freundlich und nahezu immer gut gelaunt. Ihre Anfangsphase war jedoch bereits eine Odyssee, die alle Beteiligten extrem gefordert hat. Claras Mutter erkrankte aufgrund eines Fehlers im Impfpass in der Frühschwangerschaft an Röteln. Aufgrund dessen wurde eine starke Behinderung des Kindes oder eine Fehlgeburt prognostiziert. Seitens der Ärzte wurde in der Klinik von Anfang an zum Abbruch der Schwangerschaft geraten – vermutlich auch deshalb, um rechtlich abgesichert zu sein, falls aufgrund der im Vorhinein festgestellten Beeinträchtigung des Kindes ein Schadenersatz eingeklagt würde. Als jedoch der kleine Embryo einen Herzschlag von sich gab, war für Claras Eltern klar, dass ein Abbruch der Schwangerschaft nicht infrage kommt. Die engmaschigen Untersuchungen untermauerten die Prognose. Obwohl die Ärzte sehr einfühlsam mit der Thematik umgingen, wurde jedes Mal ein Schwangerschaftsabbruch in den Raum gestellt. Die Eltern wollten dem Kind aber auch mit einer Behinderung eine Chance geben. Eine mögliche Stillgeburt nahm die Mutter lieber in Kauf, als das Leben des heranwachsenden Kindes vorzeitig zu beenden. Clara hat diese Chance genützt, kam lebend auf die Welt und nach einigen Operationen entwickelte sie sich deutlich besser, als es die besten Prognosen für sie vorausgesagt hatten. Sie führt mittlerweile ein fast normales Leben – zur Freude vieler Menschen, die dieses kleine Energiebündel fest in ihr Herz geschlossen haben. Clara ist aufgrund der Entschlossenheit und des Mutes ihrer Eltern zur Welt gekommen. Sie haben die Spannung ausgehalten.

Ja zum Leben

Niemand wünscht einer werdenden Mutter, dass sie sich je vor die Wahl gestellt fühlen muss, eine Abtreibung durchzuführen. Es bleibt ein unwiderruflicher Eingriff, auch wenn ihn verschiedene Gründe zu rechtfertigen scheinen – Überforderung mit der neuen Lebenssituation, mangelnde Unterstützung, Angst vor der Armutsfalle, die Sorge um die eigene körperliche oder psychische Gesundheit. Leider wird das hochsensible Thema noch immer tabuisiert oder ideologisch missbraucht. Während es sowohl in der Schweiz als auch in Deutschland eine anonymisierte Meldepflicht für Schwangerschaftsabbrüche gibt, gibt es trotz jahrelanger Forderungen in Österreich weder eine verlässliche statistische Erhebung noch eine darauf aufbauende seriöse Motivforschung. Beides wäre notwendig, um ein Ja zum Leben zu stärken. Ein erster Ansatz: Im Juli 2022 wurde eine deutsche Studie veröffentlicht, die nachweist, dass über 30% aller Hauptgründe für den Schwangerschaftskonflikt durch den Einfluss Dritter (Druck durch Kindesvater, Familie und Umfeld) bedingt sind. Diese Fakten relativieren das Argument einer selbstbestimmten Entscheidung. Die Interessen der betroffenen Frauen sollten zukünftig deutlicher geschützt werden. Zudem besteht in unserer Rechtsordnung noch immer der diskriminierende Tatbestand, dass ein Kind mit einer diagnostizierten (oder auch nur vermuteten) körperlichen oder geistigen Behinderung bis zur Geburt abgetrieben werden kann. Eine ideologisch eingeschworene Gruppe erklärt darüber hinaus den Schwangerschaftsabbruch als ultimatives Thema der Frauengesundheit und propagiert ein „Menschenrecht auf

Abtreibung". Nicht nur ich empfinde dies als einen Widerspruch zu einer gemeinsamen Wertebasis. Weder die europäische noch die internationale Rechtsordnung kennt ein derartiges Recht. Übersehen wird in der ideologisch zugespitzten Debatte, dass bereits nach drei Wochen zwei Herzen schlagen – also zwei Personen mit je eigener Würde und eigenen Rechten existieren. Bei jeder Abtreibung wird mehr entfernt als nur ein embryonaler Zellhaufen. Das Leben eines Menschen steht auf dem Spiel. Bedauerlicherweise wird das sensible Thema auch von radikalisierten Abtreibungsgegnern instrumentalisiert und zur Mobilisierung für eine radikal-konservative Politik missbraucht.

Lass uns doch reden! ist der Titel eines Films aus dem Jahr 2022, der einen Ausweg anzeigen könnte. In dem Film werden sehr realistisch acht Schwangerschaften dargestellt, die bei den werdenden Müttern und deren Umfeld einen Konflikt ausgelöst haben. Enttabuisierung ist angesagt. Fakten helfen! Jedenfalls müssen wir in dieser hochkomplexen Thematik geduldiger aufeinander hören. Es gibt keine vorschnelle Lösung, sodass auch die Bezeichnung „Fristen-Lösung" irreführend ist. Als Seelsorger weiß ich aus vielen Begegnungen, dass Frauen noch nach Jahrzehnten unter den psychischen Folgen einer Abtreibung leiden können und auch trauern. Eine Spannkraft des Herzens ist die Voraussetzung, um mit diesem sensiblen Thema halbwegs menschlich umzugehen. Viele Fragen bleiben: Schenken wir den jugendlichen und erwachsenen Frauen, die sich in kritischen Entscheidungssituationen befinden, genügend Gehör und Hilfe? Stehen auch werdende Väter zu ihrer gemeinsamen Verantwortung für das bereits begonnene neue Leben? Reicht das Angebot der Beratungsstellen und Hilfsangebote? Erhalten Jugendliche die nötige Aufklärung über das „Wunderwerk Mensch"? Und bekommen auch Mütter mittleren Alters, die sich nach einem beruflichen Wiedereinstieg mit einer weiteren Schwangerschaft überfordert sehen, genügend Unterstützung, auf die sie sich verlassen können?

Herzfeuer,
nicht Gleichgültigkeit!

Heute betreut SOS-Kinderdorf weltweit über 600.000 Kinder und Familien weltweit. In den „Dörfern", die ich besuchen konnte, riecht es nach Zukunft. Kinder und ihre Entwicklungsmöglichkeiten stehen im Mittelpunkt, auch wenn sich die Art der Betreuung mittlerweile geändert hat. Die SOS-Kinderdorf-Mutter, die mit ca. zehn Kindern „ihre Familie" hatte, gibt es so nicht mehr überall. Geblieben sind jedoch familiäre Gemeinschaften, die zusammen ein Dorf bilden. Am Anfang der weltweiten Erfolgsgeschichte stand ein Mensch, der angesichts einer Verwahrlosung von Kindern nicht auf der Zuschauertribüne ausharren wollte. Es war das Elend der Waisenkinder im Tirol der Nachkriegsjahre, die den Vorarlberger Medizinstudenten Hermann Gmeiner (1919–1986) aus der Gleichgültigkeit aufschreckte. Am 25. April 1949 gründete er mit einem Kreis junger, engagierter Männer und Frauen die *Societas Socialis*, die ein Jahr später in SOS-Kinderdorf umbenannt wurde. Ziel des Vereins war es, Waisenkindern eine Familie und ein Zuhause zu geben. 1952 betreuten bereits sieben Kinderdorfmütter 70 Kriegswaisen im Kinderdorf Imst. Nach dem Motto „Reds nit, tuats was!" machte Gmeiner die Kinderdorfidee bekannt. 1963 wurde mit der genialen Kampagne „Ein Reiskorn für Korea" der finanzielle Grundstein für das Kinderdorf Daegu in Südkorea gelegt. In den folgenden Jahrzehnten wurde SOS-Kinderdorf zu einer weltweiten Organisation mit Dörfern, Kindergärten, Schulen und Ausbildungseinrichtungen in 135 Ländern. Seit dem Ausbruch des Syrienkrieges ist SOS-Kinderdorf auch verstärkt in der Betreuung von Kindern auf der Flucht involviert. Was mit dem „Dorf der 70

Kinder" in Imst in Tirol begann, hat sich zur internationalen Organisation entwickelt, die weltweit lautstark die Stimme für Kinder und ihre Rechte erhebt. Hermann Gmeiner hat sich gegen das Wegschauen entschieden.

Wer ist verantwortlich?

„Adam, wo bist du?" und „Kain, wo ist dein Bruder?" Mit diesen beiden biblischen Fragen eröffnete Papst Franziskus am 8. Juli 2013 auf der Insel Lampedusa seine Predigt, die weltweite Beachtung fand. Adam ist der Name des Menschen, der seine Orientierung verlor, weil er wie Gott sein wollte. Kain ist der Name für den Menschen, der seinen Bruder tötete. Beide Fragen, so der Papst, sind an uns gerichtet. Mit dem Blick auf das Mittelmeer, das für Tausende Flüchtlinge jährlich zum Massengrab wird, machte er die ernüchternde Feststellung, die sich leider erhärtet: „Wenn diese Orientierungslosigkeit Weltdimensionen annimmt, kommt es zu Tragödien dieser Art." Die Worte von Franziskus schwingen immer noch nach, vor allem seine Frage, wer denn verantwortlich sei für das Elend derer, die sich auf den Weg gemacht haben, um Frieden und Sicherheit zu suchen, und den Tod fanden: „Wo ist dein Bruder, dessen Blut zu mir schreit?" Niemand in der Welt fühlt sich dafür verantwortlich. „Die Wohlstandskultur, die uns dazu bringt, an uns selbst zu denken, macht uns unempfindlich gegen die Schreie der anderen; sie lässt uns in Seifenblasen leben, die schön, aber nichts sind, die eine Illusion des Nichtigen, des Flüchtigen sind, die zur Gleichgültigkeit gegenüber den anderen führen, ja zur Globalisierung der Gleichgültigkeit." Leider ist dieser radikale Befund des Papstes immer noch gültig: Das Mittelmeer ist zum großen Friedhof geworden. Seit seinem Besuch auf Lampedusa im Jahr 2013 bis Mitte 2022 sind ca. 25.000 Flüchtlinge im Mittelmeer ertrunken. Haben wir uns an dieses Elend gewöhnt? Haben wir das Weinen verlernt?

Weinen können

Ähnlich aufrüttelnd wie auf der Insel, die vom Leid der Flüchtlinge geprägt ist, sprach Papst Franziskus im Jahr 2015 zu Jugendlichen in Manila: „Gewisse Realitäten des Lebens sieht man nur mit Augen, die durch Tränen reingewaschen sind. Ich lade jeden von euch ein, sich zu fragen: Habe ich gelernt zu weinen? Habe ich gelernt zu weinen, wenn ich ein hungriges Kind sehe, ein Kind unter Drogeneinfluss auf der Straße, ein obdachloses, ein verlassenes Kind, ein missbrauchtes Kind, ein von der Gesellschaft als Sklave benutztes Kind? Oder ist mein Weinen das eigensinnige Weinen dessen, der weint, weil er gerne noch mehr haben möchte? Das ist das Erste, was ich euch sagen möchte: Lernen wir zu weinen."

Sechs Millionen Menschen hörten diese Botschaft. Es war der bisher größte Gottesdienst, noch dazu bei strömendem Regen. Die Jugendlichen tanzten in ihren Regenmänteln – innerlich gewärmt durch ein Feuer, das am Schicksal der Menschen Anteil nimmt.

Nur ein Schauspiel?

Brennende Herzen – vertrauter Kitsch und echte Emotion meist im Doppelpack. Ja, klar: Zur Liebe gehört das Feuer – millionenfach in

Schlagern und Liedern besungen, in atemberaubender Poesie festgehalten. *„Burning Love"* ist der unvergessliche Hit von Elvis Presley aus dem Jahr 1972, von vielen Generationen leidenschaftlich mitgetanzt und mitempfunden: *burning, burning, burning!* Leidenschaftliche Liebe ist ebenso Thema in einem faszinierenden Feuer-Schauspiel, von dem uns im dritten Kapitel des Buches Exodus berichtet wird. Eine Stimme richtet sich direkt an Mose: „Komm nicht näher! Leg deine Schuhe ab; denn der Ort, wo du stehst, ist heiliger Boden." Wie kann das sein? Gottes Stimme? Gott im Feuer? Mose, der sich aus Angst vor Verfolgung aus dem öffentlichen Leben zurückgezogen hatte und nun die Schafe seines Schwiegervaters Jitro weidete, fürchtete sich und verhüllte sein Gesicht. Und ein zweites Mal hört er dieselbe Stimme: „Ich habe das Elend meines Volkes in Ägypten gesehen und ihre laute Klage über ihre Antreiber gehört. Ich kenne sein Leid." Es ist der O-Ton eines Gottes, dem das Schicksal der Menschen nicht gleichgültig ist.

Ein kleiner Exkurs: Das faszinierende Schauspiel vom brennenden Dornbusch hat mir die meist kitschigen Herz-Jesu-Bilder um vieles verständlicher gemacht. Dargestellt ist die „brennende" Liebe Jesu, dem das Schicksal der Menschen nicht gleichgültig ist. Sein leidenschaftliches Herzfeuer ist das energetische Zentrum unseres Glaubens. Das Motiv geht übrigens zurück auf die erste Jesus-Begegnung der französischen Ordensfrau Margareta M. Alacoque im Jahr 1673. Jesus sagte zu ihr: „Mein göttliches Herz brennt so von Liebe zu den Menschen und zu dir, dass es die Flammen dieses Feuers nicht mehr in sich verschließen kann." Im brennenden Herzen Jesu ist Gott selbst anwesend.

Die „Sinne Gottes" verwenden

Das berühmte *Memorial* des französischen Philosophen Blaise Pascal (1623–1662), das er ein Leben lang in seiner Rocktasche eingenäht bei sich trug, bezieht sich ebenso auf die Dornbuschszene. Pascal fasst in knappe Worte, was ihm in der Nacht vom 23. November 1654 widerfahren war: „Seit ungefähr abends zehneinhalb bis ungefähr eine halbe Stunde nach Mitternacht – Feuer – Gott Abrahams, Gott Isaaks, Gott Jakobs, nicht der Philosophen und Gelehrten. Gewissheit, Gewissheit, Empfinden: Freude, Friede. Der Gott Jesu Christi. ..." Diese Erfahrung hat unzählige Menschen bewegt, sich auf den Gott, der in sich höchste Energie und Liebe ist, einzulassen. Offensichtlich bewegt, schrieb darüber auch die evangelische Theologin Dorothee Sölle, die sich ihr Leben lang für ein waches, solidarisches Christsein eingesetzt hat: „Was geschieht wirklich in der Einung der Seele mit Gott – an Befreiung, an Heilung? Es ist eine Einübung in die Sichtweise Gottes, es ist die Wahrnehmung des Kleinen, des Unerheblichen, das Hören auf das Geschrei der Kinder Gottes, die in Ägypten in Sklaverei sind. Gott ruft die Seele auf, die eigenen Ohren und Augen wegzugeben und sich Gottes Ohren und Augen schenken zu lassen. Nur wer mit anderen Ohren hört, kann mit dem Mund Gottes reden. Gott sieht das, was sonst unsichtbar gemacht wird und keine Rolle spielt. Wer außer ihm sieht die Armen, hört ihren Schrei? Die ‚Sinne Gottes' in Gebrauch zu nehmen, bedeutet nicht einfach eine Wendung nach innen, sondern ein Freiwerden für eine andere Lebensweise: Sieh, was Gott sieht. Hör, was Gott hört. Lache, wo Gott lacht. Weine, wo Gott weint."

Pfingstliches Feuer

„Ich bin gekommen, um Feuer auf die Erde zu werfen. Wie froh wäre ich, es würde schon brennen!" (Lk 12,49) Jesus spricht vom Feuer seines Geistes. Erstmals haben die Jünger dieses Feuer zu Pfingsten in Jerusalem erfahren. Es war am 50. Tag nach dem jüdischen Pessach. Kurz zur Vorgeschichte: Trotz der mehrmaligen Besuche des Auferstandenen waren die Weggefährten Jesu mehrere Wochen lang äußerst vorsichtig mit ihren öffentlichen Auftritten. Sie waren zögerlich, zurückhaltend und immer noch mit ihren eigenen Enttäuschungen beschäftigt. Doch dann kam es zur Wende: „Plötzlich vom Himmel her ein Brausen, wie wenn ein heftiger Sturm daherfährt. Er erfüllte das ganze Haus, in dem sie saßen. Und es erschienen ihnen Zungen wie von Feuer, die sich verteilten." (Apg 2,2f.) Auf alle Versammelten hat Gott seinen Geist ausgeschüttet. Alle wurden überrascht, nicht nur die Frommen, die theologisch Gelehrten und Tugendhaften! Gott ist mit seinem Herzfeuer ungeniert großzügig – damals und heute. Was war die Folge? Die anwesende Menge erlebte eine überraschende Verbundenheit über alle Sprachbarrieren hinweg. Tief betroffen haben die Leute gefragt: „Was sollen wir tun?" (Apg 2,37) Petrus und die anderen Apostel schlugen ihnen eine „Umkehr" vor, eine Neuausrichtung ihres Denkens und ihrer Lebenspraxis. Und der Vorschlag wurde tausendfach (!) angenommen.

Eine Lerngemeinschaft

Die junge Kirche blieb ihrer jüdischen Herkunft verpflichtet, musste jedoch im hellenistisch-heidnischen Umfeld um ihre Identität ringen. Wer durfte dazugehören? Nur Beschnittene oder auch Heiden? Im Jahr 50 fand das erste Konzil statt. Ein „synodaler Prozess", wie ihn heute Papst Franziskus der Kirche verordnet. Die Einmütigkeit, zu der sie nach zähem Ringen gefunden haben, war keine Meinungsuniformität. Eine pfingstliche Lerngemeinschaft hat begonnen. Wie sehr würden wir sie heute brauchen! Ich plädiere für eine Pluralitätsfitness in unserer Kirche, sodass niemand aufgrund von Milieuzugehörigkeit, Bildungsniveau, Nationalität, sexueller Orientierung oder anderer Faktoren hinausgedrängt wird. Einheit und Vielfalt schließen sich nicht aus. Was wir brauchen, ist mehr Feuer! Feuer des Heiligen Geistes. Die ersten Christengemeinden haben besonders an den Rändern der multikulturellen Städte Kleinasiens eine große Anziehungskraft entwickelt. Es lag an ihrer glaubwürdigen Gastfreundschaft für Wohlhabende und Verwahrloste, für Zweifelnde und Suchende. Das Herzfeuer Gottes hat in diesen jungen kirchlichen Gemeinschaften gebrannt. Es war ihnen nicht egal, wie es den Menschen in ihrer Umgebung ging.

Herzfeuer entzünden

Tirol ist für seine Bergfeuer bekannt. Während die Sonnwendfeuer darauf verweisen, dass die Tage im Jahreslauf nun wieder kürzer werden, sind die Herz-Jesu-Feuer Zeichen des Glaubens. Sie signalisieren die Verbundenheit mit Christus, dessen Herz in Flammen steht. Und es gibt ein historisches Erbe: 1796 gab es keine modernen Kommunikationsmittel, sodass die Feuer auf den Bergen das Signal für den Landsturm gegen die napoleonischen Heere gaben. Es ist tatsächlich ein faszinierendes Schauspiel, wenn im Juni, am Vorabend zum Herz-Jesu-Sonntag auf den Berghängen Tirols die Feuer zu leuchten beginnen. Unterschiedliche Motive werden gelegt, Sterne, Kreuze, Kelche – und natürlich Herzen. Abgesehen von dieser folkloristischen Inszenierung lautet die Frage: Wofür brennen wir? Wofür braucht es heute Signalfeuer?

Zum 500. Geburtstag von Petrus Canisius SJ, dem Patron der Diözese Innsbruck, haben wir uns im Jubiläumsjahr 2021 entschlossen, möglichst viele „Herzfeuer" zu entzünden. Eine faszinierende Palette von spirituellen und sozialen Initiativen ist entstanden – Theater und Musical, Impulse für das Gebet und „Spaziergänge der Not", ein Dankbarkeitslauf und vieles mehr. Warum Feuer? Petrus Canisius, 1521 in Nimwegen geboren, hat als 20-Jähriger bei den Kartäusern in Köln eine tiefe Christus-Spiritualität kennengelernt – ein Herz-zu-Herz mit Gott. Das war ein Kontrast zu den erstarrten Ritualen einer weltlich verkommenen Kirche seiner Zeit, aufgerieben im Streit der Konfessionen. Das Ideal der mystischen Innerlichkeit hat ihn restlos fasziniert. Doch es kam anders. 1543 lernte er in Mainz Peter Faber kennen. Dieser machte ihn mit der jungen Truppe des Ignatius von Loyola bekannt. Sein Einstieg war steil: 30 Tage Exerzitien. Canisius entdeckte dabei, dass sein Auftrag „in der Welt" lag, und schloss sich der neu gegründeten „Gesellschaft Jesu" an. Er wurde zum leidenschaftlichen Volksmissionar, startete mit der Gründung von Schulen und Kollegien, wurde 1552 Prediger in Wien, später dann in Innsbruck und in vielen deutschen Städten. Er hat mit seiner Mission bei null begonnen und durchgehalten.

„Burning persons"

Menschen, die Feuer in sich tragen, können andere entflammen. Der zündende Funke verdankt sich meist einem Plus an Aufmerksamkeit und Entschlossenheit, das Menschen mit Herzfeuer von einer üblichen Mittelmäßigkeit unterscheidet. In der Tradition der Jesuiten findet sich dafür das kleine, aber wichtige Wort *magis*. Es bezeichnet das entscheidende Plus, um Beruf und Berufung nicht nur nach Vorschrift zu leben, sondern mit Herzfeuer, mit größtmöglicher Kompetenz, Leidenschaft und Ausdauer. Doch Vorsicht: Es geht nicht um größere Effizienz und Leistung, sondern um eine Antwort auf das *magis*, das Plus an Güte, mit dem uns Gott längst schon entgegengekommen ist. Manchmal kann es sogar bedeuten, weniger zu tun, um mehr Qualität oder Tiefe zu erreichen.

Das *magis* schließt letztlich auch die „Feindesliebe" ein, von der Jesus in der Bergpredigt gesprochen hat: „Liebt eure Feinde; tut denen Gutes, die euch hassen!" (Lk 6,27) Auch wenn kaum jemand persönliche „Feinde" hat, so kennt jeder in seinem sozialen Umfeld Personen, mit denen es massive Zerwürfnisse gab und möglicherweise auch ein innerer Kriegszustand herrscht. Darüber hinaus manifestieren sich im gesellschaftlichen Zusammenleben immer wieder offener oder versteckter Hass, Anfeindungen, Missgunst, Verleumdung und Mobbing. Wie schaut eine konkrete Feindesliebe angesichts dieser realen Phänomene aus? Keine einfache Sache. Vielleicht ist es anfangs nur eine kleine Geste, dass eine alte Feindschaft nicht mehr gelten muss. Ein unaufgeregtes Zeichen, um dem „Gegner" zu signalisieren, dass ein Raum für Gespräch und Versöhnung offensteht. Menschen mit Herzfeuer reagieren in jedem Fall anders. Im Folgenden möchte ich eine dieser vielen „burning persons" vorstellen, eine Leuchtfigur der Nicht-Gleichgültigkeit.

Anna – weltoffen, glaubwürdig

Anna Dengel wurde am 16. März 1892 als Älteste von neun Kindern in Steeg, im oberen Tiroler Lechtal, geboren. Der frühe Tod der Mutter hat das junge Mädchen Anna für ihr weiteres Leben geprägt. Später schreibt sie: „Diesem großen Schmerz schreibe ich auch das Mitleid und Erbarmen zu, das ich für Frauen und Kinder in Indien hatte." Nach Abschluss ihrer Schulausbildung ging sie 1913 nach Irland und studierte an der katholischen Universität in Cork Medizin. 1920 kam sie als Ärztin nach Rawalpindi, damals Britisch-Indien, heute Pakistan. Anna Dengel erlebte dort unsägliches Leid, Krankheit und Sterben, was nur durch gute medizinische Vorsorge und Behandlung verhindert werden konnte. Aufgrund religiöser und kultureller Bräuche durften sich Frauen außerhalb der Familie keinem Mann zeigen – somit war in der Regel auch keine ärztliche Behandlung möglich. Ärztinnen gab es kaum. Dieses Elend inspirierte Anna Dengel, 1925 den Orden der

Missionsärztlichen Schwestern (MMS) zu gründen. Sie wollte Ärztinnen, Hebammen, Pharmazeutinnen und ausgebildete Krankenschwestern in viele Länder schicken. Mitte der 1920er-Jahre war dies mit großen Hürden verbunden, weil seit mehr als 700 Jahren ein Verbot galt, welches Angehörigen katholischer Ordensgemeinschaften die Arbeit im Bereich der Chirurgie und Geburtshilfe untersagte. Erst 1936 kam die päpstliche Erlaubnis und die Missionsärztlichen Schwestern breiteten ihr Wirken zunächst über ganz Indien aus, dann in Indonesien und auf den Philippinen, später in Afrika und zuletzt auch in Südamerika. Es wurden Krankenhäuser, Entbindungsstationen, Mutter-Kind-Zentren etc. errichtet. Schwerpunkt ist bis heute der Einsatz für Frauen und Kinder, für Menschen am Rande der Gesellschaft und in schwierigen Lebenslagen. Nach dem Reformkonzil von 1967 legten die Missionsärztlichen Schwestern ihren Habit ab und übergaben viele Krankenhäuser an andere, meist staatliche Träger. Zum einen wollte man gerade im Gesundheitssektor den Staat als den eigentlich Zuständigen in die Pflicht nehmen und sich andererseits auch die nötige Flexibilität für Neugründungen in medizinisch noch unversorgten Regionen bewahren. Seit der Eröffnung des ersten Missionsspitals in Rawalpindi im Jahr 1927 wurden unter ihrer Leitung weltweit insgesamt 51 Niederlassungen (Missionsspitäler, Studienhäuser, Noviziate) gegründet. 1973 legte Anna Dengel die Leitung der „Missionsärztlichen Schwestern" nieder. Drei Jahre später erlitt sie einen Schlaganfall und blieb von da an teilweise gelähmt. Sie starb am 17. April 1980. Anna Dengel war mit ihrem Denken und ihrem empathischen Spürsinn für ein konkretes Elend ihrer Zeit um Jahrzehnte voraus.

Wer ist auf deiner Liste?

Wie nun konkret der Gleichgültigkeit entkommen? Vielleicht hilft uns folgende Erzählung: Wir fuhren in die Randbezirke von Juba, der Hauptstadt von Südsudan. Ich war im Mai 2017 mit einer kleinen Caritasdelegation unterwegs. In den Siedlungen mit den ohnehin dürftigen Behausungen suchten wir noch einmal bewusst die Ärmsten auf. Es waren dies meist alte, verwahrloste Menschen, die ihren familiären Anschluss verloren hatten. Auf der Liste der Leiterin der lokalen Vinzenzgemeinschaft standen ca. 400 Personen. Wir kamen zu einer alten, kranken Frau, die sich wie ein Häufchen Elend vor ihre Hütte geschleppt hat, um uns zu empfangen. Es wurde nicht nur nach ihren Kindern gefragt, sondern auch nach ihrer Essensversorgung. Ziel war es, die unmittelbare Nachbarschaft in die Sorge um die Ärmsten einzubinden. Es beeindruckte mich, wie genau und verlässlich die freiwilligen Helferinnen ihren Dienst taten. Besonders fasziniert war ich von der speziellen Liste – mit den genauen Aufzeichnungen über die zu betreuenden Personen. Ich fragte mich, ob wir auch eine solche Liste der Aufmerksamkeit führen – wo notiert ist, was für wen zu tun wäre? Der Impuls wirkte nach.

Herz ist Trumpf!
Das Farbspektrum der Herzlichkeit

Eine „Barmherzige Schwester" hat in ihrem Leben im Dienst an den Kranken Großartiges geleistet. Dafür wurde sie offiziell ausgezeichnet. Als Mensch jedoch war sie fast unnahbar. Sie hatte Stacheln. Die Angestellten auf der von ihr geleiteten Station konnten ihrem Arbeitsideal und ihrer Gewissenhaftigkeit kaum genügen. Über ihre Gemeinschaft hinaus wurde sie geschätzt, auch gefürchtet, aber nicht geliebt. Sicherheitsabstand war angesagt. Ich erzähle dies mit einem Schmunzeln, weil wir alle Menschen dieser Art von „Ungenießbarkeit" kennen. Überraschenderweise wurde die besagte Schwester zum Ende ihres Lebens zunehmend sanfter. Gerade so, als würde sie die Stacheln der Distanz und der daraus resultierenden Einsamkeit ablegen wollen. Als die Zeit zum Abschiednehmen kam, wurde sie noch ruhiger, fast mild in ihren Worten und Gesten. Und zum Erstaunen vieler waren ihre letzten Worte: „Mehr lieben!" Mit diesen zwei Worten benannte sie das einzige gültige Testament eines jeden Menschen – so unterschiedlich Charaktere und Lebensbiografien auch sein mögen.

„Mehr lieben!" – Wir können täglich damit beginnen – mit Herzlichkeit. Herzlichkeit schafft effektiv eine positive Klimaveränderung. Sie kann das Eis tiefgekühlter Beziehungen zum Schmelzen bringen, aber auch für Frischluft sorgen, wenn in einer Auseinandersetzung dicke Luft herrscht. Herzlichkeit zaubert ganz automatisch ein Lächeln ins Gesicht, verändert das Klima im Büro und im abendlichen Wohnzimmer, auf der verkehrsüberlasteten Straße und am Verhandlungstisch – und sie führt ohne großes

Aufsehen zum Wesentlichen hin: „Etwas mehr Herzlichkeit ist die schönste Form der Herz-Jesu-Verehrung." Reinhold Stecher, der weit über die Landesgrenzen hinaus bekannte Innsbrucker Bischof, hat diese Spur gelegt. Eine praktikable Herz-Spur, die wir jährlich in Tirol mit unterschiedlichsten Initiativen am „Tag der Herzlichkeit" verfolgen. In einer sensationellen Silvesterpredigt hat der wortgewandte Bischof diese Spur aufgegriffen und das Leben mit einem Kartenspiel verglichen.

Ausgangspunkt war die Einladung zu einer Runde Kartenspiel am letzten Tag des Jahres. Die ersten Assoziationen: Welche Karten fallen uns zu? Wer teilt aus und wer bestimmt das Spiel des Lebens? Was wird Trumpf sein im neuen Jahr? Ich versuche im Sinne der Predigt meines Vorgängers ein paar Aktualisierungen. Was also wird ausgerufen?

Die Eichel? Sie steht für das Negative, für Leid und Misserfolg, für Unglück und Enttäuschung. All das können wir nicht leugnen, aber welchen Raum geben wir den belastenden und dunklen Seiten des Lebens? Bischof Reinhold im O-Ton: „Lassen wir uns nicht von der Propaganda des Negativen und dem Geschäft mit der Angst überwältigen!" Schließlich lehrt uns auch der Glaube an den auferstandenen Christus, dass nicht einmal der Tod den letzten Stich machen wird.

Es geht weiter: Die Schelle soll Trumpf sein! Dafür lassen sich viele begeistern – und meinen mit dieser Karte den wirtschaftlichen Erfolg, Wohlstand, Geld und steigende Aktienkurse. Dass viele Wohlstandsträume regelmäßig wie Kartenhäuser zusammenstürzen, ist Faktum – auch ohne Pandemie, Inflation und Börsenkrach. Außerdem sind die Schellen sehr ungleich verteilt. Die Schieflage ist eklatant. Eine neoliberale Wirtschaftsideologie kann nicht darüber hinwegtäuschen. Wie kann es sein, dass 10 % der Weltbevölkerung über 80 % des Kapitals und der Ressourcen verfügen? Auch wenn diese Vergleichszahlen nie ganz exakt sind, so zeigen sie doch deutlich die erschreckende Vermögensungleichheit. Wie präzise die Worte Jesu: „Was nützt es einem Menschen, wenn er die ganze Welt gewinnt, dabei aber sich selbst verliert und Schaden nimmt?" (Lk 9,25)

Alles klar, zumindest im Spiel soll nun Laub Trumpf sein – also das Grüne, das Natürliche, die Schöpfung, die Mitwelt. Gefühlt liegt hier der Herzschlag breiter Bevölkerungsschichten. Nachhaltigkeit ist in aller Munde, wenngleich es mit der konkreten Umsetzung hapert. Mehr Grün – damit wir die Natur nicht in eine finale Erschöpfung treiben! Unsere ökologischen Fußabdrücke sind immer noch erschreckend. Bischof Reinhold Stecher zitierte den großen Biologen und Anthropologen Joachim Illies: „Die sterbenden Wälder und die stinkenden Flüsse zeigen nur an, was in uns stinkt und stirbt."

Grün wird hoffentlich viele Stiche machen, aber es gibt noch eine Farbe, in der es ganz ursprünglich um die Wandlung des Herzens geht. Nur von dieser Mitte aus ist eine nachhaltige Veränderung unserer Gesellschaft möglich: Herz ist Trumpf! Es ist die Liebe, die letztlich zählt – übersetzt ins Kleingeld der Herzlichkeit. Ich zitiere Bischof Stechers Sätze nochmals im O-Ton, weil ich darin den Rhythmus höre, wenn eine Karte nach der anderen sticht: „Unsere Welt und Zeit ruft nach Herz. Man möchte Mütter und Väter mit Herz, Partner mit Herz, Lehrer mit Herz, Krankenschwestern mit Herz, Beamte mit Herz, Politiker mit Herz, Priester mit Herz. Wenn man es genau nimmt, ist vernünftige, verlässliche, hingebende menschliche Liebe die größte Sehnsucht der Zeit."

Mehr als ein Spiel

Ich beginne mit einer augenzwinkernden Zusammenfassung, was Herzlichkeit konkret bedeuten könnte: „Dem Griesgram ein Lächeln schenken, den Kleinkrämern ein weites Herz. Der Treulosen eine zweite Chance, dem Bauch eine Diät. Der Vergangenheit ein Schwamm-Drüber, den Spinnen ein Lebensrecht. Den Kriegstreibern Marzipangewehre, den Luftikussen freies Geleit. Allen Schuldnern ein Nachsehen, dem Spiegelbild einen Augenblick. Dem Schmerz einen Samthandschuh, den Verbannten einen Platz am Küchentisch. Allen sagen, dass Versöhnung ist."

Etwas steiler und anspruchsvoller ist das biblische Doppelgebot der Nächsten- und Gottesliebe, das Jesus aus seiner jüdischen Tradition übernommen hat: „Du sollst den Herrn, deinen Gott, lieben mit ganzem Herzen und ganzer Seele, mit deinem ganzen Denken und mit deiner ganzen Kraft. Als Zweites kommt hinzu: Du sollst deinen Nächsten lieben wie dich selbst. Kein anderes Gebot ist größer als diese beiden." (Mk 12,30f.) Es war eine Antwort auf die Fülle von Geboten und Verboten, Essens- und Reinigungsvorschriften, die es im zeitgenössischen Judentum gab. Die Frage, was nun wirklich zählt und worauf es ankommt, ist bis heute aktuell.

Nur die Liebe zählt! Damit ist an sich alles gesagt – aber noch nichts konkret. Mit einer Gefühlswolke *„love is in the air"* wird noch niemand getröstet, versorgt, aufgerichtet oder begleitet. Mit dem Doppelgebot sind wir im Herzstück christlichen Glaubens. Gott ist immer der Zuerst-Liebende. Wer sich in diese seine Liebe versenkt, wird sofort bei seinem Nächsten auftauchen. Liebe wird konkret, wenn sie hilft, das Leben zu meistern. Liebe richtet auf, überwindet das Böse, fixiert niemanden auf sein Versagen, lässt Menschen ihre Würde „praktisch" erfahren. „Liebe wird dann wirksam, wenn auch die Armen spüren, dass die, denen es schon besser geht, auch sie in die Zukunft mitnehmen wollen", sagte der ehemalige österreichische Caritas-Präsident Franz Küberl. Kurzum: Das Arbeitsfeld der Liebe ist unerschöpflich groß. Im Folgenden versuche ich im Farbspektrum der Herzlichkeit wiederum mit „vier Farben" ein paar alltagstaugliche Konkretisierungen: Dankbarkeit, Wertschätzung, Freundlichkeit und Höflichkeit.

Dankbarkeit

Ich erinnere mich an einen Mann, der sehr schwer an Parkinson erkrankt war. Als ich ihn im Krankenhaus besuchte, fand ich ihn schlafend. Sein Oberkörper war seitlich aus dem Bett gebeugt, der Arm schlaff nach unten hängend, etwas Speichel trat aus seinem Mund. Als er erwachte, haben wir versucht, ein paar Sätze zu sprechen. Er antwortete mit mühsam herausgepressten Worten auf die Frage, wie es ihm denn gehe: „Ich habe nichts zu klagen." Und mit noch größerer Sorgfalt, um das krankheitsbedingte Lallen zu bändigen, setzte er die Begründung nach: „Ich habe eine wunderbare Frau. Bin unendlich dankbar!" Ich war vollkommen perplex über diese Antwort, innerlich bewegt und beschämt. Mit einem Schlag wurde mir bewusst, wie lächerlich unsere Beschwerden über diesen oder jenen „Mangel" oft sind.

Dankbarkeit ist heilsam. Bleiben wir doch nicht stumm, wenn es darum geht, „Danke" zu sagen, auch wenn es „nur" um Alltägliches geht. Es ist das heilsame Wort, das Grundvokabel von Herzlichkeit. Dankbarkeit ist der größte Regenerationsfaktor für Zufriedenheit. Möglicherweise führt das Danken auch zu einer Neuentdeckung Gottes. Selbst für nichtreligiöse Menschen kann es eine Tür zur Transzendenz sein. Der deutschsprachige Schriftsteller Elias Canetti hat von sich berichtet, dass er als agnostisch eingestellter Mensch immer öfter an Gott zu denken beginnt, weil er eine verlässliche Adresse für seine wachsende Lebens-Dankbarkeit sucht. Er sagte: „Mehr noch als für seine Not braucht man einen Gott für seinen Dank."

Wertschätzung

Für Liebende ist es selbstverständlich, den geliebten Menschen zu suchen und sich für alles zu interessieren, was dieser Person Freude bereitet. Wie lässt sich dieses Interesse, diese Suchbewegung ausweiten? Wie wir wissen, leiden viele unter mangelnder Wertschätzung – einfache Leute genauso wie jene, die an das gleißende Scheinwerferlicht gewöhnt sind.

Im Jahr 2019 schrieb der Psychiater und Bestsellerautor Reinhard Haller darüber ein Buch mit dem programmatischen Titel: *Das Wunder der Wertschätzung. Wie wir andere stark machen und dabei selbst stärker werden.* Wertschätzung ist unverzichtbar in Erziehung, Partnerschaft, Berufsleben – gerade angesichts einer Großwetterlage „Shitstorm", die oftmals mit einer „Wertschätzungsblockade" einhergeht. Echte Wertschätzung wirkt wahre Wunder. In kürzester Zeit steigern sich Kreativität, Motivation und Beziehungsfähigkeit. Wertschätzung ist eine der wichtigsten Farben der Herzlichkeit. Es geht darum, den Wert dessen, was ist, entsprechend zu würdigen.

Freundlichkeit

„Griaß Di!" oder „Griaß enk!" Das Grüßen funktioniert in Tirol recht unkompliziert – vor allem in den höher gelegenen Regionen. Mit einem freundlichen Gruß geschieht eine positive Wahrnehmung des Gegenübers, auch wenn das Äußere befremdend oder unsympathisch sein mag. Freundlichkeit ist unverzichtbar im Spektrum der Herzlichkeit. Angesichts vieler Verkrampfungen und mürrischer Gesichter eine echte Daseinserleichterung! Wir sollten damit nicht geizen.

In der Akutphase der Pandemie haben sich anstelle des Händeschüttelns andere Formen des Grüßens etabliert. Ganz populär wurde das Verneigen mit gefalteten Händen – manchmal sogar verbunden mit dem indischen Gruß *„Namaste!"* Er bedeutet wörtlich übersetzt „Verbeugung zu dir hin". Die aneinandergelegten Handflächen sind Zeichen für ein Sich-Zusammennehmen, Sammlung anstelle von Zerstreuung. Die gefalteten Hände setzen auf der Brust in der Nähe des Herzens auf und weisen auf das Du. Die gefalteten Hände haben auch als traditionelle Gebetshaltung nichts an Schönheit verloren Es war ursprünglich die Handhaltung, mit der bei der mittelalterlichen Lehensübergabe der Eid gesprochen wurde – die gefalteten Hände lagen in den Händen des Lehensherren. Damit wird auch heute noch deutlich zum Ausdruck gebracht,

dass das Wesentliche im Leben ein Geschenk ist – uns zu treuen Händen übergeben.

Höflichkeit

Eine unaufgeregte Alternative zu Grobheit und Barbarei, die sich in einer nervösen Gesellschaft sehr schnell breitmachen, ist die Höflichkeit. Vermutlich schadet es nicht, diese Tugend neu einzuüben. Es ist eine Facette von Herzlichkeit mit einer breiten Palette von Haltungen: jedem Menschen, speziell denen, die in der sozialen Hierarchie niedriger angesiedelt sind, grundsätzlich mit Respekt begegnen; dem Nächsten den Vortritt lassen; die Schwäche eines Menschen nicht ausnützen; niemanden bloßstellen oder in Verlegenheit bringen … Die Liste ließe sich lange fortsetzen.

„Höflichkeit" hat sich aus der Lebensart am frühneuzeitlichen Hof entwickelt, meint aber weit mehr als nur ein halbernstes Spiel um eine altmodische Benimm-Etikette oder eine kühle Distanziertheit. Im Grunde geht es darum, jemandem einen Raum zu öffnen – entgegenkommen, grüßen, willkommen heißen, ein Gespräch beginnen, Gastfreundschaft leben. Scherzhaft könnte man sagen, dass es eigentlich nur zwei Typen von Menschen gibt: die einen, die für sich Raum (also Hof) beanspruchen und dafür alle Mittel einsetzen, notfalls auch Gewalt. Und die anderen, die einen Raum freigeben und anbieten. Partizipation und Beteiligung ermöglichen, wäre somit auch eine wichtige Facette von Höflichkeit – keinesfalls nebensächlich angesichts der Tatsache, dass sich viele an den Rand gedrängt fühlen, abgehängt von zu schnellen Veränderungsprozessen.

Make a smile!

Herzlichkeit lebt nicht von großen Worten oder Gesten. Ganz im Gegenteil. Die kleinen Signale größerer Aufmerksamkeit schaffen eine emotionale Klimaveränderung und prägen die Atmosphäre unseres Zusammenlebens. Möglichst vielen „einen Becher Wasser geben"! Es ist das kleinste Werk der Gastfreundschaft, aber ein unendlich wertvolles für den, der dürstet. Wie viele Menschen an den Rändern unserer Lebenswege dürsten nach einem Blick der Zuwendung und der Wertschätzung. Herzlichkeit beschenkt alle Beteiligten – frei nach dem erfrischenden Spruch: „Wer anderen eine Blume sät, blüht selber auf." Oft ist es nur ein Lächeln, das wir jemandem schenken – allem Missmut und jeglicher negativen Stimmung zum Trotz. Mutter Teresa sagte einmal: *„If there is no smile, make a smile!"* Falls dir kein Lächeln entgegengebracht wird, lächle selbst.

Herz ist Trumpf! Das ganze Jahr über.

Mut! Und die Gnade der Unsicherheit

Mutige machen Mut. Eine unvergessliche von ihnen ist Marina Owsjannikowa, die russische TV-Journalistin, die im März 2022 in der zweiten Woche des russischen Überfalls auf die Ukraine mit einem 3-Sekunden-Auftritt weltberühmt wurde. Während einer Nachrichten-Live-Sendung des staatlichen TV-Senders „Kanal Eins" ist sie mit einem Plakat hinter die Moderatorin gesprungen, auf dem deutlich lesbar stand: „Stoppt den Krieg. Glaubt der Propaganda nicht. Hier werdet ihr belogen." Unmissverständlicher konnte man der staatlichen Propaganda nicht in die Speichen fallen. Die 43-jährige Mutter von zwei Kindern wusste, dass sie für diesen mutigen Auftritt mit extrem harten Strafen zu rechnen hatte. Vor ihrem weltweit rezipierten Fernsehprotest verbreitete sie ein Video. Dort sagte sie, ihre Mutter sei Russin, ihr Vater Ukrainer. Die Feindschaft beider Länder sei für sie unerträglich. Eine Herz-Botschaft, die über die lebensgefährliche Intervention hinaus nachhaltig Mut macht. Ja, es braucht Mut, um das Band der Einheit von Menschen gegen alle abstrusen Ideologien zu verteidigen. Mut kommt aus dem Herzen. Aber ebenso die Angst, die nicht immer leicht zu bändigen ist.

Herz = Mut

Das lateinische Wort für Herz, *cor*, findet sich als Wortwurzel in nahezu allen romanischen Sprachen im Wort für Mut, also: *corragio* (ital.), *courage* (franz.), *coraje* (span.), *curaj* (rum.), *coragem* (port.). Herz und Mut haben jedoch nicht nur sprachlich den gleichen Ursprung, sie werden in vielen Redewendungen synonym gebraucht. *„Haut les cœurs!"* (übersetzt: „Kopf hoch!"), ist ein Mut-Impuls für das Herz. Immer gilt: Herz ist gleich Mut.

Das Herz ist im Kontext unserer europäischen Kulturen der Sitz für Vitalität, Stärke und Überlebenskraft. Als Randbemerkung: Für die Wikinger war es unabdingbar, ein starkes und unbeugsames Herz zu haben, um im Kampf bestehen zu können. Auch die Redewendung „Sein Herz in die Hand nehmen" meint Entschlossenheit und Tatkraft. Es geht darum, den Mut zusammenzunehmen, sich angesichts einer Bedrohung oder besonderen Herausforderung zu überwinden. Das Herz ist der Ort, wo sich Entschlossenheit und Entscheidungskraft sammeln. Anders formuliert: Mutlosigkeit bedeutet Verlust der Herzenskraft, innere Schwächung, mangelndes Interesse, für etwas zu kämpfen.

Wenn man Herz und Mut zusammen googelt, dann ist das erste Ergebnis ein Hinweis auf einen Award, der für mehr Wertschätzung in der Pflege vergeben wird. Mit der Auszeichnung sollen ermutigende Geschichten ans Licht geholt werden, um das Bewusstsein der Gesellschaft für die Schönheit und Wichtigkeit des Pflegeberufes zu verstärken. Die Träger des Preises wollen Mut machen, in diesen Beruf zu gehen, in diesem Beruf zu bleiben und die Veränderung zu sein, die diese Branche braucht.

Angst sitzt tief

Auch sie hat ihren Hauptwohnsitz im Herzen des Menschen. Angst kommt ungefragt und ist eine natürliche Abwehrreaktion des Körpers. Die Blutgefäße verengen sich. Das Herz läuft auf Hochtouren und pumpt das Blut fünfmal schneller durch den Körper. Die Muskulatur geht in den Kampfmodus oder macht sich bereit, wegzulaufen – *Fight or Flight*, Kämpfen oder Fliehen. Die Pupillen erweitern sich, die Haut wird blass. Wer kennt das Gefühl von Angst denn nicht? Für viele ist sie ein ständiger Begleiter. Es gibt die

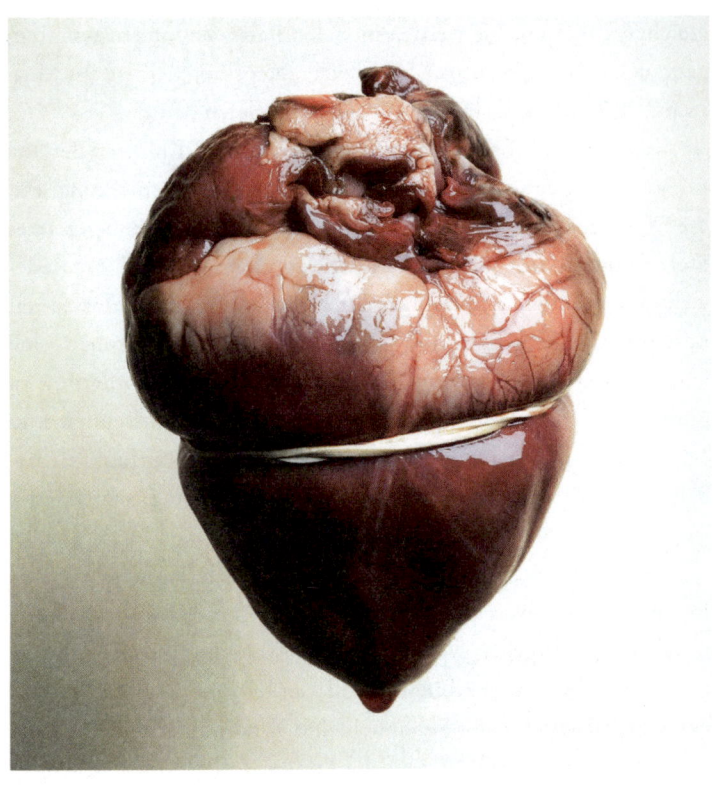

Angst vor einer schweren Erkrankung, Angst vor dem Verlust eines geliebten Menschen, Angst vor dem Tod. Darüber hinaus werden heute, so wie zu allen Krisenzeiten, Ängste raffiniert geschürt, gezielt eingesetzt und für alle möglichen Interessen instrumentalisiert. Wir wissen andererseits auch um die positive Bedeutung von Angst: Sie bewahrt vor unüberlegten Schritten, versetzt in Alarmbereitschaft, wenn Gefahren drohen, und kann ungeahnte Kräfte mobilisieren. Aber – leider auch das Gegenteil: Angst kann in Panik treiben, lähmen und Macht über den Menschen gewinnen. Angst kann eine gefährliche Sogwirkung entfalten und jegliche Lebensfreude pervertieren. Angst und Enge hängen von der

Wortwurzel her zusammen: Angst schnürt das Herz des Menschen zusammen. Umso wichtiger die Frage: Wie lässt sich Angst bändigen, d. h. auf einem lebensdienlichen Niveau halten?

Entängstigt Euch!

Der erste Schritt ist das Eingestehen von Angst. Der Angst in die Augen zu schauen, raubt ihr schon ihre überdimensionierte Bedrohlichkeit. Was ist los? Was kann wirklich schiefgehen? Ich ermutige dazu, Erfahrungen zu reflektieren, wo in einfacher Weise die sich aufblähenden Ängste schon einmal überwunden wurden. Aufbauend darauf, lässt sich die Dominanz einer vorherrschenden Angst leichter relativieren. Und es gibt noch eine andere Gewissheit. Jesus hat einmal gesagt: „In der Welt seid ihr in Bedrängnis. Aber habt Mut! Ich habe die Welt besiegt." (Joh 16,33) Ein klares Wort, eine Gegen-Ansage. Auch wenn Ängste zu unserem Menschsein dazugehören und ernst genommen werden müssen, haben sie dennoch nicht das Recht, uns zu terrorisieren.

Ostern, das zentale Fest und Herzstück des christlichen Glaubens dient der Überwindung von Angst, die anteilig immer auch eine Angst vor einem endgültigen Verloren-Sein, eine Angst vor dem Tod ist. Am Ostermorgen kam der Auferstandene durch verschlossene Türen zu seinen Freunden. Was sich dann abspielte, ist ein Programm zur Entängstigung: Aus dem chaotischen Durcheinander sammelt der Fremde die verängstigten Jünger mit dem Zuspruch: „Friede sei mit euch!" Dann zeigt er seine Wundmale. Langsam erkennen die immer noch Verschreckten ihren geliebten Rabbi. Die Wundmale schaffen Vertrauen. Er ist derselbe, den sie „live" erlebt haben, als er Menschen angesprochen und aufgerichtet hat. Man spürt, wie sich ihr Puls langsam normalisiert. Es steht der Meister in ihrer Mitte, der nicht davonlief, als er zur Zielscheibe tiefgründiger Bosheit wurde. Sie können ihn berühren, fühlen seine Nähe. Der Raum des Vertrauens öffnet sich. Lebensfreude, Lebensperspektive, Lebensmut kehren zurück.

Mit bloßen Händen berührt

Als Marianne Stöger und Margit Pissarek 1962 als frisch ausgebildete Krankenschwestern aus Tirol auf die südkoreanische Insel Sorok kamen, trafen sie auf nackte Not. Während der 35-jährigen japanischen Besatzungszeit wurden an Lepra erkrankte Menschen auf diese Insel verbannt, wo sie einer systematischen Ächtung ausgesetzt waren. Die japanische Besatzungszeit endete 1945, doch auch unter koreanischer Herrschaft wurde die unmenschliche Behandlung der Kranken fortgeführt: „Die Kranken hatten unterwürfig zu sein, Schläge standen an der Tagesordnung, auch Zwangsabtreibungen und Sterilisationen. Es brauchte Jahrzehnte, um das zu ändern", erzählen die mittlerweile pensionierten Frauen, die einer kleinen katholischen Gemeinschaft angehören. Den beiden mutigen Frauen ist eine Revolution der Menschlichkeit gelungen, die bis heute nachwirkt. In Südkorea genießen sie regelrecht einen Kultstatus. Sie wurden sogar für den Friedensnobelpreis vorgeschlagen. Was haben sie in der Pflege der Leprakranken so anders gemacht? Ernüchternd schlicht die Antwort: Die jungen Krankenschwestern verbesserten die Qualität der Pflege. Und sie brachten den „Aussätzigen" einen vorbehaltlosen Respekt entgegen. Die Erfahrung der Kranken, mit bloßen Händen angefasst zu werden, gleich wie jeder andere Mensch, veränderte alles. Der Rest ist eine Erfolgsgeschichte. Ihre „Lepra-Station" entwickelte sich zu einer weltweit renommierten Pflege- und Forschungseinrichtung, wo bereits auch das *World Hansen's Disease Forum* mit Delegationen aus aller Welt tagte.

Nicht nur mich fasziniert der Mut dieser beiden Tirolerinnen. Sie waren noch nicht einmal 30, als sie sich für ein Leben an der Seite der Geächteten irgendwo in Asien entschieden.

Für Stöger ist das, was sie 43 Jahre lang getan hat, „nichts Besonderes". „Ich bin dem Ruf Gottes gefolgt", erklärt die Tirolerin, und sie würde es wieder tun: „Unter den gleichen Bedingungen:

Wenn man versteht und erkennt, dass Jesus in uns lebt, dann kann man jeden Menschen lieben."

Zuerst Zukunftsmut

Zukunft ist, mit Karl Valentin gesprochen, „auch nicht mehr das, was sie einmal war". Sorry für den humoristischen Schwenk. Zukunft taugt kaum mehr als politisches Versprechen. Vor ihr wird gewarnt, düstere Prognosen allerorts. In der zeitgenössischen Kultur häufen sich apokalyptische Bilder und Untergangsszenarien – es gibt kein Morgen. Eine antiutopische Gewissheit macht sich breit. Junge Leute müssen mit einer „beschädigten Zuversicht" aufwachsen. In den Generationen vor ihnen hatte die Zukunft den Klang eines Versprechens – Fortschritt und Entwicklung, die Umsetzung von Visionen und gesellschaftlichen Utopien war angesagt. Jetzt braucht es ein ausgeklügeltes Management, um mit den bedrohten Ressourcen, zu erwartenden Verteilungskämpfen, Migration und Vertreibung, veränderten Klimabedingungen und anwachsenden sozialen Verwerfungen umzugehen. Wie lässt sich angesichts dieser kollektiven Verunsicherungen eine Herzkraft zur Gestaltung von Zukunft entwickeln?

Ja, Zukunftsmut ist gefragt! Ängste aufzublähen, nützt niemandem. Nachdenklichkeit und „Vorausdenklichkeit" sind wichtig – genau, präzise, leidenschaftlich und herzhaft: Prognosen abwägen, Bedrohungsszenarien benennen, aber auch nicht undifferenziert überbewerten. Zukunft muss freigeräumt werden – zuerst in unseren Herzen, dann in unserem Denken.

Mich begleiten im Laufe meines Lebens wiederholt Menschen, die mir signalisiert haben: „Du schaffst das! Du bist nicht allein mit dieser Aufgabe!" Meist waren es Menschen, die selbst die Mut-Ressourcen ihres Herzens aus dem Glauben an Gott gewonnen haben, der parteiisch für die Verzagten einspringt. Im Psalm 27 kommt dies mit einer erfrischenden Widerständigkeit zum

Ausdruck: „Mein Herz wird nicht verzagen. Mag Krieg gegen mich toben: Ich bleibe dennoch voll Zuversicht!" Und dann spricht der Beter sich und wohl auch anderen Mut zu und sagt: „Hoffe auf Gott, den Herrn, sei stark! Fest sei dein Herz!"

Unsicherheit als Gnade?

Der schon erwähnte, querschnittgelähmte Philippe Pozzo di Borgo, dessen Geschichte aus dem Film „Ziemlich beste Freunde" bekannt ist, äußerte sich mit einem berührenden Zeugnis: „Nach meinem Unfall, als ich keinen Sinn im Leiden sah, hätte ich Euthanasie gefordert, wenn sie angeboten worden wäre. Ich hätte mich freiwillig der Verzweiflung hingegeben, wenn ich nicht in den Augen meiner Betreuer und meiner Verwandten einen tiefen Respekt vor meinem Leben gesehen hätte. Ihre Rücksichtnahme hat mich überzeugt, dass meine eigene Würde intakt ist."
Es hat Menschen gegeben, die an ihn geglaubt haben. Der Wert menschlichen Lebens hängt nicht von unserer Bewertung ab. Letztlich ist unsere Menschenwürde darin begründet, dass Gott an uns glaubt, auch dann, wenn unser Glaube an das Leben versagt und unsicher wird. Vielleicht gibt es gerade in solchen Phasen eine „Gnade der Unsicherheit" – durch Zweifel hindurch. Manchmal lässt sie uns verständnisvoller werden für jene, die mit ganz schweren Infragestellungen fertig werden müssen. Ich frage mich, ob wir die Herzkraft haben, eine „geschwisterliche Verbundenheit" mit den vielen Verunsicherten unserer Zeit zu leben? Und mir scheint, dass wir jenen Personen, die vorgeben, alles im Griff zu haben, und keine Unsicherheit kennen, eher vorsichtiger begegnen sollten, als den Verunsicherten, Ängstlichen und Verzagten. Die Erstgenannten können recht rasch manipulieren und sind nicht selten versucht, auch mit Gewalt ihre Ziele durchzusetzen. Unsicherheit kann uns bis zu einem gewissen Grade ehrlicher und menschlicher machen.

Anstiftung zum Mut-Ausbruch

„Du, lass dich nicht verhärten in dieser harten Zeit! Du, lass dich nicht verbittern in dieser bitt'ren Zeit! Du, lass dich nicht erschrecken in dieser Schreckenszeit!" Eine Strophe aus dem berühmten Lied „Ermutigung" des deutschen Liedermachers und Lyrikers Wolf Biermann. Er hat das Lied im Jahr 1968 seinem Freund Peter Huchel gewidmet. Der Anlass war, dass dieser seinen Posten als Chefredakteur der Literaturzeitschrift „Sinn und Form" verlor und jahrelang vom Ministerium für Staatssicherheit überwacht wurde. Biermann erlitt ein ähnliches Schicksal. Die dritte Strophe zeigt am deutlichsten den inneren Widerstand des ungewöhnlichen Mutmachers: „Du, lass dich nicht verbrauchen, gebrauche deine Zeit! Du kannst nicht untertauchen. Du brauchst uns und wir brauchen grad deine Heiterkeit, grad deine Heiterkeit." Mich haben diese Zeilen zu einem MUT-Rap inspiriert. Vielleicht Anstoß zu einem „Mut-Ausbruch".

Ein amateurhafter MUT-Rap

Mut zur Reduktion: Loslassen, nicht Fallenlassen! Eltern. Kinder. Liebgewonnenes. Loslassen! Auch Wohlstand und mehr als das. Nicht alles brauchen, verbrauchen schon gar nicht. Vieles lassen, zurücklassen, überhaupt lassen. Weniger ist mehr! Unwichtiges versäumen, Wichtiges versäumen. Ereignisse versäumen, das Zuviel versäumen. Nicht vollstopfen die Zeit, die begrenzte. Reduzieren, konzentrieren! Herz-Mut gegen die Gier. Entlastung leben! Nicht alles haben, kontrollieren, bestimmen müssen.

Mut zum Lernen: In den großen Fragen, auch in den kleinen. Bereit zum Lernen? Quer durch die Zeit, quer durchs Wissen – woher auch immer. Bereit für Fragen? Antworten, keine raschen. Lösungen mit Vorsicht. Wieder fragen, weiterfragen. Gottvoll neugierig. Hören und Zuhören – aufeinander, miteinander. Auf die Zeichen achten – Geschichte, Menschen, Natur. Leben verändern. Neues erkennen. Viel zu lernen. Gemeinsam lernen. Themen drängen, Herz-Mut zum Lernen – verlässlich im Jetzt.

Mut zur Wahrheit: Infos, Fakten. Wer weiß? Tatsachen – erlogen oder doch? Kaum zu glauben. Wirklich wahr, halb wahr. Fast schon Lüge, Lüge total. Wer Rückgrat besitzt, hat einen Wirbel – einen nach dem andern. Wahrheit tut weh, ganz gleich. Lüge dann später. Wahrheit suchen. Einen Schritt näher. Herz-Mut zum Wahr-sein. Mut zu dem, was ist, was folgt. Wahrheit macht frei. Atmen. Alles darf sein. Nichts verdrängen, vertuschen schon gar nicht. Wahr ist, was ist. Wahrheit bezeugen – niemals besitzen.

Mut zum Dienen: Demut als Spiel? Unterwürfig, nein, falsch! Richtig, ganz wahr, nur nicht gespielt. Wertschätzend für Du. Steh auf, du bist groß. Wertschätzend Wir. Ganz echt. Niederknien. Fußwaschen! Herz-Mut zum Dienen. Kopfwaschen, nein danke! Kleinsein. Mach den Unterschied. Herrschen kann Sucht. Macht oder nicht. Egal, wo du bist. Service und Job – Großmut, nicht Kleinmut. Im Führen ganz oben, ganz gleich. Auszeichnung für wen? Dien-Mutige vor, wollen sie nicht. Team und Wir – größer als Ich?

Mut zur Sanftheit: Nicht-Gewalt. Völlig verrückt, innerlich frei. Verzicht auf Gewalt. Tempo gedreht, weniger Speed. Zärtlichkeit üben, weniger Hass, Aggression reduzieren. Beweglich bleiben, nicht starr. Herz-Mut zum Sanften, zum Berühren, nicht Distanz. Empörung vermeiden. Anders reagieren, anders agieren. Sanftmut im Denken, sanft, trotzdem stark. Härte vermeiden, Urteile und Hass. Sanftmut im Wort. Ruhe im Streit, Mut zur Schwäche. Gereiztheit nicht nähren. Das Gute erkennen – in allem mehr Zeit.

Mut zur Begrenztheit: Lass die Sprüche, deine Grenzen lass gelten! Bleib dabei. Freiheit im Rausch, Spur verloren. Mut zum Verzicht, alles klar, alles cool? Trotzdem gut drauf, Herz-Mut zur Freiheit, Grenzen und Fun. Leben genießen, innerlich weit, unendlich doch nicht. Grenzen tun weh. Endlich leben! Den Tag bestehen. Alles begrenzt. Schöner – achtsam und bewusst. Lebensstil Maßhalten lernen, entsprechen. Verantwortung üben. Entgrenzt nur bei Gott. Wenn Schuld, dann Vergebung. Grenzenlos – doch nur die Liebe!

Hat Gott ein Herz? Ursprung und Mitte von allem

Home for All. Nikos und Katharina haben bereits im Jahr 2014, als die ersten Flüchtlinge auf der Insel Lesbos strandeten, ihr Fischgeschäft und ihre Taverne zur Unterstützung der Schutzsuchenden verwendet. Einige Zeit später haben sie alles geschlossen, um seitdem täglich für jene zu kochen, die traumatisierende Sehnsuchtswege hinter sich haben – im Jahr 2020 waren es täglich 1200 Menüs. *Home for All* wurde der überzeugende Name für ihre NGO. Mittlerweile hat sich die Lage verändert. Tausende Menschen haben die Elendslager verlassen und sind in verzweifelter Hoffnung auf das griechische Festland weitergezogen. Anlässlich eines Besuchs im Dezember 2020 habe ich Nikos und Katharina und ihre Mission kennengelernt. Sie versorgten mit Spezialnahrung Mütter mit Babys, Menschen mit Diabetes oder einer anderen körperlichen Beeinträchtigung – und auch jene, die sich in Quarantäne oder im Abschiebelager befanden. Täglich, hundertprozentig verlässlich und trotz der lästigen Schikanen seitens der Lagerbehörden ohne Groll. Nikos und Katharina haben mich nicht nur durch ihren Fleiß berührt, sondern durch die Wertschätzung, die sie den Geflüchteten entgegenbrachten. Auf ihrem Gemüsefeld haben sie Menschen aus Afghanistan, Iran und Somalia beschäftigt.

Zugleich hat mich berührt, dass sie durch dieses herausfordernde Engagement unerwartet wieder auf die Spur des Glaubens kamen. *„We learned God!"*, sind Katharina und Nikos überzeugt. Präziser könnte man es nicht ausdrücken: Gott kann man lernen. Eigentlich ganz praktisch. In der radikalen Fürsorge für Menschen inklusive aller Überforderungen und täglichen Kämpfe – Gott lernen?! Vielleicht gerade so, in diesem herzhaften Einsatz für Vertriebene und Flüchtende, und nicht bei Kaffee und Kuchen im bürgerlichen Wohnzimmer. Übrigens: *Home for All!* Wäre das nicht ein schöner, alle religiösen und konfessionellen Abgrenzungen übersteigender Name für Gott?

Leidenschaftlich involviert

Gott ist keine Erfindung des Menschen. Allen Behauptungen einer scheinbar aufgeklärten Religionskritik zum Trotz. Auch die Behauptung, keinem Gott gegenüber letztlich verantwortlich zu sein, ist wohl eine Illusion. Durch das Staunen über die Vielfalt und Geheimnishaftigkeit von Welt und Schöpfung tut sich ein erster Korridor des Glaubens auf. „Sieh doch zum Himmel hinauf und zähl die Sterne, wenn du sie zählen kannst!" (Gen 15,5) Dieser Satz aus dem ersten

Buch der Bibel (Genesis) ist Teil der Erzählung über die Berufung Abrahams. Gott hat diesen umherziehenden Hebräer erwählt, nicht nur um ein Volk als sein besonderes Eigentum zu begründen. Eine Liebesgeschichte mit der ganzen Menschheit sollte beginnen! Und so geschah es. Auch wir sind ein Teil davon.

Der Glaube an den einen, souveränen Gott, der in Freiheit alles geschaffen hat, ist das Erbe jüdischer Tradition, dem sich das Christentum und auch der Islam verdanken. Leider wurde dies jahrhundertelang missachtet und mit christlichen Pseudoargumenten der Antisemitismus genährt. Richtig ist: Die Juden sind unsere „älteren Geschwister im Glauben", wie es Johannes Paul II. formulierte. Wir greifen auf eine lange, gemeinsame Tradition zurück, wenn wir den einzigen Gott nicht nur transzendent, sondern leidenschaftlich-emotional denken. Diese Wahrnehmung zieht sich durch die ganze Bibel. Der für sein erwähltes Volk parteiische Gott konnte nicht mitansehen, wie Israel in Ägypten ausgebeutet wurde. Die „Ausländer", die sich noch dazu gefährlich vermehrten, mussten Sklavendienst leisten. Dieses himmelschreiende Elend hat Gottes Herz aufgewühlt. Die Geschichte vom Starrsinn des Pharao, vom Durchzug durchs Rote Meer, von der Vernichtung der ägyptischen Streitmacht, von Wüstenwanderung und Landnahme ist bekannt. Schwer erträglich bleiben die brutalen kriegerischen Handlungen in diesen biblischen Texten. Auch für mich. Entscheidend ist jedoch, dass Gott nicht mit abstrakten Begriffen geschildert wird, sondern als der Ewige, der sich mit Herz in das historische Geschehen involviert – und damit sich selbst zu erkennen gibt. Sein Wille, seine Herzensintention wird im Laufe der Jahrhunderte meist von Propheten dem Volk vermittelt. Zefania z. B. spricht von der Freude Gottes über sein Volk (Zef 3,16f.) und tröstet es. Es sollte nicht verzagen, auch wenn ihm Gott eine herbe Niederlage zugemutet hat. Bei Jesaja und anderen Propheten wird mehrmals das Bild der Vermählung verwendet (Jes 62,5): „Wie der Bräutigam sich freut über die Braut, so freut sich dein Gott über dich."

Durch alle Jahrhunderte hindurch, durch Zeiten der Krisen und Verwerfungen gibt es aber immer wieder auch Gottes Enttäuschung darüber, dass sein Volk sein Vertrauen nicht mehr auf ihn gesetzt hat, sondern auf militärische Stärke oder auf die Verehrung von Göttern, die Erfolg, Ansehen und Fruchtbarkeit versprachen. Über all dem lässt sich Gott sogar zum Zorn hinreißen. Untreue, Unrecht, Mord, Lüge, Ausbeutung können ihn nicht kalt lassen. Jedenfalls überwiegen im Alten Testament die Texte, die Gottes Sehnsucht nach seinem Volk zum Ausdruck bringen und damit auch jeden einzelnen Menschen meinen. Zusammenfassend lässt sich sagen: Der Gott Israels ist ein Gott, der Herz gezeigt hat.

Alles gottvoll

Trotz seiner überwältigenden Größe ist es möglich, mit Gott persönlich in Berührung zu kommen. André Frossard war 20 Jahre alt, als ihm 1935 in einer Kapelle in der Rue d'Ulm in Paris „Gott begegnete". Der bekannte Journalist wuchs in einem Elternhaus auf, „in dem die Existenz Gottes nicht einmal eine Frage wert war", wie er später schrieb. Zwar war eine der Großmütter Jüdin und die andere eine Protestantin, doch bekannte sich Vater Ludovic-Oscar zum Atheismus. Vater Frossard, der später französischer Minister wurde, trat unter dem Eindruck der Lenin'schen Revolution der Kommunistischen Partei Frankreichs bei und wurde deren erster Generalsekretär. Unter dem Titel *Gott existiert. Ich bin ihm begegnet*" veröffentliche André Frossard fast 40 Jahre nach dem unerwarteten Ereignis einen Bestseller, in dem er schildert, dass er nach dem Betreten der Kirche die Worte „spirituelles Leben" vernommen hat. Dies habe ihn wie „eine Lawine von hinten" getroffen. „Ich sage nicht", schreibt Frossard, „dass der Himmel sich öffnet." Der Himmel ist in seiner Wahrnehmung vielmehr ein Kristall von „unendlicher Durchsichtigkeit" und „einer fast unerträglichen Leuchtkraft". Diese erste Gottesbegegnung dauerte etwa fünf Minuten. Für Frossard hatte sich eine neue Welt erschlossen. Wieder zurück auf der

Straße, teilte er seinem dort wartenden Freund mit, dass er von nun an ein Katholik sei. Einen Monat lang hatte er von jenem Tag an täglich das gleiche Erlebnis. Dreißigmal erlebte er „dieses Licht, das den Tag erblassen ließ".

Frossards Geschichte ist eine persönlich verbürgte Geschichte unter vielen. Sie alle vermitteln die Gewissheit, dass unser Leben in einen größeren Horizont eingebettet ist. Stammelnd unbeholfen nennen wir diese größere Wirklichkeit Gott – Ursprung, Mitte und Ziel von allem. Glauben beginnt mit dem Staunen – und mit der Frage, wo wir unser Herz festmachen. Das lateinische Verb für Glauben lautet: *credere*, es kommt von *cor dare* – das Herz geben, das Herz schenken. Das ist der Schlüssel. Wir können unser Herz entweder Gott schenken oder den vielen Ersatzgöttern, die sich in einer Wohlstandsgesellschaft aufdrängen – Erfolg, Ansehen, Sicherheit, Besitz und Co. Jedenfalls haben diese „anderen Götter" keine Rolle gespielt, als wir im Kreißsaal blutverschmiert abgenabelt, gewaschen und in die Hände unserer Eltern übergeben wurden. Noch weniger werden sie von Bedeutung sein, wenn wir unseren letzten Atemzug machen. Nicht umsonst heißt es im Glaubensbekenntnis des Volkes Israel: „Du sollst den Herrn, deinen Gott, lieben mit ganzem Herzen, mit ganzer Seele und mit ganzer Kraft." (Dtn 6,5) Und: „Wenn du gegessen hast und satt geworden bist und prächtige Häuser gebaut hast und sie bewohnst, wenn deine Rinder, Schafe und Ziegen sich vermehren und Silber und Gold sich bei dir häuft und dein gesamter Besitz sich vermehrt, dann nimm dich in Acht, dass dein Herz nicht hochmütig wird und du den Herrn, deinen Gott, nicht vergisst, der dich aus Ägypten, dem Sklavenhaus, geführt hat." (Dtn 7,12–14)

Stimmen des Lebens

Die zentrale Bedeutung, die das Herz für uns hat, beginnt bereits im Mutterleib. Der Herzschlag ist spürbar und hörbar: „Es ist das dominanteste, alles überragende Geräusch der ersten Monate. Es prägt sich uns tief ein", sagt der Psychokardiologe Jochen Jordan. Längst bevor wir Wahrnehmungsorgane haben und hören können, ist dieses Geräusch vorhanden, das Geräusch des Lebens. *„Voices of Life"* nennt sich deshalb eine von Samsung entwickelte App, die für das Überleben von Kindern auf der Frühgeburtenstation unendlich wertvoll geworden ist. Über ein Smartphone kann die Mutter von zu Hause ihre Stimme und ihren Herzschlag dem zu früh geborenen Kind übermitteln. Durch den Ton, der den Uterus simuliert, gewinnt das Kind den Eindruck, sich noch in der vertrauten Gebärmutter zu befinden. Die App kompensiert das plötzliche Fehlen der mütterlichen Stimme sowie das Pochen ihres Herzschlags. Mit dieser digitalen, aber doch real wahrnehmbaren Nähe der Mutter wird die Gefahr von Entwicklungsstörungen im Gehirn vermindert. Auch Lieder und andere Botschaften erreichen das kleine Wesen im Brutkasten. Die sensationelle App vermittelt mit dem stimulierenden Herzrhythmus eine Geborgenheit, nach der sich jeder Mensch sehnt.

Gerade in der Ungeborgenheit, die das Leben uns oftmals zumutet, gibt es einen verlässlichen Herzschlag, eine *„Voice of Life"*, die über die physisch-materielle Wirklichkeit hinausgeht und die wir oft nur erahnen können. Gottes Herz schlägt ohne Unterbrechung – sein schöpferischer Puls geht hinein in den Kosmos, belebt und versorgt jeden Menschen und jede Kreatur. Diese spirituelle Deutung fasziniert mich. In den Heiligen Schriften wird vielfach bezeugt, dass Gottes Herzschlag mehr ist als ein diffuses kosmisches Hintergrundgeräusch, mehr als eine anonyme Kraft. „Der Gott Abrahams, Isaaks und Jakobs, nicht der Gott der Philosophen" (Blaise Pascal) hat ein Angesicht, teilt sich mit und beginnt mit Abraham eine unfassbare Liebesgeschichte. Mit dem Schicksal eines Beduinenvolkes hat Gott seinen Herzschlag verbunden, Israel zu seinem auserwählten Volk gemacht. Im Buch des Propheten Hosea heißt es: „Ich war da für sie wie eine Mutter, die den Säugling an ihre Wangen hebt. Ich neigte mich ihm zu und gab ihm zu essen." (Hos 11,4)

Gott neu lernen?

Die Bibel ist voll von Erzählungen, die den Herzschlag Gottes bezeugen, sein leidenschaftlich mitfühlendes Dasein – väterlich und mütterlich zugleich. Alle „Voices of Life" und der noch so fragile Herzschlag im Brutkasten sind Hinweise auf seine Gegenwart – wenn auch oft verborgen in der Nacht von Enttäuschungen und Einsamkeit. Der Prophet Jesaja fasst es zusammen: „Kann denn eine Frau ihr Kindlein vergessen, ohne Erbarmen sein gegenüber ihrem leiblichen Sohn? Und selbst wenn sie ihn vergisst: Ich vergesse dich nicht." (Jes 49,14–17) Wir brauchen derartige, letzte Zusagen – zugleich aber bleiben wir in einer Welt „ausgesetzt", in der uns jede letzte Gewissheit genommen ist.

„In meinen Überlegungen über die Unlösbarkeit des Gottesproblems hatte ich diese Möglichkeit nicht vorausgesehen: die einer wirklichen Berührung von Person zu Person, zwischen dem menschlichen Wesen und Gott. Ich hatte wohl unbestimmt von dergleichen reden gehört, aber ich hatte es niemals geglaubt." Dieses Zitat stammt von Simone Weil (1909–1943). Sie war von Geburt Jüdin, agnostisch eingestellt, kommunistisch orientierte Sozialaktivistin und ein Leben lang eine kritisch Suchende. Ihre Hinwendung zum katholischen Glauben ab 1936 kam für viele überraschend. Sie war mit dem Dominikanerpater Joseph-Marie Perrin in einem regen Briefwechsel. Ob sie am Ende des Lebens tatsächlich getauft wurde, ist nicht klar. Simone Weil sagt, dass sie bei ihrer Begegnung mit Christus keine Erscheinung gehabt, aber eine „persönliche, gewissere, wirklichere Gegenwart als die eines menschlichen Wesens" erlebt habe.

Bewegende Sehnsucht

Ein Gemälde aus dem 18. Jahrhundert, das sich in meinem Haus befindet, überrascht mich fast täglich. Man sieht einen jugendlichen, weiß gekleideten Menschen, männlich und weiblich zugleich. Er läuft dem Betrachter mit offenen Armen entgegen. Sein Gesicht zärtlich, um seinen Kopf sieben Feuerflammen. Unmissverständlich sind sie ein Hinweis auf den Geist Gottes. Gott selbst also – ein geistvoll, stürmisch Liebender, verrückt nach Begegnung? Diese Deutung legt sich nahe. Gottes Sehnsucht ist die innere Dynamik dieses Bildes: Er läuft uns Menschen entgegen und oftmals auch nach.

Er weiß, dass wir von uns aus nicht zu großen Sprüngen fähig sind. Zu

schnell sind Vorbehalte und Einwände da, die Distanz aufbauen. Kinder sind meist leichter zu bewegen. Ich liebe die „theologischen Gespräche" mit ihnen. „Wie alt Gott eigentlich sei", wollten sie einmal von mir wissen. Musste kurz nachdenken. Dann ist uns gemeinsam eingefallen, dass er jung sein muss, immer jung – weil sein Herz so jung ist! Viele Großeltern haben übrigens auch dieses junge Herz. Das dynamische Barockbild bezieht sich auf das „Hohelied der Liebe", eine bezaubernde Liebeslyrik in der Bibel. Eine junge Frau wartet auf den Geliebten und flüstert uns zu: „Horch! Mein Geliebter! Sieh da, er kommt. Er springt über die Berge." (Hld 2,8) Thema ist die aufregende Liebe zweier Menschen, aber nicht nur. Sie wird zum Symbol für die größere, mindestens so aufregende Liebe des unfassbaren Urgrunds allen Seins zum winzigen Geschöpf: „Gott ist die Liebe!" Nicht anonyme Energie. Wenn der Apostel Paulus im berühmten Hymnus, der bei kaum einer Hochzeit fehlen darf, die Liebe preist, dann bezieht er sich auf diese immer junge Liebe Gottes: „Die Liebe ist langmütig, die Liebe ist gütig. Sie ereifert sich nicht, sie prahlt nicht, sie bläht sich nicht auf. Sie handelt nicht ungehörig, sucht nicht ihren Vorteil, lässt sich nicht zum Zorn reizen, trägt das Böse nicht nach." (1 Kor 13,4–7) So kann nur Gott lieben – laufend, überraschend.

Gott, der vorsieht – trotz allem?

Und wie ist das mit dem Leid, dem unerklärlichen und oftmals unerträglichen? Vor einigen Jahren besuchte ich mit einer kleinen Caritas-Delegation die einstmals blühende Stadt Aleppo in Syrien. Die apokalyptischen Bilder, die wir dort sahen, gleichen dem, was wir im brutal zerstörten Osten der Ukraine mit Mariupol, Charkow und anderen Städten vor Augen haben. Nachhaltig beeindruckt hat mich ein Hilfsprojekt, das der Jesuitenpater Sami SJ mit einer Gruppe von muslimischen und christlichen Jugendlichen während der vierjährigen Bombardierung der Stadt Aleppo aufgebaut hat. Täglich wurden ca. 8000 Menüs gekocht und in den zerstörten Stadtteilen ausgegeben. Ich war überwältigt von dieser menschlichen Widerstandskraft innerhalb einer desaströsen Wirklichkeit, von der sozialen Kreativität und dem engagierten Zusammenhalt über alle konfessionellen und religiösen Grenzen hinweg. Im Gespräch bekannte mir der engagierte Jesuit, dass er seinen Glauben an einen „Beschützergott" (*God of Protection*) verloren hat. „Gott mutet uns zu viel zu", war sein nüchterner, aber verständlicher Befund, der mich innerlich zutiefst bewegt hat und auch meinen eigenen Glauben ernsthaft befragte. Jedes oberflächliche Gottes-Geschwätz verbot sich angesichts dieser Erfahrungen! Aber Pater Sami erzählte, er habe den Glauben an einen „Gott der Vorsehung" (*God of Providence*) neu entdeckt. Gott „sieht vor" und inspiriert sofort wieder zum Guten. Das konnten wir tatsächlich vor Ort erleben. Der geheimnisvoll wirkende Gott hilft beim Aufstehen und beim Neubeginn. Sein Herzschlag ist verlässlich – durch alle Katastrophen hindurch.

Das Herz Jesu – Quelle neuer Zuversicht

Für mich überraschend. Es war im Sommer nach dem Abitur. Frankreichreise. Mit einer kleinen Gruppe von Freunden bin ich mitten im Burgund gelandet, in Paray-le-Monial. Wir haben auf unserer Reise einige Orte besucht, wo sich kulturell und spirituell viel getan hat: Cluny, Vézelay, Fontenay, u. a. Überall viel Geschichte, aber auch ein paar überraschende neue „Feuerherde" – Taizé und Paray, um die zwei wichtigsten zu nennen. Es war nicht nur ein internationales Jugendtreffen, das mich begeistert hat, sondern auch eine geheimnisvolle Frau, die im dortigen Kloster im 17. Jahrhundert gelebt hat, Margareta Maria Alacoque. In der Kapelle, wo sie verehrt wird, gab es Tag und Nacht eine Atmosphäre des Gebetes – sehr dicht, berührend. Das offensichtliche Geheimnis: Das Herz Gottes, das Herz Jesu hat diesen Ort geprägt. In mehreren Erscheinungen hat sich Jesus der mystisch begabten Nonne gezeigt (Abb. S. 212). Die Begegnung mit ihm ist entscheidend. Der Rest ist kulturelles Beiwerk, Stimmung oder Ähnliches.

Ich muss zugeben, dass mich die meisten Herz-Jesu-Darstellungen nach wie vor irritieren – für meinen Geschmack zu „süße Bilder". Sie verstellen mehr, als sie zeigen. Anfällig für Kitsch, jenem nicht unproblematischen Gefühlsdiktat, sind sie oft Ausdruck von einem zu kleinen, verniedlichtem Bild Gottes. Dieses Bild von einem domestizierten Gott hat meist auch nur Dekorzwecke zu erfüllen – nicht selten auf der Stufe eines Gartenzwergs, der ebenso nur für nette Harmonie zuständig ist. Worum geht´s denn? Wozu Herz-Jesu-Spiritualität? Knappe Antwort: Gott möchte mit seinem Herzen unser Herz gewinnen! Das

Sprechen darüber ist ohnehin nur unbeholfenes Stammeln. In jedem Fall bleibt das bildhafte Darstellen schwierig. Es bleibt inhaltlich und wohl auch ästhetisch eine Zumutung – im besten Sinne des Wortes. Jene Nähe, ja Intimität, die Jesus einigen Personen stellvertretend für andere zugemutet hat, lässt sich nicht objektiv wiedergeben. Eine Form von „Diskretion" ist notwendig – und ein anderer künstlerischer Zugang als der Versuch naturalistischen Abbildens.

Wunden wie Sonnen

Ein überzeugendes Beispiel einer authentischen Herz-Jesu-Darstellung sind die Betonglasfenster der französischen Kirche Sacré-Cœur in Audincourt, die 1949 in der Nähe eines großen Peugeot-Werks für die Arbeiterschaft errichtet wurde. Fernand Léger, eine prägende Figur der europäischen Moderne, hat den Auftrag zur Gestaltung bekommen. Kirchenbezug oder religiöse Praxis waren dem französischen Künstler eher fremd. Dennoch hat er sich für dieses Werk auf die geistlichen Erfahrungen von Margareta Maria Alacoque eingelassen. Grundlage war ihre dritte Erscheinung aus dem Jahr 1674. Sie schreibt, dass sie die fünf Wundmale Jesu wie leuchtende Sonnen gesehen habe. Und fährt fort: „Überall aus seiner heiligen Menschheit drangen Flammen hervor, besonders aus seiner anbetungswürdigen Brust, die einem Glutmeer glich. Er zeigte mir sein liebevolles und liebenswertes Herz, das der Quell dieser Flammen war." Die Wunden wie Sonnen! Was macht nun Léger? Er zieht durch die flachgewölbte Betonkirche ein

Fries von einfachen Bildzeichen – geformt mit gebrochenen Farbglassteinen, gesetzt in Beton. Dargestellt hat er Objekte aus der Passionsgeschichte, die Geißeln, die Dornenkrone, den Spottmantel und vieles mehr. Durch das Sonnenlicht, das von außen eintrifft, erstrahlt ein Tanz leidenschaftlicher Farben. Mich berührt die paradoxe Spannung: die Erinnerung an die bösartige Hinrichtung des liebevollsten Menschen, den es je gegeben hat, erstrahlt in einem herrlichen Licht. Dämonische Aggression vollkommen verwandelt. Der Hass verwandelt, auch der Tod. Die strahlenden Bildfriese münden ins Altarbild, wo man die fünf Wunden Jesu wie Sonnen aufleuchten sieht. Ich habe die Kirche schon mehrmals besucht – und bin immer wieder überwältigt. Das ganze Programm ist eine Anleitung, die eigenen Wunden ins Licht zu halten, die eigenen Verletzungen, das Versagen und die Sünde. Alles kann neu werden! Darin liegt vermutlich der tiefste Sinn der Herz-Jesu-Spiritualität.

Das verwundete Herz

Margareta Maria Alacoque hat der modernen Herz-Jesu-Verehrung den wichtigsten Anstoß gegeben. Erfunden hat sie diese spirituelle Strömung nicht. Die Ursprünge für die Betrachtung des Herzens Jesu finden sich in der Heiligen Schrift und in vielen Meditationen aus den ersten Jahrhunderten der Kirchengeschichte. Immer wieder, bis herauf ins 20. Jahrhundert, wurde über das Herz Jesu als geheimnisvolle

Quelle nachgedacht – auch in seiner universellen Dimension als „Herz der Welt" (Hans Urs von Balthasar) und als schöpferische Mitte des Kosmos (Teilhard de Chardin). Ein starker Impuls ging vom prophetischen Zitat aus, das 200 Jahre vor Christus niedergeschrieben wurde: „Sie werden auf den schauen, den sie durchbohrt haben." (Sach 12,10) Offensichtlich hat sich dieses Wort in der Kreuzigung Jesu erfüllt. Wie kam es dazu? Das zerrissene Herz als glaubwürdiges Symbol für eine Liebe, die alles Begreifen übersteigt?

Als die Soldaten sahen, dass Jesus tot war, „stieß einer mit der Lanze in seine Seite und sogleich floss Blut und Wasser heraus." (Joh 19,34) Es gehörte zum grauslichen Job der römischen Henker, den tatsächlichen Tod der am Kreuzpfahl Aufgehängten festzustellen. Entweder zerschlugen sie den Verbrechern die Beine, sodass diese final in sich zusammensackten und erstickten – oder, falls nicht mehr notwendig, ein Lanzenstich. Max Weiler hat mit seiner Darstellung dieser Szene im Jahr 1947 heftigen Wirbel ausgelöst. Ein Tiroler Bauer in Tracht ist es, der zusticht. Das war zu viel. Erstens wollte man die Hinrichtung vom „Herrgott" nicht so drastisch vor Augen haben. Und zweitens waren es doch „die anderen", die Juden, die Römer, die Gottlosen, die Schuld auf sich geladen hatten – aber doch nicht wir! Empörung total. Die Theresienkirche auf der Hungerburg, oberhalb von Innsbruck, musste einige Jahre gesperrt und die Fresken verhängt werden. Und heute? Ein kunsthistorisches Juwel – und die Szene? Ja, wir sind involviert, an der Ablehnung Gottes, an der Ablehnung Jesu. Faktum ist, dass sein Tod am Kreuz auch mein persönliches Versagen meint, meine Lieblosigkeit. Auch für mich war der Wahnsinn des Kreuzes vonnöten!

Vom Mittelalter bis herauf in die Neuzeit hatten zahlreiche mystisch begabte Menschen (Franz von Assisi, Mechthild von Magdeburg, Gertrud von Helfta, Johannes Tauler und viele mehr) beeindruckende Visionen vom Herzen Jesu. Sie erkannten diesen „Beweis" für Gottes Barmherzigkeit, die keinen Menschen ausschließt. Den Höhepunkt fanden diese spirituellen Einsichten im 17. Jahrhundert bei der bereits erwähnten französischen Ordensfrau. Von 1673 bis 1675 hatte Margareta Maria Alacoque mehrere mystische Begegnungen. Jesus ließ sie sein verwundetes und zugleich verklärtes Herz schauen. Höchste Intensität in diesen „Erscheinungen", die begleitet vom Jesuiten Claude de la Columbière kirchlich anerkannt wurden. Auch die Einführung des Herz-Jesu-Festes für die gesamte Kirche geht auf die Visionen der bescheidenen Mystikerin zurück. Sie berichtet von überfließender Liebe und vom Schmerz Jesu, dass seine Liebe „nicht geliebt wird". Die menschliche Ignoranz, die Gleichgültigkeit verwundet das göttliche Herz! Das gibt zu denken, bis heute. Die Seherin, die für diese ihr zugemuteten Begegnungen viel Verachtung ihrer Mitschwestern zu erdulden hatte, sollte stellvertretend für viele der göttlichen Liebe antworten. Ohnehin paradox, denn nur diese, von ihr „geschaute" Liebe vermag letztlich die Verhärtungen des menschlichen Herzens aufzubrechen, die vielen Formen von Egoismus und Undankbarkeit.

Ein zentrales Bild der französischen Mystikerin hat der schon erwähnte Max Weiler im besagten Freskenzyklus dargestellt: Über einer Tiroler Landschaft dreht sich ein mystisches Sonnenrad, gebildet von festlich gekleideten Diakonen. Auf dem entflammten Thron, den sie halten, befindet sich das verwundete Herz Jesu mit Kreuz und Dornenkrone. Genau so beschreibt Margareta Alacoque ihre zweite große Vision aus dem Jahre 1674: „Das göttliche Herz wurde mir auf einem flammenden Thron gezeigt, strahlender als die Sonne und durchscheinend wie ein Kristall." Das gesamte Fresko beeindruckt – der kosmische Tanz als zentrales Bildmotiv und im nüchternen, geerdeten Kontrast dazu eine am Wiesenboden kniende Tiroler Familie (S. 191). Das Herz Jesu ist das hochenergetische Zentrum. Es ist am Thron positioniert, auf dem am Ende der Zeit Christus, der Weltenrichter, Platz nehmen soll. Auch das eine aufregende Perspektive: Das „Letzte Gericht" wird im Zeichen von Gottes Herz stehen. Liebe wird den Ausschlag geben – erbarmend und anspruchsvoll.

Das Herz Jesu und Tirol

Die Verehrung des Herzens Jesu hat das kulturelle Gedächtnis Tirols geprägt – sozial und politisch – und ist immer noch populär, faszinierend und gewöhnungsbedürftig zugleich. Ich erinnere mich an meine erste Herz-Jesu-Prozession mit ca. 1500 Personen in der kleinen Landgemeinde Weerberg. Sie führte uns mit Abordnungen zahlreicher Traditionsvereine, mit Schützenabordnungen aus Tirol, Südtirol und Bayern, Blasmusikkapellen, Repräsentanten von Politik und Gesellschaft, Kindern und Erwachsenen in traditionellen Trachten und vielen schaulustigen Touristen quer über Flure und Wiesen. Eine beeindruckende „Demo" – deren Sinn und Glaubensgehalt für Außenstehende nicht leicht vermittelbar ist. Die Verehrung des Herzens Jesu braucht eine Blutauffrischung, auch wenn die Tiroler Schützengarden mit ungebrochener Begeisterung das Herz Jesu stolz auf ihren Fahnen tragen; auch wenn jährlich die legendären Herz-Jesu-Feuer auf den Tiroler Berghängen entzündet werden; auch wenn in der Innsbrucker Jesuitenkirche oder in Stams das Gelöbnis von 1796 von der politischen Vertretung des Landes feierlich erneuert wird.

Die Wurzeln der Herz-Jesu-Verehrung gehen, wie schon erwähnt, auf mittelalterliche Mystik und die Zeit der katholischen Reform im 16. Jahrhundert zurück. Eine prägende Gestalt war der Jesuit Petrus Canisius SJ, der als unermüdlicher Volksprediger, Gründer von Schulen und Kollegien auch in Tirol einen wesentlichen Beitrag zur Erneuerung des katholischen Glaubens geleistet hat. Von den Kartäusern in Köln hat er als junger Mensch die nachhaltige spirituelle Prägung erhalten: Es geht im christlichen Glauben zuerst um Beziehung, um ein Herz-zu-Herz mit Christus und nicht um Vorschriften und fromme Rituale. In seiner Tradition haben die Jesuiten in den Jahren 1719 bis 1784 in ganz Tirol eine systematische Volksmission durchgeführt. Die Herz-Jesu-Verehrung haben die jesuitischen Missionare dabei den Menschen nahegebracht, um dem Glauben eine ganzheitliche, persönliche Gestalt zu geben – ein Herz zu Herz mit Gott.

Die systematische Volksmission der Jesuiten zeitigte auch viele soziale Konsequenzen: Es wird von zahlreichen Versöhnungen in diesen Missionsjahren berichtet.

So geloben wir aufs Neue

Nachhaltig Geschichte geschrieben hat jedoch der 3. Juni 1796. Tirol stand vor einem Zweifrontenkrieg. Die mordenden Truppen Napoleons waren kurz davor, Südtirol zu überlaufen. Im Norden nutzten die Bayern die Gunst der Stunde, um mit Tirol eine offene Rechnung zu begleichen. Von Wien waren keine kaiserlichen Truppen zu erwarten, die zur Verteidigung des Landes hereileilen würden. In dieser äußerst bedrängenden Situation haben die in Bozen versammelten Landstände den Vorschlag des Abtes von Stams, Sebastian Stöckl, aufgegriffen und sich verpflichtet, das Herz-Jesu-Fest jährlich besonders feierlich zu begehen. Sie haben damit erfolgreich versucht, eine drohende militärische Niederlage abzuwenden. Aus heutiger Perspektive mutet der Vorschlag, das ganze Vertrauen auf das Herz Jesu zu setzen, vielleicht etwas eigenartig an. Oder am Ende doch nicht? Wie wir wissen, war der Glaube an den „Gott mit dem mitleidenden Herzen", wie es die Jesuiten gepredigt hatten, stark genug, um Ängste abzulegen und mit unerwarteter Entschlossenheit das Land zu verteidigen. Das Gelöbnis hat Wirkung gezeigt, auch wenn einige Jahre später die Niederlage nicht mehr abzuwenden war. Insgesamt haben wir es mit einem Mix von tiefer Glaubensbezeugung und viel patriotischer Emotion zu tun. Um neue Zugänge zu gewinnen, muss die Kruste des Kitsches und einer übertriebenen national-folkloristischen Vereinnahmung aufgebrochen werden. Es geht vielmehr um eine tiefe, geistvolle Solidarität, um Empathie und Herzensweite. Das Herz Jesu macht uns berührbar für die vielen, die in ihrem Leben verwundet sind – für die verzweifelt Trauernden, die Enttäuschten, die Verbitterten, die sozial Benachteiligten, die Fremden und Heimatlosen, für die Obdachlosen und für die fragenden Pilger unserer Zeit. Die Herz-Jesu-Spiritualität lehrt uns, auf den Herzschlag Gottes zu achten. Klar ist, dass die Herz-Jesu-Verehrung nicht der Kult um eine Superreliquie ist. Eine authentische Herz-Jesu-Verehrung führt immer zu Jesus hin, zu seiner Botschaft, zu seinem Empfinden und Leiden, Denken und Fühlen.

Seht, der Mensch!

Mark Wallinger, ein prominenter britischer Künstler, wurde im Jahr 2000 anlässlich des Millenniums eingeladen, für den Trafalgar Square in London eine Skulptur zu gestalten. Es sollte eine Persönlichkeit dargestellt werden, die für das beginnende Jahrtausend von repräsentativer Bedeutung sein könnte. Der keineswegs konfessionell gebundene Wallinger hat sich unerwartet für die Darstellung „Ecce Homo" entschieden, also für eine Darstellung des leidenden Christus. Der britische Starkünstler begründete seine Wahl damit, dass es zurzeit keine Persönlichkeit gebe, die mehr an Peinlichkeit und zugleich Faszination auslöst. Ja, tatsächlich, über Jesus zu reden, geschweige denn zu sagen, dass man an ihn glauben würde, löst in gewissen Kreisen peinlich-berührende Reaktionen aus. Zugleich gebe es seiner Meinung nach keine Gestalt der Weltgeschichte, die faszinierender sei.

Ecce Homo, zu deutsch: „Seht, der Mensch!" – Diese Ansage stammt vom römischen Statthalter Pilatus, als er den angeklagten jüdischen Rabbi Jesus der johlenden Menge vorgeführt hatte. Schaut, so schwach, so erbärmlich, so abhängig, so elendig – *Ecce Homo!* Und zugleich müssen wir hinzufügen: Schaut, was der Mensch dem Menschen antun kann!

Der von Wallinger dargestellte Jesus, der nur einen Lendenschurz trägt und eine Krone aus vergoldetem Stacheldraht statt einer Dornenkrone, sieht mit seiner Statur und seiner Frisur wie ein gewöhnlicher Passant aus. Also: Seht, da ist ein Mensch, der uns auf der Straße „unterkommen" könnte. Gott diskret verborgen in jedem von uns.

Das Herz Jesu ist damit auch reales Symbol für jedes menschliche Herz. In jedem menschlichen Herzschlag findet sich der Pulsschlag

Gottes – sein Ja zum Leben, sein Ja zu jedem seiner Geschöpfe. Von dieser unbedingten Liebe fällt ein Licht auf das Rätsel Mensch, auf seine Größe und Abgründigkeit.

Ganz Liebe – pure love

Vor einigen Jahren habe ich ein junges muslimisches Paar aus dem Iran kennengelernt, das mit offiziellen Einreisedokumenten aus Teheran nach Österreich kam. Sie hatten ein Visum für ein postgraduales Technikstudium. Recht bald haben sie mir jedoch anvertraut, dass ihr eigentlicher Beweggrund das Interesse am christlichen Glauben war. Bereits im Iran sind sie durch armenische Familien mit dem Christentum in Berührung gekommen. Aus Angst vor Repressalien gegenüber ihrer Herkunftsfamilie wollten sie jedoch vermeiden, dass irgendjemand von ihrem Interesse an der Taufe erfährt. Sehr diskret musste ich sie auf ihrem spirituellen Weg begleiten. Wie zu vermuten, wurde ihr Vorhaben dennoch in der persischen Community bemerkt und über Social-Media-Postings verraten. Die Großfamilie im Iran erfuhr davon und musste mit Konsequenzen rechnen. So wurde ihr Onkel „zufällig" in einen schweren Unfall verwickelt. Eine klare Warnung an die Eltern, die aus verständlicher Angst und Sorge versuchten, das junge Paar von ihrem Vorhaben abzubringen. Vergeblich. Die beiden hatten ihre Herzens-Entscheidung für ein Leben mit Jesus längst getroffen. Die Begründung ihres Entschlusses bewegt: „Wir glauben an Jesus, weil er auf Gewalt verzichtet hat. Er hat seine Ideen, seinen Glauben, sein Programm nicht mit dem Schwert durchgesetzt. In ihm sehen wir nur Liebe – pure love." Im Grunde hat dieses Paar, das erst auf dem Weg zum Christsein war, das Wesentliche erfasst: Jesus hat die Logik von Hass und Bosheit definitiv durchbrochen. Er steht für Vergebung, Gewaltfreiheit und Neubeginn. Jesus ist damit der, an dem sich jede Menschlichkeit aufrichten kann – er ist „ganz Liebe", die sich in der letzten Einsamkeit bewährt hat.

Das Böse verwandeln?

„Warum hast du mich verlassen?" Keine Antwort. Aber das Gebet des Gekreuzigten geht weiter: „Vater, in deine Hände lege ich meinen Geist." Tiefste Verlassenheit und überraschendes Vertrauen in einem!

Das Herz Jesu ist der weiteste Resonanzraum für menschliches Leid und jede Verlorenheit. Es ist das Herz eines Menschen und zugleich das Herz Gottes – Symbol einer neuen, lebendigen Beziehung zwischen Himmel und Erde. Symbol der Verwandlung von allem, was an Bösartigkeit und Terror denkbar ist.

Ein junger Familienvater hat während der Terroranschläge in Paris die Liebe seines Lebens verloren. Unmittelbar danach hat er mit einem einzigen Post, mit einer Nachricht von Vergebung, die ganze Welt bewegt. Am 13. November 2015 sah Antoine Leiris seine Frau Hélène zum letzten Mal – sie wurde an diesem Tag mit neunundachtzig weiteren Personen im Konzertsaal Le Bataclan Opfer brutaler Terroranschläge. Er schrieb unmittelbar danach jenen Satz, der aufrüttelnd um die Welt ging: „Ihr bekommt meinen Hass nicht!" Noch bemerkenswerter ist jedoch, wie dieser Text weitergeht: „Wenn dieser Gott, für den ihr blind tötet, uns nach seinem Bild geschaffen hat, dann muss jede Kugel, die meine Frau getroffen hat, eine Wunde in sein Herz gerissen haben." Mich bewegt dieser Nachsatz.

Der Glaube an das Herz Gottes, an das Herz Jesu ist kein totes Relikt. Er lebt. Es ist die Brücke hinein in das unsichtbare Geheimnis, dem sich die ganze Schöpfung verdankt. Im Eröffnungshymnus des Johannesevangeliums in den bewegenden Satz gefasst: „Niemand hat Gott je gesehen. Der Einzige, der Gott ist und am Herzen des Vaters ruht, er hat Kunde gebracht." (Joh 1,18) Knapper kann man das eigentliche Geheimnis der Person Jesu nicht ausdrücken. Jesus ist Abbild (Ikone) und reale Gegenwart Gottes. Sein Herz damit auch.

Ein neues Herz?
Wenn nötig, eine Transplantation

„Schwein gehabt!" Die erste Transplantation eines Schweineherzens in einen menschlichen Körper fand im Jänner 2022 statt. Eine medizinische Sensation. Ein 57-jähriger Amerikaner hat das Organ nach einer Notzulassung bekommen, weil er in einer lebensbedrohlichen Situation keine Aussicht auf ein menschliches Spenderherz hatte. Nach acht Stunden OP hat das Tierherz seine Arbeit aufgenommen. Das Überleben des Herzempfängers zeigte, dass das Ärzteteam zumindest die gefährliche direkte Abstoßungsreaktion in den Griff bekommen hatte, allerdings – nach zwei Monaten verstarb der Patient.

Trotz aller ethischen Fragen, die gestellt werden müssen, war dies ein wichtiger Schritt für die Medizin – er dürfte vergleichbar sein mit der ersten Herztransplantation, die am 3. Dezember 1967 in Kapstadt durchgeführt wurde. Seither sind weltweit mehr als 150.000 Herzen transplantiert worden. Der erste Patient überlebte 18 Tage, ehe er an den Folgen einer bakteriellen Lungenentzündung verstarb. „Die ersten Herztransplantationen lösten weltweit eine Welle an Organverpflanzungen aus, die jedoch allesamt nicht längerfristig erfolgreich waren. Erst durch weiterreichende Erkenntnisse über das menschliche Immunsystem und den damit verbundenen Abstoßungsreaktionen, gab es deutlich höhere Überlebenschancen", erklärt Herzchirurg Wolfgang Harringer. Den ersten nachhaltigen Erfolg in Deutschland erzielten die Ärzte des Deutschen Herzzentrums München am 7. Mai 1981. Auch an der Medizinischen Universität Innsbruck hat das Transplantationsprogramm lange Tradition. 2021 wurde erstmals ein Spenderherz in

Innsbruck schlagend transportiert – also nicht mehr gekühlt, auf Eis gelegt und steril verpackt, sondern warm und durchblutet bis hin zum Empfänger. Doch abgesehen von diesen sensationellen Leistungen der Herzmedizin: Was bedeutet es für den Organempfänger, wenn er das Herz einer fremden Person erhält, zukünftig vermutlich auch ein tierisches Herz? Verändert sich das Bewusstsein und Selbstempfinden des Menschen? Betroffene fragen sich, ob und wie viele Charakterzüge sie mit dem fremden „Zentralorgan" mitimplantiert bekommen.

Neue Lebensqualität

Der Psychiater Michael Langenbach hat die Patienten, die er nach einer Herztransplantation untersucht hat, in fünf Kategorien eingeteilt. Ich finde diese Einteilung höchst interessant, weil sie Grundsätzliches über uns Menschen aussagt:

Die erste Kategorie bilden die „Hilfsbedürftigen", sagt Langenbach. Sie brauchen besondere Zuwendung, weil sie sich sehr verletzlich vorkommen. Und damit haben sie nicht unrecht. Menschen mit einem transplantierten Herzen sollten sich vor allem im ersten Jahr nach der Operation gründlich vor Infektionen schützen, d. h. Menschenansammlungen, Haustiere und kranke Personen meiden. Viele ziehen sich fast vollständig aus dem sozialen Leben zurück. Die Covid-Pandemie war für immunsupprimierte Herztransplant-Patienten zusätzlich eine enorme Herausforderung. Von dieser ersten Gruppe zu unterscheiden sind die wirklich „Gefährdeten", so der Chefarzt der Abteilung Psychosomatische Medizin am Marien-Hospital in Bonn. Sie haben starke körperliche Beschwerden und leiden unter diversen Komplikationen. Ein weiterer Typus ist jener der „Besonderen". Diese Patienten bauen eine intensive Beziehung zu dem neuen Organ auf, nicht selten auch zu der ihnen hundertprozentig nicht bekannten Spenderperson. Es geht so weit, dass mit dem neuen Herzmuskel eine zusätzliche Person in ihr Leben getreten ist. Dass dies zu Beziehungsproblemen führen kann, liegt wohl auf der Hand. Eine weitere Kategorie bilden die „Erfolgreichen". Sie leben aus dem Gefühl, durch die Transplantation für ihr ganzes Leben profitiert zu haben. Dieser Einschätzung sehr nahe kommt der letzte Typus, jener der „Dankbaren". Langenbach zitiert einen für diese Kategorie typischen Patienten: „Ich habe das Gefühl, dass da jemand etwas für mich gegeben hat. Und das ist immer ein Ansporn zu helfen – immer, wenn ich helfen kann, dann mach ich das auch." Ein Jahr nach der Operation hat dieser Mann sogar geheiratet und wurde Vater von drei Kindern. Übrigens sind die meisten Patienten in der Phase nach der Operation extrem euphorisch, sie erleben einen *„post-transplant honeymoon"*, wie es die Psychologin Gaby Drees bezeichnet. Sie denken positiv und nehmen ihre Probleme nicht so ernst, obwohl sie eigentlich im ersten Jahr einen Schwerstbehindertenstatus haben und extrem vorsichtig sein müssten. Nach einiger Zeit taucht bei den meisten auch die Frage auf, wer der Spender war, berichtet die Psychologin. Viele möchten sich einfach nur bedanken. „Natürlich verändern sich viele nach der Operation", erklärt Drees. „Wenn man einmal dem Tod so entronnen ist, erlebt man alles ganz anders. Normen und Werte verändern sich." Mit oder ohne Herztransplantation: Hilfsbedürftigkeit, Gefährdung, Besonderheit, Erfolg und Dankbarkeit machen viel von unserem Menschsein aus. Und ebenso wichtig ist der Hinweis, dass wir unser Leben einer Hilfe von außen und äußerst kostbaren „Lebens-Gaben" anderer Menschen verdanken. Dieses Bewusstsein verändert alles.

Die spirituelle Herztransplantation

„Ich gebe euch ein neues Herz und einen neuen Geist gebe ich in euer Inneres. Ich beseitige das Herz von Stein aus eurem Fleisch und gebe euch ein Herz von Fleisch." (Ez 36,26) Diese bildgewaltige Ansage des Propheten Ezechiel lässt aufhorchen. Sie macht klar, dass wir nicht aus eigener Kraft den entscheidenden Neubeginn schaffen.

Anstelle eines versteinerten, verhärteten Herzens implantiert Gott uns ein mitfühlendes, geistvoll lebendiges Herz. Die „Herzensverhärtung" (griechisch *„sklerokardia"*) war die Ursünde des biblischen Volkes – die innere Starrheit, das nicht Hören-Wollen. Jesus hat die geistliche Kardiosklerose den damaligen Gesetzeshütern vorgeworfen. Auch heute ist niemand davor gefeit, von dieser Krankheit befallen zu werden.

Die vom Propheten Ezechiel angekündigte „spirituelle Herztransplantation" war Gottes Antwort angesichts einer extremen Notlage seines Volkes – die Stadt, der Tempel und das Land waren verwüstet. Ein ärmlicher Rest der Bevölkerung lebte in der Gefangenschaft im Exil in Babylon – heimatlos, rechtlos, hoffnungslos. In dieser aussichtslosen Situation verspricht Gott eine Wende – aber nicht durch eine Veränderung äußerer Umstände, sondern durch eine geistvolle Erneuerung des Herzens. Und wozu dieser göttliche Aufwand? Gottes Antwort lautet: „Ich gebe meinen Geist in euer Inneres und bewirke, dass ihr meinen Gesetzen folgt und auf meine Rechtsentscheide achtet und sie erfüllt." (Ez 36,27) Das von Gott eingesetzte Herz ist resonant, hörend und empathisch. Verhärtung des Herzens ist Resonanzlosigkeit, saugt Energie ab und kann wie jede Sklerose tödlich enden. Anstelle der zwei steinernen Gesetzestafeln des Mose verwendet Gott nun das Herz des Menschen als Schreibtafel. Sein Wort ist damit nicht mehr fern und unerreichbar, sondern „ganz nah bei dir, es ist in deinem Mund und in deinem Herzen, du kannst es halten." (Dtn 30,14) Jeder kann es sich zu Herzen nehmen – es *beherzigen*. Ähnlich drückt es auch der Prophet Jeremia aus, der den Verfall des Volkes vorhergesagt hat, aber auch den Neubeginn ankündigen durfte: „Ich werde meine Weisung auf ihr Herz schreiben. Ich werde ihnen Gott sein und sie werden mir Volk sein." (Jer 31,33)

Die im Alten Testament verwendeten Sprachbilder sind gewaltig – ob Herzchirurgie oder Tätowierung des Herzens. Immer geht es um ein Vertrautwerden mit Gottes Herzensintention.

An der Seite Jesu – die Johannesminne

Johannes mit dem Kopf an der Brust Jesu. Am bekanntesten ist die Darstellung der sogenannten „Johannesminne" aus dem Zisterzienserinnenkloster Heiligkreuztal aus dem Jahr 1320. Christus-Johannes-Gruppen dieser Art waren besonders in den oberschwäbischen Frauenklöstern ein beliebtes Andachtsmotiv. Johannes scheint in einem tiefen Frieden zu ruhen, Jesu linke Hand zärtlich auf seiner Schulter, die rechte ineinanderfließend zwischen Jünger und Meister. Eine wunderbare Idylle? Mitnichten. Die Darstellung vermittelt eine wohltuende Wärme in der menschlich-göttlichen Beziehung, aber man sollte sich nicht täuschen: Die Szene spielt im Abendmahlsaal am Abend vor der Hinrichtung Jesu. Der Apostel und Evangelist Johannes musste sich an die Seite Jesu lehnen, um zu erfahren, wer ihn verraten würde. (Joh 13,23–25) Gar nicht nette Stimmung und Kuschelkurs. Wer wird Jesus verraten? Offensichtlich ist die Jesus-Bewegung, die mit großer Euphorie in Galiläa begonnen hat, zum Scheitern verurteilt. Der Verräter soll aus dem engsten Kreis der Vertrauten kommen.

Die Darstellung von „Johannes an der Seite Jesu" wird seit dem Mittelalter als „Johannesminne" bezeichnet. Sie hat wesentlich zum Verständnis der Herz-Jesu-Spiritualität beigetragen. Am Herzen Jesu hat Johannes den Puls göttlicher Liebe wahrgenommen, bestimmt auch dessen Angst und Enttäuschung. Er wurde damit in einer Weise mit Jesus vertraut, die alles Begreifen übersteigt. Diese herzhafte Verbundenheit empfanden und „schauten" mystisch begabte Frauen und Männer als gegenseitiges „Innewohnen" – als einen geistlichen Prozess immer tieferen Vertraut-werdens. Jesus hat ausdrücklich davon gesprochen: „Bleibt in mir und ich bleibe in euch." Vor allem hat er wiederholt zu diesem ruhigen und doch so anspruchsvollen „Bleiben" aufgefordert: „Wie mich der Vater geliebt hat, so habe auch ich euch geliebt. Bleibt in meiner Liebe!" (Joh 15,9) Ich denke, dass genau dieses Bleiben in unserer nervösen Zeit so notwendig wäre – mit dem Herzen bei Jesus bleiben, ja tatsächlich, bei Gott bleiben. Ich zitiere stellvertretend für viele, die diese mystische Erfahrung gemacht haben, Armella Nikolas (gest. 1671), eine französische Dienstmagd. Sie beschrieb das Herz Jesu als einen bevorzugten Aufenthaltsort und betonte die unerwartet neue Freiheit, die sie in dieser intimen Kommunikation erlebt hate: „Ich sah dieses göttliche Herz so weit ausgedehnt, dass tausend Welten dasselbe nicht hätten ausfüllen können. Überdies sah ich, dass alle, welche in demselben wohnten, wahre und vollkommene Freiheit und einen wunderbaren Frieden genossen." Der Zugang zu dieser inneren Weite ist dennoch anspruchsvoll. Er führt über eine Bekehrung des Herzens – die notfalls nur durch eine Herztransplantation möglich wird. Eine Religionslehrerin hat die „Johannesminne" ihren Schülern zu erklären versucht und davon gesprochen, dass man sich bei Jesus anlehnen kann – mit der ganz persönlichen Müdigkeit und Liebesbedürftigkeit. Ja, um diese freundschaftliche Vertrautheit und geistvolle Intimität geht es! Verbundenheit in und trotz aller Widersprüchlichkeit, die wir im Herzen tragen.

Eine Theologie der Herzenswandlung?

„Nicht mehr ich lebe, sondern Christus lebt in mir." Eine wuchtige Ansage! Sofort denke ich an das Empfinden derer, die mit einem Herzimplantat leben. Neue Lebenschance durch den Tod eines anderen?

Der Apostel Paulus hat mit seiner wortgewaltigen Rede nicht nur in jüdischen, sondern auch in liberalen, hellenistischen Kreisen Kleinasiens für Aufsehen gesorgt. Für die einen war seine Rede vom Kreuz ein empörendes Ärgernis (ein Skandalon), für die anderen eine Verrücktheit. Überrascht waren die Menschen jedoch von der alltäglichen „Performance" derer, die gläubig geworden waren, denn: „Sie waren ein Herz und eine Seele. Keiner nannte etwas von dem, was er hatte, sein Eigentum. Sie hatten alles gemeinsam." (Apg 4,32) Das hat überrascht – Großzügigkeit, Gastfreundschaft, Offenheit. Paulus traf schließlich mit der Botschaft der Auferstehung auch einen Nerv der Zeit. Die Frage nach einem radikalen Neuwerden, nach innerer Verwandlung und Erlösung hat die Leute immer schon beschäftigt. Sollte dies durch eine rein geistige Erkenntnis möglich sein, wie es die Heilslehre der Gnosis propagiert und damit alles Leibliche verdammt? Oder durch ein Stieropfer an die Fruchtbarkeitsgöttin Artemis in Ephesus? Die Kultpriester in dieser kleinasiatischen Stadt haben dem Paulus ordentlich Stress gemacht. Paulus hält all den alten und neuen Erlösungslehren entgegen, dass es durch die Verbundenheit mit dem lebendigen Christus jetzt schon möglich sei, als „neuer Mensch" zu leben. Jetzt schon für alle, die glauben – neue Existenz, neues Selbstverständnis, neuer Geist und ein neues Herz! All das. Paulus formuliert es so: „Nicht mehr ich lebe, sondern Christus lebt in mir. Was ich nun im Fleische lebe, lebe ich im Glauben an den Sohn Gottes, der mich geliebt und sich für mich hingegeben hat." (Gal 2,20) Mit diesen österlichen Überlegungen sind wir vermutlich auf der wichtigsten Spur der Herz-Jesu-Spiritualität. Es geht um nachhaltiges Neuwerden des ganzen Menschen – um eine tiefgreifende „Herzenswandlung". Ein letztlich nie abgeschlossener Prozess, ein lebenslanger Weg. An die Gemeinde in Kolossä schreibt Paulus: „Der Friede Christi triumphiere in euren Herzen. Dazu seid ihr berufen als Glieder des einen Leibes." (Kol 3,15) Nochmals eine Pointe: Wer durch Christus neu geschaffen wurde, lebt nicht mehr für sich allein, sondern stellt sich Gott und den Nächsten zur Verfügung, wo auch immer er gebraucht wird. Ich denke wieder an die Personen, die ein Herzimplantat erhalten haben. Sie wollen sich als dankbar erweisen – und dementsprechend auch selbst für andere da sein. Das ist keine fromme Schwärmerei, sondern Voraussetzung für den Aufbau einer Gemeinschaft, die innerhalb einer polarisierten, nervösen Gesellschaft einen wirklichen Unterschied macht. Eine Vision von Kirche! Gebildet wird sie von Menschen, „die aus Toten zu Lebenden geworden sind", wie Paulus an die Gemeinde in Rom schrieb (Röm 6,13). Zusammengefasst: Menschen mit einem neuen Herzen können effektiv an der „Reparatur der Welt" heilsam mitwirken.

Solidarität?
Mit-Liebende sind gefragt

Du bist gefragt! Schau auf die Straße! *„Keep your eyes on the road!"* Diesen Rat von Jim Morrison hätten Martha und Alex beherzigen sollen. Auf der Fahrt durch eine idyllische Landschaft ist das Paar vor allem mit sich selbst beschäftigt. Erst als das reale Leben in Gestalt eines Hundes, der ihnen vor den Wagen läuft, und seines erbosten Besitzers in ihre kleine, selbstbezogene Welt einbricht, wachen sie auf. *„Ordinary Creatures"* ist ein hintergründiges Roadmovie voller heftiger Überraschungen aus dem Jahr 2020. Anlässlich der Premiere dieses österreichischen Films gab es im Programmkino in Innsbruck eine Podiumsdiskussion, zu der ich eingeladen war. Im Gespräch ging es nicht nur um kulturelle Bruchlinien, sondern auch um die Bedeutung von Religion. Nach meiner Ansage, dass es so etwas wie eine persönliche Beziehung zu Gott geben kann, hat mir ein Mann aus dem Publikum massiv widersprochen. Es sei ein Unsinn, behauptete er, an einen persönlichen Gott zu glauben – und er hasse alle Versuche, die Menschen in diesem unaufgeklärten Zustand festzuhalten. Dies wirft er der Kirche vor. Recht energisch schloss er sein Plädoyer mit dem Bekenntnis: „Ich glaube an keinen Gott!" Die Augen im Auditorium waren sofort auf mich gerichtet. Was wird der Bischof dieser energisch vorgetragenen Gottesleugnung entgegenhalten? Zum Glück ist mir die spontane Wendung eingefallen: „Ob Sie an Gott glauben, ist vollkommen egal. Wichtig ist, dass Gott an Sie glaubt!"

Tatsächlich, ich bin davon überzeugt: Am verlässlichen Herzschlag Gottes für uns Menschen kann man sich aufrichten. Mein persönlicher Glaube hingegen ist immer von Krisen und Unsicherheiten durchwachsen.

Mehr als ein Gefühl

Solidarität ist ein dynamischer Begriff, wenn auch vielfach überdehnt, nicht selten entleert und inflationär abgelutscht. In den späten 1980er-Jahren rückte der Begriff durch die polnische Gewerkschaft Solidarność ins öffentliche Bewusstsein, obwohl er seit Leo XIII. ein Grundprinzip der katholischen Soziallehre benennt und bereits davor ein Schlüsselbegriff im Sozialismus war. Der solidarische Zusammenhalt der Arbeiterschaft hat schließlich nicht nur in Polen zum Ende der kommunistischen Herrschaft beigetragen. Dass dem solidarischen Feuer der Umbruchszeit viele Enttäuschungen und v. a. Repressalien gefolgt sind, ist eine herbe Geschichte in den ehemaligen Ostblockstaaten. Und heute, im Krisencluster des 21. Jahrhunderts? Alles muss wieder neu ausgehandelt werden – zwischen den Saturierten und den Bedürftigen, den Erfolgreichen und den „Abgehängten", den Beschäftigten und Arbeitslosen, den Integrierten und Vereinsamten, den Gesunden und Pflegebedürftigen, zwischen den Alten und den Jungen. Wir sind mehr denn je aufeinander angewiesen. Die Abhängigkeiten sind intensiver und globaler geworden. Solidarität ist gefragt – und sollte mehr als eine Kampfparole oder ein austauschbares Füllwort in den Betroffenheitsplädoyers auf Facebook & Co sein. Mitleidige Worthülsen füllen angesichts erschreckender Teuerungen keine Lebensmittelkörbe und begleichen keine herben Stromnachzahlungen. Solidarität ist das reale Lasten-Mittragen – sie macht dem Herzen Beine.

Solid füreinander sorgen

Das lateinische Verb *„solidare"* steht für „verdichten, festmachen, verstärken", vermutlich hergeleitet von lat. *„solidus"* – stark, umfassend, solid. In der römischen Rechtssprache gibt es den Ausdruck *„obligatio in solidum"*, mit dem eine besondere Form der gemeinschaftlichen Haftung bezeichnet wird. Alle an einem Rechtsgeschäft Beteiligten sind verpflichtet, gemeinsam eine geschuldete Leistung zu erbringen. Ein wichtiger Hinweis – werden doch meist rascher die

Freiheitsrechte des Individuums eingefordert, aber kaum dessen Verpflichtungen für das Gemeinwohl. Schon Mitte des 19. Jahrhunderts plädierte der französische Sozialreformer Hippolyte Renaud (1803–1874) für eine „organische Solidarité", eine Art von Verbundenheit der Menschheitsgemeinschaft.

Dieser Gedanke einer weltweiten Solidarität fand Eingang in die katholische Soziallehre. Es geht um eine Mentalität, die bereit ist, „dem Armen das zurückzugeben, was ihm zusteht" (Papst Franziskus). In solchen klaren Ansagen liegt sozialer Zündstoff. Ich denke an die skrupellose Spekulation mit Grund und Wohnraum in unserem Land, die nicht nur einkommensschwache Schichten, sondern auch den bürgerlichen Mittelstand in Armutsgefährdungen treibt. Außerdem stellt sich die Frage, wie verlässlich die Basis für solidarisches Verhalten wirklich ist: Wird von der viel beschworenen Solidarität etwas übrig bleiben, wenn sie auch den Fremden gelten soll, ja sogar den Unsympathischen und Schuldiggewordenen, eben auch jenen, die es scheinbar „nicht verdient" hätten? Wie kann also eine Solidaritätsbereitschaft gefördert werden, die nicht an der eigenen Familienzugehörigkeit haltmacht? Wer ist mein Nächster?

In der Schule des Samariters

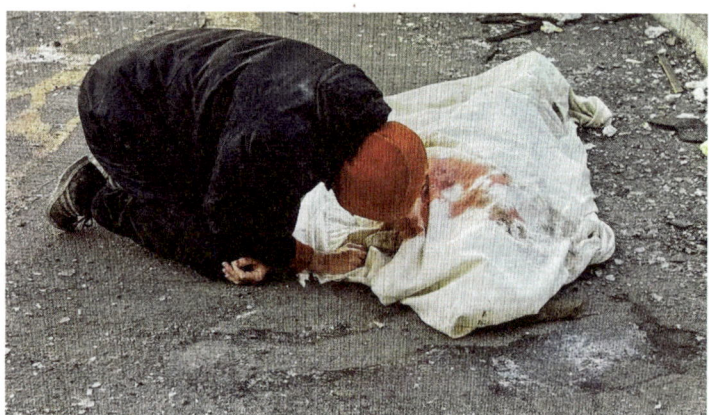

Es war ein eigenartiges Gespräch. Ein Schriftgelehrter wollte Jesus mit einer heiklen Frage auf die Probe stellen: „Meister, was muss ich tun, um das ewige Leben zu erben?" (Lk 10,25) Jede Antwort hätte einen theologischen Streit ausgelöst. Vollkommen unnötig, denn der heuchlerisch Fragende musste schließlich selbst erklären, dass in der Heiligen Schrift nur das eine umfassende Gebot der Liebe gilt – mit ganzem Herzen Gott, den Nächsten und sich selbst zu lieben. Um sich zu rechtfertigen, erwiderte der Gelehrte: „Und wer ist mein Nächster?" Durchaus plausibel gekontert. Man kann doch nicht allen helfen! Unzählige Notleidende, Kranke, Geflüchtete. Sind wir denn für das ganze Elend der Welt zuständig?

Jesus antwortet mit einer Erzählung, die zur Weltliteratur echter Solidarität gehört – dem Gleichnis vom Barmherzigen Samariter (Lk 10,30–37): Ein Mann wurde auf dem Weg von Jerusalem hinunter nach Jericho, auf dem berühmten Wadi Qelt, niedergeschlagen und ausgeraubt. Halbtot lag er da. Zwei religiöse Profis des eigenen Volkes kommen vorbei, ein Priester und ein Levit. Sie bleiben stehen, gehen dann aber „gegenläufig" vorbei. Ganz sensibel drückt der Originaltext aus, dass eigentlich eine andere Reaktion angebracht gewesen wäre. Hatten sie Wichtigeres zu tun, fühlten sie sich überfordert? Wir wissen es nicht. Vollkommen anders reagiert ein Fremder, ein Mann aus dem halbheidnischen Samarien. Er sah das Opfer der Gewalt und hatte Mitleid – auch hier ein dichter Ausdruck im griechischen Urtext: Es hat ihn innerlich bewegt, sodass er „hinging". Sein Sehen, Empfinden und Reagieren waren von anderer Qualität. Er blieb nicht in steriler Distanz. Beschämend für die Zuhörenden, denn ein Ausländer, dessen Glaube für häretisch gehalten wurde, zeigte ihnen, was Gott eigentlich will – herzhafte Solidarität! Der Samariter hat alles richtig gemacht. Von der Erstversorgung des Verunglückten bis hin zur Unterbringung, verbunden mit einer klugen Vorsorge. Er machte sich selbst zum Nächsten. Der Hilflosigkeit des Opfers hat er in sich Raum gegeben. Jede theoretische Spekulation hat sich dadurch erübrigt.

Solidarität jetzt

In der Schule des wirklich „Guten Samariters" sind wir immer Lernende: Am Wegrand unserer Geschäftigkeit gibt es viele Bitten um Zuwendung. Lassen wir uns stören? Oder laufen wir auch „gegenläufig" vorbei? Meist wird alles kompliziert, wenn wir nicht auf den Impuls des Herzens achten. Die Erzählung Jesu drängt aber auch zur Nachfrage, wer denn heute die Räuber sind? Einzeltäter und Strukturen. Faktum ist, dass unzählige Menschen permanent ins Abseits gedrängt werden und halbtot an den Straßenrändern einer globalisierten Welt liegen bleiben. Wir müssen die Jesus-Texte politischer lesen – es sind keine Gute-Nacht-Geschichten zum Einschlafen. Wenn man dorthin schaut, wo Jesus hinschaut – dann macht man sich nicht unbedingt beliebt: zu Menschen mit psychischer Belastung, zu Gefangenen, zu Geflüchteten, zu Drogensüchtigen, zu Missbrauchten, zu Opfern und Tätern ... Und wenn man dorthin schaut, wo Elend produziert wird: „Es ist ein schmaler Grat zwischen Anpassung und Widerspruch. Das Herz Jesu, seine Gewaltlosigkeit, seine Herzenskraft: das ist ein verlässlicher Kompass." Fazit: Jesus war nicht nett.

Solidarität bedeutet mehr Verteilungsgerechtigkeit – gerade jetzt, wenn weltweit die Schere zwischen Arm und Reich immer noch weiter auseinandergeht. Beschämend. Die Zahl der Dollarbzw. Euro-Millionäre steigt, obwohl große Bevölkerungsschichten nicht mehr wissen, wie sie den alltäglichen Lebensunterhalt bestreiten sollen. In jedem Fall ist Herz gefragt, um die Gerechtigkeitsdebatte auf allen Ebenen mutiger zu führen. Wie kann es sein, dass Milliarden-Unternehmen in Europa praktisch legal keine Steuern zahlen? „Christus hat die Kirche nicht zum Ja-Sagen gestiftet, sondern als Zeichen des Widerspruchs", sagte Prälat Leopold Ungar, der langjährige Caritas-Präsident von Österreich.

Eines ist gewiss: Die Ausgebeuteten unserer globalisierten Welt wissen nicht nur über ihr eigenes Elend Bescheid, sondern auch über die Vorteile jener Weltgegenden, in denen die Bevölkerung gesünder, geschützter, friedvoller und „zukunftsgesicherter" lebt, wie es Franz Küberl, der ehemalige Präsident der österreichischen Caritas ausdrückte.

In der einen Menschheit

Dževad Kaharasán, der in Graz und Sarajevo lebende Literat, meint, dass die kulturelle Identität in jedem Menschen auch „ein wenig Unbehagen" erzeugen soll. Dass er als Muslim eine enge Freundschaft mit dem katholischen Ordensmann Mile Babić pflege, sei früher nichts Ungewöhnliches gewesen. Heute gebe es in dem von Wahabiten unterwanderten Sarajevo Zeitgenossen, die das skeptisch beäugen. Dabei sei gerade das die eminente geistige Leistung Europas – die Fähigkeit, nuanciert zu denken, nicht in Schwarz-Weiß-Schemata zu verfallen. „Die Kultur hat Europa geschaffen, nicht die heute gängigen binären Oppositionsmodelle vom Typ: ‚Ich bin Ich, weil ich nicht Du bin.' Diese Leistung müssen wir zurückerobern", fordert der Schriftsteller. Europa versus Islam, das sei „einfach Quatsch. Europa existierte niemals völlig ohne Islam. Und es hat sich niemals nur negativ zum Islam gestellt. Man setzte sich mit ihm auseinander, man übernahm einiges, lehnte anderes ab." Das christliche Abendland sieht Karahasan demnach keineswegs vom Islam bedroht. Jesus habe in der Bergpredigt zudem klargemacht, dass man Arme nicht verachten sollte. „Das haben wir völlig vergessen. Eine der größten Leistungen des Christentums ist Solidarität. Güte ist eine große Gottesgabe. Ausgerechnet die Leute, die das christliche Abendland verteidigen wollen, haben ‚Gutmensch' zu einem Schimpfwort gemacht." Der ansonsten bedächtig und präzise formulierende Karahasan wird bei diesem Thema noch leidenschaftlicher: „Ich bin jederzeit bereit, das christliche Abendland zu verteidigen! Die große Lehre des Christentums ist doch: Angst ist die schlimmste Sünde. Also, befreien wir uns von Angst."

Rettungsgassen

Auf den Autobahnen ist uns die Praxis der Bildung von Rettungsgassen mittlerweile geläufig. Allen ist klar, dass der Hilfe bedürftige Personen diese schnellstmöglich erhalten müssen. Damit dies in der Praxis auch tatsächlich funktioniert, wurden die Strafen für Blockierer von Rettungsgassen erhöht. Auch die Gaffer, die aus dem Auto aussteigen und zur Unglücksstelle vorlaufen, um ihre Sensationsgier zu befriedigen, werden mit Strafen belegt.

Was auf den Autobahnen gilt, sollte auch im Alltag selbstverständlich sein: Wir haben die Pflicht, für jene Menschen, die im Tempo und im Optimierungsstress unserer Zeit nicht mehr mitkommen, die es physisch und psychisch nicht mehr schaffen, Rettungsgassen offenzuhalten. Trotz wachsendem Wohlstand gibt es vermehrt Menschen, die aufgrund von Krankheiten, Vereinsamung und Süchten, Zerbrechen von Beziehungen, aussichtsloser Verschuldung oder anderen „Notfällen" und Unglücken Hilfe brauchen – unverzüglich und nicht behindert durch jene, die ihr Fortkommen ohnehin im Griff haben.

In diesem Zusammenhang ist die Solidarität zwischen den Generationen zu erwähnen. Papst Franziskus fragt mit Recht: „Wie kommt es, dass sich die moderne Zivilisation, die so fortschrittlich und effizient ist, so wenig mit Krankheit und Alter anfreunden kann?" Franziskus wirbt immer wieder für einen fürsorglichen Umgang mit alten Menschen. Sie können für die Gesellschaft Lehrmeister sein, fährt er fort, und spricht sogar von einem „Lehramt der Zerbrechlichkeit". Jeder von uns muss sich fragen, wie er mit alten Menschen umgeht. Ältere Menschen nur als Last und Aufgabe zu betrachten, ist diskriminierend – sie sind zuerst Schatzträger von Lebenserfahrung. Vielleicht sollten wir uns für ihre Geschichte(n) interessieren?

Einen Schritt näher kommen

Von Kardinal Vinko Puljić von Sarajevo ist bekannt, dass er während der vierjährigen Belagerung und Bombardierung in der bosnischen Hauptstadt ausgeharrt hat. Viele haben ihm geraten, den Ort zu verlassen, nicht zuletzt auch aufgrund der Granatenangriffe auf seine bischöfliche Residenz, die sein Gehör fast gänzlich ruiniert haben Sein Ausharren ist für unzählige Menschen nachhaltig zum Trost geworden. Es war ein Akt echter Solidarität, für den er einen hohen Preis bezahlt hat.

Nicht alle können und müssen diese großen Gesten setzen. Jeder hat dort, wo er lebt, seinen Auftrag. Der deutsche Schriftsteller Navid Kermani, dessen Eltern aus dem Iran zugewandert sind, erzählt in seinem Buch *Jeder soll von da, wo er ist, einen Schritt näher kommen*" vom Besuch eines islamischen Mystikers aus dem 11. Jahrhundert in Tus, im Nordosten des Iran. Aufgrund des Andrangs der Leute, die den berühmten Prediger hören wollten, sagte der Platzwart: „Jeder soll von da, wo er ist, einen Schritt näher kommen." Nach dieser technischen

Ansage schloss der verehrte Imam die Versammlung, noch bevor sie begonnen hatte, mit der Bemerkung: „Alles, was ich sagen wollte und die Propheten aller Jahrhunderte bezeugt haben, hat der Platzanweiser bereits mitgeteilt."

Tiefe Weisheit! Jeder von uns kann mit einem kleinen Schritt näher kommen – näher zum Menschen, ob sympathisch oder nicht, näher zu sich. Damit gelingt auch ein Schritt näher an das Herz jenes Gottes, der unablässig an den Menschen glaubt. Und uns als Mitliebende braucht.

Woher Herzensenergie?
Brunnen bauen!

„Aus mir, dem einsamen Alkoholiker, der aus dieser Welt fliehen wollte, wurde langsam ein Mensch, der das Leben liebt. Ich habe eine geistige Wiedergeburt erlebt", schreibt Arthur. In meinem Bischofshaus trifft sich wöchentlich eine Gruppe der Anonymen Alkoholiker. Ich selbst bin fasziniert von dieser Gemeinschaft, weil ich ihnen einiges an Menschen- und Lebenskenntnis verdanke. „Die Anonymen Alkoholiker sind Menschen aller Kulturen, Bekenntnisse und sozialer Schichten, die ein gemeinsames Problem haben – den Alkoholismus", so die Definition auf ihrer Website. „Um ihr Problem, die Alkoholabhängigkeit, lösen zu können, schließen sich die Anonymen Alkoholiker zu Gruppen zusammen. Bei den meist wöchentlichen Gruppentreffen sprechen sie von ihren eigenen Erfahrungen mit dem Trinken, dem Aufhören und dem Leben ohne Alkohol: der einzigen Genesungsmöglichkeit." Was mich am meisten beeindruckt, ist die Klarheit der sogenannten „12 Schritte", die es ihnen ermöglichen, ein erfreulich gutes und vom Suchtmittel Alkohol unabhängiges Leben zu führen. Aus den regelmäßigen Meetings schöpfen die Teilnehmenden Kraft und Hoffnung. Klar ist, dass jeder seine Genesung hin zu einem selbstbestimmten Leben ohne Alkohol eigenständig in Angriff nehmen muss. Dennoch: Die Gemeinschaft der AA, die Gruppen, die Genesenden, zeigen nicht nur Lösungswege auf, sondern stützen sich gegenseitig – durch eine frei gewählte Verantwortung füreinander. Nochmals Arthur: „Es scheint mir heute wie ein Wunder, dass aus einem Menschen, der sein Leben wegwerfen wollte, sein Dasein verfluchte und unzähligen Menschen nur Kummer bereitete, dass aus diesem Menschen jemals wieder ein vollwertiges Mitglied der menschlichen Gesellschaft werden würde." Das Wunder neuer Herzensenergie.

Alternative Energie

Debatten über alternative Energiequellen sind mittlerweile an den Stammtischen gelandet. Man diskutiert über die Abhängigkeit von Öl- und Gaslieferungen, über den längst fälligen Abschied von fossilen Energieträgern und vieles mehr. Gut so. Eine ökologische Wende wird sich hoffentlich noch ausgehen – wenn wir ins Tun kommen. Diese breite Nachhaltigkeitsdebatte gibt mir den Anstoß, um auf eine ebenso notwendige, innere Energie hinzuweisen. Um die vielen Veränderungsprozesse zu stemmen, braucht es neben Solar- und Windenergie, neben Wasserkraft und Wasserstoff zukünftig wesentlich mehr.

Ohne eine neue „Geist- und Herzens-Energie" wird uns die nötige Anschubkraft für die wesentlichen Umkehrschübe fehlen. Wir werden persönlich und als Gesellschaft die Power „von oben" und auch „von innen" benötigen, um an einer Vision echter Nachhaltigkeit dranzubleiben und den unausweichlich auf uns zukommenden realen Verzicht auf gewisse Ansprüche des etablierten Wohlstands zu meistern. Es sollte uns doch gelingen, das unbequeme Weniger nicht nur zu ertragen, sondern als kreative Chancen zu begreifen.

Ich bin überzeugt, dass wir ohne vielfältige humane, spirituelle und emotionale Quellen den entscheidenden Turn nicht schaffen. Geist- und Herzenskraft sind vonnöten! Und wir brauchen einander – in einer vermutlich noch viel radikaleren Wertschätzung und Einbindung aller zur Verfügung stehenden Kompetenzen und Charismen. Zusammen denken und kooperieren in möglichst vielen Allianzen, wenn möglich ideologiearm und vertrauensvoll – in Gesellschaft, Kultur, Politik, Sozialbereich, Technik, Wissenschaft, Religion und Bildung! Innovation als gemeinsames Projekt. Ich bin dankbar, dass ich durch die Anregung des österreichischen Theologen und Innovationscoach Georg Plank und seinem Team bereits mehrere Innovationsforen initiieren konnte. Wir nannten sie „Am Puls Tirol". Wunderbare Lernerfahrungen, die weitergehen sollen.

Regeneration

Use it or lose it! Benütze deine Muskelkraft oder du wirst sie verlieren – für alle klar, die Sport oder Gymnastik betreiben. Ich war überrascht, wie schnell die umliegende Muskulatur schrumpft, als ich nach einem Seitenbandeinriss das Bein kaum belasten durfte. Ein Physiotherapeut gab mir Tipps und Hausaufgaben – die konkreten Übungen konnte er mir nicht abnehmen. Ähnliches gilt für die physische und spirituelle Herz-Muskulatur: Belastbarkeit, Flexibilität und Resilienz bauen sich nur durch regelmäßiges Training auf. Eine billige Schontour ist nur kurzfristig angenehm, letztlich macht sie unzufrieden und krank. Erste

Entdeckung: Die Welt dreht sich nicht um die eigenen Bedürfnisse und Befindlichkeiten. Viele bleiben in dieser pubertären Perspektive hängen und versuchen kaum, ihren Geist und ihr Herz zu weiten. Zweite Entdeckung: Das Einüben von Zuvorkommenheit, ehrlichem Interesse füreinander, Freundlichkeit & Co wird wie das regelmäßige Joggen wöchentlich leichter. Wichtig ist das beständige Dranbleiben.

Selbst die wertvollsten Tugenden fallen nicht vom Himmel. Papst Franziskus, ein verlässlicher Coach in Sachen Menschlichkeit, hat es so formuliert: „Von ihrer Natur her ähneln die Tugenden unseren Muskeln: Sie müssen gekräftigt werden, das heißt, sie brauchen Training. Ausgangspunkt ist wie im Sport immer eine Situation der Schwäche, der Begrenzung, der Zerbrechlichkeit: Die Tugend ist die Kraft, die den Menschen dazu bringt, sich anzustrengen, um ein höheres Ziel zu erreichen. Das Laster hingegen ist das Eingeständnis einer Unfähigkeit, Gutes zu tun: Man lässt sich gehen und gibt sich damit zufrieden, ohne jede Mühe alles zu genießen, wonach einem der Sinn steht."

Energiequelle Begegnung

Begegnungen öffnen die Augen für die Schönheit des Lebens, für das Einzigartige und das Zerbrechliche. Sie sind ein Wagnis, weil sie nur gelingen, wenn man die eigene Komfortzone verlässt – den Herzensraum auf einen konkreten Menschen hin weitet. Sagt sich leichter, als es ist: Eine „andere Welt", eine andere Lebenserfahrung, eine andere Weltanschauung zulassen. Raum geben. Wieder sind wir bei der ursprünglichsten Herz-Begabung.

„Für mich sind die Besuche eine enorme Bereicherung. Es macht mich zufrieden und glücklich, jemandem eine Freude zu bereiten", erklärten eine Frau beim Treffen mit Freiwilligen unserer Caritas. Sie gehen regelmäßig in Altenwohn- und Pflegeheime. Mit Nachdruck erklärt sie mir: „Es ist ein weitverbreiteter Irrtum, dass sich ein Mensch nur regeneriert, wenn er sich körperlich entspannt, seinen Hobbys nachgeht oder vor dem Fernseher hängt." Andere erzählen mit Begeisterung, dass zwischen ihnen und den von ihnen regelmäßig besuchten Personen eine Freundschaft entstand. „Für mich ist es sonnenklar, ich kann nicht nur empfangen, ich muss auch was geben. Und bekomme sehr viel Freude retour", so eine weitere Dame, die den Eindruck hat, meist mit einem gefüllten Herzenstank nach Hause zu gehen. „Ich lerne viele Lebensgeschichten kennen. Die Freude, die die Menschen durch meine Besuche erfahren, macht mich selbst glücklich." Die Aufzählung klingt recht euphorisch, ließe sich aber lange fortsetzen. Begegnungen können mitunter auch auslaugen. Im Nachhinein erweisen sie sich meist als geheimnisvolle Energiequellen. Erfrischtes Menschsein gibt es bekanntlich nicht in der sterilen Ego-Box.

Service für den Nächsten

Genesung, Service und Einigkeit, diese drei Grundprinzipien der Anonymen Alkoholiker machen Sinn. Zentral ist der Service, der Dienst. Er beginnt mit einer „ehrlichen Inventur". Gemeint ist damit das bewusste Hinschauen auf alle Personen, die durch das eigene Suchtverhalten geschädigt oder betrogen wurden. Die angerichteten Schäden sollten so weit wie möglich gutgemacht werden, lautet die Devise. Ich weiß, dass die AA-Leute diese Inventur ernst nehmen. Für Henry, den ich begleiten durfte, war es ein aufregender, nicht leichter Weg zurück. Seine Familie hat er durch seine Alkoholsucht schwer verletzt, ja ruiniert. Der zweite Schritt ist ein Service, ein Dienst für jene, die sich in einer ähnlich prekären Lage befinden. Es beginnt damit, dass in einem Meeting allen, speziell den Neuen, persönliche Erfahrungen mitgeteilt werden – es ist ein ehrlicher Austausch, ein *Sharing*, wie sie es nennen. Echte Ermutigung. Niemand wartet auf die therapeutischen Profis. Jeder, der selbst durch die Hölle ging, ist ein Experte in Sachen Absturz und Neubeginn. Die Entscheidung für den Dienst geht jedoch über das Meeting hinaus. Kleine Jobs und Hilfestellungen für andere zu übernehmen, gehört zur DNA der Anonymen. Es soll dabei niemand überfordert werden, aber: Es sind kleine Arbeiten, Gefälligkeiten und Aufmerksamkeiten, die den Blick von sich selbst weglenken. In der Sorge für jemanden stellt sich fast ganz natürlich ein eigenes Heilwerden ein. Ein äußerst positiver Regenerationseffekt – so simpel, so erfrischend.

Never walk alone!

Es gibt nur ganz wenige Träume, die ich mir gemerkt habe. Einer davon ist folgender: Ich war unterwegs auf einem mit Schnee und Eis bedeckten Feld. Hinter mir eine Gruppe. Immer wieder bin ich mit den Füßen eingebrochen, weil die tragende Schnee- und Eiskruste zu schwach war. Das Vorankommen war äußerst mühsam, hoher Energieverlust. Plötzlich rief mir jemand zu: „Hermann, gehen wir doch gemeinsam!" Recht erschöpft war ich dazu bereit. Wir haben uns mit den Armen über den Schultern verschränkt und sind gemeinsam gegangen – schneller vorangekommen und kaum eingebrochen. Last und Belastung waren gleichmäßig verteilt. Dieser Traum bleibt mir als Vision und Korrektiv: Nur gemeinsam, mit einer fairen Verteilung von Lasten und Verantwortung, werden wir die vor uns liegende Wegstrecke schaffen.

„*You'll Never Walk Alone*", die berühmteste Hymne der Fußballgeschichte, passt zu diesem Traum. Das kultige Lied wurde durch die Fans des FC Liverpool bekannt, stammt jedoch aus dem 1945 uraufgeführten Broadway-Musical „Carousel". Eine schwangere Frau wird ermutigt, über den Tod ihres Mannes hinwegzukommen: „Kämpf dich durch den Wind, kämpf dich durch den Regen! Auch wenn deine Träume durchgerüttelt und gebeutelt werden. Geh weiter, voller Hoffnung im Herzen! Dann wirst du niemals den Weg allein gehen müssen." Bewegend! Viele Coverversionen folgten. Auch nach Jahrzehnten immer noch Gänsehautstimmung, wenn in den Stadien dieser Kultsong erklingt.

Die geheimnisvolle Quelle

„Wasser, Wasser!" Die Reaktion hat uns überwältigt. Bei einem feierlichen Gottesdienst mit sehbehinderten Jugendlichen und deren Familien las ich aus der „Bibel in leicht verständlicher Sprache" vor. Es war ein kurzer Text aus dem Johannesevangelium: „Jesus rief laut: Wer Durst hat, soll zu mir kommen. Bei mir bekommt ihr ganz besonderes Wasser, lebendiges Wasser." (Joh 7,37–39) Ein 13-jähriges, blindes Mädchen, das zusätzlich noch motorische und mentale Beeinträchtigungen hatte, geriet fast in Ekstase. „Wasser!" Sie wollte unbedingt auf mich zulaufen, während ich vorlas. Eine herrliche Reaktion! Sie war kaum zu bändigen. Sie hat intuitiv verstanden, dass wir alle „lebendiges Wasser" brauchen. Neben dem Durst des Körpers gibt es doch den unstillbaren Durst des Herzens, wahrgenommen, geachtet und geliebt zu werden.

Was ist der Kontext der vorgetragenen Bibelstelle? Jesus kam zum beliebten jüdischen Laubhüttenfest nach Jerusalem. Er hielt sich verborgen, weil einige ihn hassten. Die einen, weil er sie nicht im gewaltsamen Kampf gegen die Besatzungsmacht anführte; die anderen, die politische und religiöse Elite, weil er eine gefährlich große Anhängerschaft mit seinen Reden verführt hätte. Jesus war vermutlich selbst schon erschöpft. Zumindest ahnte er, was ihm bevorstand. Eine aufgeheizte Nervosität lag in der Luft.

Als nun der Hohepriester, der in einer feierlichen Prozession Wasser aus dem Teich Siloah geholt hatte, das wichtige Ritual vollzog, kam es zum Eklat. Jesus schrie mitten in die festlich versammelte Menge hinein: „Wer Durst hat, komme zu mir!" Vermutlich genau in dem Moment, als das Wasser in alle vier Himmelsrichtungen ausgeschüttet wurde. Damit wurde bekräftigt, dass der Tempel der Quellort neuen Lebens ist. Und dass das Wasser das wichtigste Gottesgeschenk ist. Im Orient hat man dies ohnehin deutlicher vor Augen – auch den heutigen Staat Israel gäbe es nicht ohne die riesigen Bewässerungsanlagen, die ausgetrocknete Steppen in fruchtbares Land verwandeln.

Zurück zum Text: Jesus legt eine Provokation nach. Er erläutert, dass jeder, der bei ihm trinkt, selbst zur Quelle wird: „Aus seinem Inneren werden Ströme von lebendigem Wasser fließen." In der einfachen Übersetzung, die ich den seh- und mehrfachbehinderten Jugendlichen vorlas, so formuliert: „Dieses Jesus-Wasser wird ein Brunnen in eurem Herzen." Das Mädchen, das schon beim Wort „Wasser" kaum mehr zu halten war, stieß nun herzerfrischend überfließend fröhliche Laute aus. Frischwasser für uns alle! Mit dem immer frischen Wasser hat Jesus seinen Geist gemeint, seine „Herzensenergie", die er allen anbietet.

Durststiller sein

Durst schnürt die Kehle zu, lässt uns manchmal sogar in Panik geraten. Durst ist ein Lebensbegleiter. Mit ungehemmter Lust saugen Neugeborene an der Brust ihrer Mutter – und am Lebensende, wenn mit Sterbenden kein Gespräch mehr möglich ist, bleibt immer noch das Befeuchten der Lippen mit etwas Flüssigkeit, ein Ausdruck von Zuneigung.

Und Durst als globale Katastrophe? In den Dürrezonen Afrikas wird er immer bedrängender, speziell in den Ländern südlich der Sahara. Es dürsten die Menschen, die Tiere und die ausgedorrten Böden. Zum Glück wächst auch das Bewusstsein, dass es sehr konkrete „Durststiller" braucht. Die Caritas der Diözese Innsbruck baut seit über 40 Jahren Brunnen und Bewässerungsanlagen in Mali und in Burkina Faso. Diese westafrikanischen Länder zählen zu den ärmsten der Welt. Sie leiden massiv unter den Auswirkungen des Klimawandels und unter der Last von Binnenflüchtlingen, die den Norden des Landes aufgrund des islamistischen Terrors verlassen mussten. Durch den Bau zahlreicher Dorfbrunnen werden vor allem Frauen und Kinder entlastet, die zuvor in brütender Hitze die schweren Wasserkanister über kilometerlange Strecken schleppen mussten. Die Präsidentin einer Frauenkooperative erzählte: „Die Angst war ein ständiger Begleiter, weil auch die Tiere der Savanne an den weit entfernten Wasserstellen ihren Durst löschten. An einem besonders heißen Tag war die Wartezeit noch länger als normal. Die wilden Tiere kamen gegen Abend und begannen, die Frauen anzugreifen. Eine der Frauen war schwanger, sie rannte um ihr Leben ins Dorf zurück und gebar dort eine Tochter. Dieses Mädchen war ich. Dass mein Dorf nun einen Brunnen mit Trinkwasser bekommen hat, macht mich überglücklich. Jetzt leben wir ohne Angst." Durststiller sein! Das ist der Auftrag – nicht nur in Afrika, auch nebenan. Übrigens: Bei den zahlreichen Dorfbrunnen sammelt sich mittlerweile neues Dorfleben – Freude und Leid wird dort geteilt.

„Mich dürstet!"

Vor meiner Weihe zum Diakon machte ich ein Praktikum in einer Sozialstation der Schwestern von Mutter Teresa im damals berüchtigten Elendsviertel von New York, in den South Bronx. Vieles dort hat mich beeindruckt und zugleich überfordert: die unvorstellbare Gewalt, der offen vor unserem Haus praktizierte Drogenhandel, dahinsiechende

Menschen in den ausgebrannten Häusern der Nachbarschaft. Nachhaltig berührt hat mich die Liebenswürdigkeit und Treue der Schwestern, die mit einer radikal einfachen Lebensweise tatsächlich ein „Home of Peace" führen – mit Suppenküche, Notschlafstelle, medizinischer Erstversorgung und Pflege der Schwächsten. Sie haben verstanden, dass ihnen in jedem Outcast, in jedem Verwahrlosten und Suchtkranken, der sich kaum mehr zur Essensausgabe hinschleppen kann, Jesus entgegenkommt. Seine Bitte ist immer dieselbe: „Gib mir zu trinken!" Mutter Teresa von Kalkutta hat dies erkannt und Pionierarbeit geleistet. Sie wollte mit ihrem ganzen Leben den Durst Jesu stillen – auch wenn sie selbst zugegeben hat, dass sie in ihrem eigenen Glauben jahrzehntelang eine „Durststrecke" durchlitten habe. Nach außen hin war sie immer die erfrischend Liebende, Sorgende, Glaubende. Sehr geheimnisvoll. In allen Häusern ihrer Schwestern, *Missionaries of Charity*, findet man in den Kapellen neben einem schlichten Kreuz die gleichlautende Sprechblase: *I am thirsty!* Es ist eines der letzten Worte Jesu. Mit einem Ysopzweig reichte man ihm einen Schwamm, der mit Essig getränkt war. Alles hat dieser Sterbende, dieser maßlos Liebende zwischen Himmel und Erde aufgesaugt – den Spott, die Verachtung, den Hass, die tiefste Verzweiflung und die Angst vor dem Tod. Wie er dies tat, brachte die Wende. Sein Sterben hat alles verändert. Aus seiner geöffneten Seite kamen Blut und Wasser – Leben und Geist für alle! Wer von diesem lebendigen Quellwasser trinkt, wird selbst zum Brunnen.

Herzensbildung – ein Luxusthema?

Ich habe ihn bei einem unvergesslichen Konzert in Spielfeld in der Südsteiermark erlebt, den „Dr. Kurt Ostbahn", mit bürgerlichem Namen Willi Resetarits. Der Gitarrist seiner Band „Chefpartie" hatte das Plektrum in seiner verstümmelten rechten Hand eingeklemmt. Stolz stellte ihn der „Chef" nach einem überwältigenden Solo mit dem typischen Wiener Slang vor: „Da Beste! Und du? Moch wos aus deim Leben!" Die Botschaft kam bei den Jugendlichen an, mit denen ich live dabei war. Mit seinem Lebenswerk hat der Wiener Liedermacher, der Ende April 2022 tödlich verunglückt ist, eine niederschwellige, aber effektive Herzensbildung betrieben. Seine unerschütterliche Menschlichkeit, sein musikalisches Ausnahmetalent und sein starkes Plädoyer für Toleranz haben seine Arbeit immer ausgezeichnet. Mitte der 70er-Jahre trat er bereits mit der Band „Schmetterlinge" als kritische gesellschaftspolitische Stimme in Erscheinung. Es war sein unbeugsamer Wille und seine musikalische Vielseitigkeit, die ihn letztlich zum Vorbild für viele machten. Im Showbusiness blieb er humorvoll und fast bescheiden: „Das Leiwandste is es, mittelberühmt zu sein." Aber er wurde richtig berühmt, und zwar nicht nur mit seinem musikalischen Talent. 1995 hat er in Wien das Integrationshaus, eine Unterkunft und Beratungsstelle für geflüchtete Menschen, gegründet – der damals politisch hofierten ausländerfeindlichen Stimmung zum Trotz. Auch das „Lichtermeer" gegen Fremdenfeindlichkeit und Intoleranz im Jahr 1993, eine der größten Demos in der Geschichte Österreichs überhaupt, hatte Resetarits mitinitiiert. Vielleicht ist es einfach das „singende Herz", das uns verbindet, wie jemand im Nachruf auf den Ostbahn Kurti gemeint hat. „A bissl mehr wia da Willi sein!" Es geht um Herzensbildung.

Das Herz „formatieren"

Bereits in der Antike beschäftigten sich Gelehrte mit dem Thema Herzensbildung. Der Duden definiert Herzensbildung als durch Erziehung erworbenen „Besitz einer reichen und differenzierten Gefühls- und Empfindungsfähigkeit". Etwas heutiger können wir von „emotionaler Intelligenz" sprechen. Selbstverständlich ist Wissensvermittlung wichtig, aber: „Das Hauptproblem unserer Zeit ist nicht der rasante Fortschritt des Wissens, sondern das Zurückbleiben der Herzensbildung", sagt der österreichische Schriftsteller Ernst Ferstl. Übersetzt in eine IT-affine Sprache: Es braucht eine Grundformatierung des Herzens, damit der heutige „User" mit der Fülle von Themen und Inhalten umgehen und diese für sich und andere vorteilhaft nützen kann.

Bei einem Treffen mit Vertretern eines internationalen Bildungsprojekts im April 2022 in Rom hat Papst Franziskus deutlich gemacht, dass Bildung keine einseitige Indoktrinierung von Wissen sein darf, sondern eine „Hilfe beim Wachsen" sein soll: „Wir müssen mit dem Bild von Bildung brechen, demzufolge Bildung darin besteht, den Kopf mit Ideen zu füllen. Auf diese Weise erziehen wir Automaten, Kopffüßler, keine Menschen. Erziehen heißt, in der Spannung zwischen Kopf, Herz und Händen Risiken einzugehen." Zu den Risiken zählt eine gute Fehlerkultur, die es erlaubt, Dinge auszuprobieren, Wissen auf seine Lebens- und Zukunfttauglichkeit zu überprüfen und gerade dadurch schrittweise Verantwortung zu übernehmen. In ähnlicher Weise fordert der 1989 mit dem Friedensnobelpreis ausgezeichnete Dalai Lama Herzensbildung als globale Ethik: „Schon unsere Kinder sollten mit der Idee aufwachsen, dass für jegliche Konflikte Dialog und nicht Gewalt der beste und praktikabelste Weg zur Lösung ist. […] Das kann aber nur Wirklichkeit werden, wenn unser Bildungssystem nicht nur das Gehirn ausbildet, sondern auch das Herz."

Was macht den Menschen aus?

Der Begriffsvorschlag von André Heller gefällt mir am besten: „Was den Menschen zum Menschen macht, ist Herzensbildung." Es zählt also nicht nur eine intellektuelle Bildung, sondern auch „die frühe Formung des Herzens. Ohne sie können aus Kindern und aus Jugendlichen keine fürsorglichen, stabilen und sozialfähigen Erwachsenen werden", wie auch die Bildungsexpertin Maria Elisabeth Schmidt betont.

Ein wesentlicher Teil der Herzensbildung ist die spirituelle Beheimatung des Menschen. Ethik und (!) Religion! „Woher komme ich? Wohin gehe ich? Was ist der Sinn meines Lebens?" Kardinal Franz König, der 2004 verstorbene Erzbischof von Wien, hat diese drei ur-spirituellen Fragen unermüdlich gestellt, sich selbst und anderen. Fasziniert von einem personalen Gott und fasziniert von der Wissenschaft, sah er die Einheit von Leben, Erkenntnis und Glauben.

Vielleicht sind wir heute etwas weniger euphorisch als Kardinal König. Wir sehen deutlicher neben den menschlichen Potenzialen auch die Keime von Gewalt in allen Religionen, auch wenn diese niemals das wahre Wesen der Religion repräsentiert. „Gewalt ist ihre Entstellung und trägt zu ihrer Zerstörung bei", mahnt Benedikt XVI. Und wir sehen in den rasanten Entwicklungen der Wissenschaft keineswegs nur mehr Fortschritt. Vor allem in der Genforschung und Weiterentwicklung künstlicher Intelligenz tun sich gefährliche Abgründe auf. Die totale Herstellbarkeit des Menschen und seine genetische Programmierbarkeit machen Angst. Ein systematischer bioethischer Diskurs ist notwendig, in dem die uralten Fragen neu gestellt werden müssen: „Was ist der Mensch?", „Was darf der Mensch?"

Ermüdung kollektiv

In der Fastenzeit 2022 habe ich in der Innsbrucker Universitätskirche eine Verhängung des Altars mit einer großformatigen Fotoarbeit von Carmen Brucic initiiert. Die Tiroler Künstlerin hat dafür das Porträt eines Aktivisten der „Rave Revolution" von Tiflis gewählt. Es ist eine Community, die sich für Freiheit und soziale Gerechtigkeit in

Georgien engagiert – künstlerische Performer, Queer-People und Freiheitsliebende aller Art gehören dazu. Viele der Fotografierten sind ständiger Diskriminierung und Gewalt ausgesetzt. Auf dem Foto sah man David, ein Mitglied der Gruppe, auf einer Matratze liegend, Kopf nach unten, Oberkörper nackt. Zeitgleich zur Präsentation in der Kirche befand sich der dargestellte Aktivist zu Beginn des Ukrainekrieges in einer antirussischen Protestaktion in der Hauptstadt Georgiens. Auf dem Foto schien er zu schlafen – *„tired"*, so auch der Titel der Installation. Sein hochgestreckter Arm zeigt vernarbte Ritzungen. Seine Haltung auf der Matratze wurde durch die Drehung des Fotos intensiviert – ein ambivalenter Zustand zwischen Absturz und Ausruhen, Ohnmacht und Ergebung. Für mich und viele andere war das großformatige Foto ein deutlicher Hinweis auf den leidenden Christus. Die kollektive psychische Ermüdung unserer Zeit lässt sich nicht leugnen.

Leider habe ich mit dieser Kunstintervention einen digitalen Shitstorm ausgelöst. Er bezog sich hauptsächlich darauf, dass der Erschöpfte auf dem Foto ein Aktivist aus der Queer-Szene war. Zahlreiche, fast ausschließlich anonyme, Hass-Postings haben mich erreicht.

Digitale Herzensbildung

Mit Recht forderte der Journalist und Blogger Sascha Lobo bereits vor zehn Jahren auf *Spiegel Online* eine digitale Herzensbildung: „In einer digital vernetzten Gesellschaft quillt Hass aus allen Ritzen der sozialen Medien. Zwar ist Facebook & Co auch voll mit digitalen Liebes- und Freundschaftsbekundungen, in der Menge sicher mehr als gegenläufige Emotionen. Aber so wie ein Liter Öl mehrere Millionen Liter Wasser vergiftet, so wiegt für die Einzelperson ein Hass-Tweet tausend freundliche auf." Der als Vorreiter der Blogger-Szene bekannte Kolumnist erklärte die Gefährlichkeit des digitalen Hasses. Früher war es der Stammtisch, die familiäre Kaffeerunde, der Tratsch beim

Einkaufen oder unter Arbeitskollegen und Nachbarn. Jetzt plötzlich ist eine unbedachte Äußerung, ein verletzendes oder diskriminierendes Wort weltweit gestreut und nicht mehr einzufangen. Und es fehlt als natürliches Korrektiv die direkte Konfrontation. „Der Hassende muss dem Gehassten nicht von Angesicht zu Angesicht begegnen", erläuterte Sascha Lobo. Außerhalb des Internets hat es meist noch einen sozialen Preis, einer Person gegenüberzutreten und ihr Hass zu zeigen. „Netzhass ist gratis."

Mobbing und Rufmorde im Netz vermehren sich epidemisch, leider auch die Suizide als verzweifelte Reaktionen auf diese Brutalität. Und wer übernimmt Verantwortung? Je früher eine „digitale Herzensbildung" heranwächst, desto eher gibt es eine humane und nicht bloß technische Online-Kompetenz. Außerdem lässt sich die Welt nicht wie ein großer Touchscreen bedienen und steuern. Herzensbildung ist die Einübung von Selbstachtung, Empathie, Mitgefühl und Verantwortung.

Training für den Frieden

Wo anfangen? „Rache und immer wieder Rache! Keinem vernünftigen Menschen wird es einfallen, Tintenflecken mit Tinte, Ölflecken mit Öl wegwaschen zu wollen. Nur Blut, das soll immer wieder mit Blut ausgewaschen werden." Das Zitat stammt von Bertha von Suttner, Friedensforscherin und als erste Frau 1905 mit dem Friedensnobelpreis ausgezeichnet. Eine radikale Herzensbildnerin. Schulen sind nach ihr benannt. Sie sah den Einsatz von Giftgas und Atombomben voraus. Die Bedrohungsszenarien mit den hypertrophen Waffensystemen heutiger Zeit sind um vieles größer geworden. „Krieg ist niemals ein unvermeidbares Schicksal, er ist immer eine Niederlage für die Menschheit", erklärte Papst Johannes Paul II. am 1. Jänner 2003 und warnte eindringlich vor dem bevorstehenden Angriff der USA auf den Irak. Es ist erschreckend, dass wir uns 20 Jahre später wieder in Zeiten militärischer Aufrüstung befinden.

Wie gelingt es uns, von der Logik der Aggression wegzukommen? Herzensbildung verlangt eine Logik der Friedenssicherung! Der Grazer Literat und Sozialforscher Egon Leitner fordert schon seit Jahren ein Unterrichtsfach „Helfen" und ein analytisches Friedensformat im staatlichen Fernsehen. Ein paar Stunden pro Woche ein Friedensprogramm – Analysen, internationale Friedensmissionen, Best-Practice-Beispiele von Versöhnung, Schulung von Gewaltlosigkeit, Konflikt-Coaching, u. v. m. Tatsächlich ist in unserer angespannten, nervösen, an Ungerechtigkeitsgefällen leidenden Welt viel zu tun. Und jeder halbwegs pazifistisch denkende Mensch fragt sich, wer denn das exorbitante Aufrüsten verantworten kann. Wohl niemand – auch wenn es selbstverständlich das Recht zur Verteidigung mit Waffen gibt, wenn Staaten Opfer fremder Aggression werden. Dennoch: Nur ein winziger Bruchteil der weltweiten Militärausgaben – im Jahr 2021 waren es ca. zwei Billionen Euro – könnte die weltweite Hungerkatastrophe sofort beenden.

Nur wenige Monate nach seiner Wahl bekräftigte Papst Franziskus am 25. Juli 2013 in einer Favela seine Überzeugung, dass „die Gewalt nur von einer Verwandlung des menschlichen Herzens aus überwunden werden kann". Herzensbildung ist eine Schulung von Gewaltlosigkeit, ein echtes Friedenstraining, denn auch das menschliche Herz kann eine gefährliche Waffenkammer sein. Abrüstung ist angesagt!

Sehkraft im Herzen?

„Man sieht nur mit dem Herzen gut, das Wesentliche ist für die Augen unsichtbar." Vielfach wird dieses Wort des französischen Dichters Antoine de Saint-Exupéry zitiert – mit Recht. Für die Tiefsicht und Weitsicht im Leben braucht es mehr als das physische Sehorgan. Herzensbildung ist eine Seh-Schulung, um wahrzunehmen, was wirklich läuft, um kritik- und beziehungsfähig zu bleiben. Gerade deshalb erlaube ich mir eine Ergänzung des berühmten Spruchs: Nur mit einem *guten* Herzen sieht man gut! Wer an das Gute nicht glauben kann, wird das Gute nicht wahrnehmen. Mit einem verbitterten, missmutigen Herzen sieht man vorrangig nur Negatives.

Ebenso ergänze ich, dass man nur mit einem *versöhnten* Herzen gut sieht. Wer ständig anklagt, beneidet und mit dem Nächsten ins Gericht geht, wird den Unrat, den er selbst in sich trägt, auf seine Nächsten projizieren. Schließlich sieht ein Mensch auch nur mit einem *hoffnungsvollen* Herzen gut. Er hat die Möglichkeiten positiver Veränderungen vor Augen. Er sieht mehr, weil es dem Nächsten eine Entwicklung zutraut. Es lässt sich überraschen, schaut bei Unrecht nicht weg, weiß aber um eine bessere Zukunft. Ich versuche noch eine letzte Modifikation: Nur mit einem *dankbaren* Herzen sieht man gut! Nur ein positiv wahrnehmendes Hinsehen kann erkennen, was nicht selbstverständlich ist.

Zusammengefasst: Ein *gutes, versöhntes, hoffnungsvolles* und *dankbares Herz* ist ein wirklich *sehendes Herz*. Aus diesem Grund spielen die Blindenheilungen in der Bibel eine wichtige Rolle. Gott weitet, schärft und vertieft unser Sehen.

Das Gewissen bilden

„Ein schlechtes Gewissen ist ein gutes Ruhekissen." Ich mag diese tiefsinnige Verkehrung des bekannten Sprichworts. Es schläft sich ja tatsächlich gut, wenn nichts berührt, nichts zu Herzen geht – der Nächste, Gott und die Welt außen vor bleiben. Also: Wachsamkeit ist vonnöten! Ein gutes Gewissen ist das Gespür für die Würde und Kostbarkeit des Lebens. Herzensbildung ist Gewissensbildung. Bei uns zu Hause gab es keine großen Debatten in moralischen Fragen, aber doch die klare Unterscheidung, was sich gehört und was nicht. Das Gewissen tragen wir als ein „Urwissen" über den rechten Weg in uns. Mir scheint, dass vieles nur in Erinnerung gerufen werden muss. Das Gewissen spricht uns auf unsere Verantwortung hin an. Es ist mehr als ein Produkt frühkindlicher Erziehung oder eine moralische Indoktrinierung.

Letztlich geht es doch darum, welche Spuren wir in dieser Welt hinterlassen wollen. Unser Leben ist eben weit mehr als ein unverbindliches Spiel im Sandkasten. In der finalen Bilanz wird es nicht egal sein, ob wir aufgebaut oder zerstört haben, ob wir nur unsere eigenen Burgen im Sinn hatten oder auch die Interessen der Mitspielenden. Das Gewissen weiß um die Ernsthaftigkeit unserer Lebensperformance – jetzt schon.

Das Gewissen gehört zur Urbegabung des Herzens. Damit es seine feine, seismografische Fähigkeit nicht verliert, muss es ein Leben lang geformt und weitergebildet werden. Fehlbildungen wirken sich aus: Ein zu rigides Gewissen treibt Menschen in eine permanente Furcht, etwas falsch zu machen. Aber auch ein zu laxes Gewissen bietet keinen Halt. Das innere Feintuning ist entscheidend – die innere Hörbereitschaft, weil die Wahrheit nicht auf der Straße lärmt, Lüge und Propaganda meist schon. Gott schreit nicht, er flüstert uns ins Herz. Die leisen Töne, Ruhe, Gewaltlosigkeit und Geduld machen seinen Charakter aus. Er hat es nicht nötig, uns zu überrumpeln, er setzt auf die innere Sensibilität.

Geistvoll beten – von Herz zu Herz

Einmal habe ich ein 11-jähriges Mädchen gefragt: „Betest du?" Ich werde ihre Antwort wohl nie vergessen: „Natürlich. Jeden Tag. Manchmal aber habe ich das Gefühl, als ob ich gegen eine Wand reden würde. Gott hört mich nicht. Und dann habe ich wieder den Eindruck, als ob ich ihm direkt in sein Herz spreche." Ich war von der Tiefe und Selbstverständlichkeit dieser Antwort überrascht. Wie gegen eine Wand sprechen, von der alles abprallt, kein Echo, keine Resonanz. Diese Erfahrung reflektieren alle mystisch begabten Menschen. Gott funktioniert nicht nach unseren Erwartungen! Gebete sind keine Wunschkonzerte. Viele werden nicht erhört – oder zumindest von Gott anders erhört, als wir es uns gewünscht hätten. Herzhaft lachen musste ich dann über den unerwarteten Dreh, den das junge Mädchen in ihrer Antwort noch hinzufügte: „Ich erzähle Gott auch die neuesten Witze. Leider weiß er immer schon, wie sie ausgehen." Ist das nicht stark? Dieses junge Mädchen hatte eine ausgesprochen freundschaftliche Beziehung zu Gott – ein Herz zu Herz, das nicht viele Worte braucht und auch das Moment von Enttäuschung mitreflektiert. In jedem Fall ist das menschliche Herz der Ort des Gebetes, der Umschlagplatz für alles, was uns fröhlich stimmt und „lobpreisen" lässt, aber auch für alles, was uns aufwühlt.

Vor Gott klagen

„Wir jammern zu viel und klagen zu wenig!" Diese Klarstellung des spirituellen Autors Pierre Stutz bringt es auf den Punkt. Das Klagen müssen wir neu lernen, das Jammern offensichtlich nicht. Die

Aufregung über Lappalien und Belangloses fällt uns leichter, ist aber auch gefährlicher, weil wir beim Jammern, Raunzen auf gut Wienerisch, leicht im Kreisen um die eigenen Befindlichkeiten stecken bleiben. Beim Klagen hingegen bringt der Mensch seine Bedrängnis mit Gott in Berührung – wirft sie ihm wie eine Last hin. Klagen ist ein erster Akt der Befreiung. Ich schätze die biblischen Klagepsalmen, weil es vor Gott keine zuckersüße Harmonie braucht. In ungefähr einem Drittel der 150 Psalmen wird geklagt, mit Gott gestritten und gelegentlich auch geflucht. Der Betende weiß, dass er alles, was sich in seinem Herzen aufgestaut hat, vor Gott „rauslassen", ja sogar herausschreien soll. „Mein Herz ist geworden wie Wachs, in meinen Eingeweiden zerflossen. Meine Kraft ist vertrocknet wie eine Scherbe, die Zunge klebt mir am Gaumen, du legst mich in den Staub des Todes", heißt es z. B. im Psalm 22. Übrigens hat diesen Psalm Jesus am Kreuz gebetet. Alle Gefühle dürfen vor Gott sein. Der Beter legt alles auf den Tisch, nichts wird verdrängt. Ich erinnere mich an eine Frau aus Nigeria, die ich mehrmals in unserer Kirche angetroffen habe. Ich war irritiert und bewegt zugleich – sie hat laut schreiend gebetet. Es gab kein Missverständnis, an wen sie sich richtet, wem sie mit ganzer Intensität vertraut und wem sie ihre Not entgegenschleudert. Meist sind wir von einer entschlossenen Direktheit weit entfernt. Wir beten eher auf Zimmertemperatur. Aber – Beten mit Herz?

Erwartet werden

Vor allem Reden geht es um das Hinhören. Zuständig dafür ist das Herz, das eigentliche „Hör-Organ". Zuerst also nichts tun, keine langen Gebete aufsagen, keine komplizierten Texte vortragen, Litaneien oder sonst etwas Frommes verrichten. Jesus hat energisch darauf hingewiesen: „Wenn ihr betet, sollt ihr nicht plappern wie die Heiden, die meinen, sie werden nur erhört, wenn sie viele Worte machen." (Mt 6,7) Beten beginnt mit dem Runterkommen vom Gas, mit dem Auf-Hören und Auf-Schauen. Ich selbst benötige täglich eine gewisse Zeit, um innerlich frei zu werden für eine Begegnung – darum geht's! Um eine innere Begegnung, nicht um eine spirituelle Leistung, und schon gar nicht um ein krampfhaftes Sich-Versenken. Wer sich auf eine Begegnung freut, bereitet sich vor, räumt alles Störende weg. Auch das Smartphone. Gott drängt sich nicht auf. Christliches Gebet ist ein Ankommen am Herzen Gottes. Im bereits erwähnten Gleichnis aus dem Lukasevangelium (Lk 15) heißt es, dass der barmherzige Vater den verlorenen Sohn schon von Weitem kommen sah. Mit dieser Leidenschaft hält Gott Ausschau! Jedes Gebet ist ein Stück Heimkommen, manchmal mühsam, aber letztlich begleitet von Freude. Ein herzliches Gebet kann wie eine tröstende, versöhnende Umarmung sein.

„Worship" ist aktuell hoch im Kurs. In den USA gibt es prominente Radiosender, die fast ausschließlich christliche Lobpreislieder spielen. Bewegende Songs, oft auch viel Emotion und Stimmung. Ja, der Lobpreis Gottes soll bewegen – und darf bewegen. Wenn ein Gebet herzhaft ist, wird meist was los sein. Ich habe das freie, enthusiastische Singen bei charismatischen Gottesdiensten erlebt – manchmal überschwänglich, aber meist erfreulich, fast wie eine innere Lockerungsübung. Wer Gottes Größe auch nur ein wenig zu erahnen beginnt, kann nicht „sachlich" vor sich hin beten. Kritikern von vermeintlich zu euphorischem Lobpreis rate ich immer den Vergleich mit der Stimmung in Konzerthallen oder Fußballstadien. Muss uns Gott nicht mindestens in gleicher Weise bewegen? Oft würde ich mir mehr Lebendigkeit wünschen.

Geborgen oder durchschaut?

Gott weiß Bescheid. Der wunderschöne Psalm 139 ist Weltliteratur: „Du hast mich erforscht und kennst mich. Ob ich sitze oder stehe, du kennst es. Du durchschaust meine Gedanken von fern. Ob ich gehe oder ruhe, du hast es gemessen. Du bist vertraut mit all meinen Wegen." Gesehen- und Wahrgenommenwerden ist der tröstliche Aspekt.

Tiefe Geborgenheit in Gott. Er hat den Überblick – dies zu ahnen oder zu „wissen", ist eine unerhört wichtige Vergewisserung in der bedrängenden Unübersichtlichkeit unserer Zeit. Gott sieht – das Gute und das Problematische. „Von seinem Thronsitz schaut er nieder auf alle Bewohner der Erde. Der ihre Herzen gebildet hat, er achtet auf all ihre Taten." (Ps 33,14f.)

Ich erlaube mir eine kritische Anmerkung: Die Vorstellung eines allwissenden Gottes hat die Gottesbeziehung vieler Menschen vergiftet. Eigentlich ein perverser Gedanke. Als ob Gott nichts anderes zu tun hätte, als uns zu bespitzeln. Wenn wir auf Jesus schauen, dann sehen wir das Gegenteil: Gott gibt dem Menschen Ansehen, selbst dann, wenn eine gaffende, skandalhungrige Gesellschaft nur noch anklagt. Ich denke an den Zollpächter Zachäus. Er war klein von Gestalt und wegen seiner Geldgier bei den Leuten verhasst. Er stieg auf einen Baum, um Jesus zu sehen, der in Jericho vorbeikommen sollte. Getrieben von innerer Sehnsucht hat er sich fast peinlich-berührend exponiert. Als Jesus nun Zachäus im Geäst des Baumes sah, blieb er stehen – und blickte zu ihm auf. Eine unerwartete Umkehrung: Gott schaut auf zu dem, der von anderen nur mehr verächtlich von oben herab gemustert wird. Also: Beten heißt, sich dem barmherzigen Blick Gottes aussetzen. Sich anschauen lassen.

Saturday Night

Als junger Priester arbeitete ich in einem Dorf, wo sich neben der modernen Betonkirche ein attraktives Café und Tanzlokal befand. Es war der ultimative Treffpunkt für junge Leute, darunter viele Lehrlinge. Die Kirche hat sie kaum bis gar nicht interessiert. Ich kannte einige von ihnen, nicht zuletzt aufgrund eines schrecklichen Unfalls, bei dem eine 17-Jährige zu Tode kam. Eines Abends ging es bei einem lockeren Gespräch im überfüllten Lokal um das Thema Kirche. Ich bot ihnen an, für sie einen speziellen Gottesdienst zu feiern – nicht am

Sonntagvormittag, sondern in der Nacht und kurz. Sie ließen sich begeistern. Die Idee der „10-Minuten-Messe" war geboren. Tatsächlich kam ein Jahr lang an jedem Samstagabend um 23 Uhr eine Gruppe von ca. 30 jungen Leuten in die Kirche.

Von diesen mehr oder weniger spirituellen Boxenstopps habe ich vieles in Erinnerung. Manchmal war es nur ein Wahnsinn, weil ich die Gruppe aufgrund des Alkpegels und anderer Störungen nicht bändigen konnte. Dann aber gab es wieder Treffs, die atmosphärisch zu Herzen gingen – ungewöhnliche Stille, offene Gesichter, Fragen, manchmal auch Tränen. Ich hatte den Eindruck, dass die bunte Truppe zusehends von Gottes Gegenwart überrascht wurde. Für einige blieb alles fremd – für andere hat ein Weg des Glaubens begonnen. Ich verstand immer mehr das Wort Jesu: „Kommt alle zu mir!" Ja, tatsächlich alle – ob cool drauf oder nicht, ob Christ oder Moslem, Buddhist, Freidenker, ob moralisch auf einer brauchbar guten Spur oder daneben, kirchlich engagiert oder ausgetreten. Das Herz Jesu schlägt für alle Menschen.

Der Herzschlag Jesu

Als die Jünger sahen, wie Jesus betete, waren sie offensichtlich berührt. Sie baten ihn: „Herr, lehre uns beten!" (Lk 11,1) Vermutlich waren es nicht viele Worte, die sie angesprochen haben, keine außergewöhnlichen Gesten. Jesus hat in Verbundenheit mit dem Vater gebetet, ganz „natürlich" – sein Gebet war kein Wollen, Müssen, Sollen, kein Erledigen frommer Pflichten. Sein Gebet war Ausdruck seiner Beziehung zum Vater, ein gegenseitiges Raum-Geben, Hören und Antworten, Schenken und Empfangen. Beten in dieser Schule Jesu ist nicht kompliziert und mit Sicherheit kein exklusives Hobby für Auserwählte. Jeder Mensch kann beten. Stehen, Sitzen, Gehen oder Knien, eventuell auch Liegen – Körperhaltungen sind nicht unwichtig, aber für das persönliche Beten gibt es keine strengen Benimm-Regeln. Das Herz entscheidet. Beten ist der Versuch, sich mit dem Herzschlag Jesu zu verbinden, seinen Rhythmus aufzunehmen.

Wie Liebende

Nur Schauen, Auf-Schauen, Staunen, nichts Frommes verrichten müssen, Sich-Lieben-Lassen! So könnte eine wunderschöne Anleitung zum Gebet lauten. In diesem Sinne ist mir persönlich die stille eucharistische Anbetung im Laufe der Jahre immer kostbarer geworden. Es geht um ein Hinschauen auf die Mitte, die Jesus selbst ist. Hinschauen auf das kleine Stück Brot, das in der Feier der Eucharistie in Jesu Leib verwandelt wurde – einfach göttlich! Herzstück der Heiligen Messe. Es ist das Symbol größter Liebe, weil Jesus am Abend vor seinem Leiden gesagt hat: „Das bin ich für Euch!" Äußerlich ist es die Gestalt von Brot, innerlich aber Jesus selbst, höchst geheimnisvoll. Im staunenden Betrachten kommt es zu einer Begegnung – langsam wird man sich vertraut und ein einfaches Gespräch beginnt. Von Herz zu Herz. Nicht die Worte sind entscheidend. Wenn Liebende zusammen sind, dann reichen die Worte ohnehin nicht aus. Sie erleben Gemeinschaft, Kommunion. Dennoch: Nichts kann erzwungen werden, kein Glücksmoment, keine Nähe, keine innere Tröstung.

„Jesus, ich vertraue auf Dich!" Das ist mein Lieblingsgebet, vielleicht auch deshalb, weil es so kurz ist. Es stammt von der polnischen

Ordensfrau Faustyna Kowalska (1905–1938). Dieses knappe Gebet schrieb sie unter das Bild des barmherzigen Jesus, das die Mystikerin aufgrund einer göttlichen Vision hin malen musste. Für meine Begriffe ist es gefährlich nahe an der Kitschgrenze, aber es wirkt. Es ist für unzählige Menschen zu einem Bild des Vertrauens geworden. Im Zentrum des Bilds befindet sich das Herz Jesu, aus dem ein doppelter Lichtstrahl hervorbricht.

Solidarisch beten

Beten in christlicher Tradition ist immer ein solidarisches Mitfühlen und Mittragen von Menschen. Recht selbstkritisch hat ein Missionar von einem Mann in einem afrikanischen Dorf erzählt, von dem er gelernt hat, wie herzhaft „solidarisches Beten" ausschauen kann. Täglich ging der Priester sehr früh am Morgen in die Kirche, um sein erstes Gebet zu verrichten, das ungefähr eine halbe Stunde dauerte. Immer öfter sah er beim Hinausgehen einen Mann, der ohne Gebetbuch tief versunken noch länger betete. Nach einigen Monaten fragte er etwas irritiert, fast ein wenig vorwurfsvoll, warum er denn immer so lange beten würde? Der Mann antwortete, dass er täglich für das ganze Dorf bete. Darauf erwiderte ihm der Missionar, dass dies doch mit einer schlichten Fürbitte erledigt sei, so wie er es doch auch mache. Darauf sagte der Mann: „Wenn ich bete, dann gehe ich mit meinem Herzen von Haus zu Haus und von einer Hütte zur nächsten. Und dafür brauche ich sehr viel Zeit."

Ganz ähnlich hat es der französische Filmkritiker Pierre Goursat (1925–1991), der im Jahr 1972 die katholische Gemeinschaft Emmanuel gegründet hat, den anderen Mitgliedern der Gemeinschaft und mir oftmals erklärt. Für ihn war das stille Gebet vor Gott, meist die eucharistische Anbetung, immer eine Schule des Mitleidens – auf Französisch *compassion*, übersetzt mit „Anteilnehmen, Sich-berühren-Lassen" von der Not des Nächsten. Also mit dem Herzen beten. Es gab für ihn auch kein langweiliges Gebet, selbst wenn er oft von „trockenen

Momenten" sprach. Sein Verweilen bei Jesus hat er immer auf die reale Welt hin geöffnet, auf Kranke, Suchende, Verbitterte und Obdachlose – auf Menschen, die Gottes Gegenwart noch nie erfahren haben. Ich bin mir gewiss, dass Gott alle Gebete in seiner Weise erhört, am liebsten vermutlich jene, die ohne viele fromme Worte auskommen. Auch die Gebete, die mit schwitzenden Händen verrichtet werden.

Unterwegs in die Weite

Schon lange fasziniert mich Charles de Foucauld. Er wurde 1858 in einer wohlhabenden französischen Familie geboren. Sein Traum war es, Offizier zu werden. Allerdings hat er sich die ersehnte Karriere durch einen skandalösen Lebenswandel selbst vermiest. Eine unehrenhafte Entlassung aus der Militärakademie war die Folge. Genau an diesem Tiefpunkt begann sein wirkliches Abenteuer. Er lernte Hebräisch und Arabisch, organisierte Forschungsreisen und zeichnete die ersten Karten des Atlasgebirges. Noch überraschender: Der praktisch gottlose Weltbürger bemerkte in sich einen stärker werdenden Hunger nach Gott. Erstmals betete er: „Mein Gott, wenn es dich gibt, dann lass mich dich erkennen!" Er kehrte nach Paris zurück, um mit einem Priester über die Existenz Gottes zu diskutieren. Als er in St. Augustin an die Tür klopfte und seinen Wunsch äußerte, antwortete der dortige Pfarrer, der ihn nicht kannte: „Zuerst beichten Sie, dann reden wir." Das brachte die Wende. Er hat sein Leben, seine Sehnsucht und seine – sorry – „Schweinereien" offengelegt. Als die Beichte fertig war, „wusste" Charles, dass Gott ihn schon längst gesucht hat. Er trat in den Trappistenorden ein, wurde zum Priester geweiht und – wieder eine Schwelle auf seiner abenteuerlichen Lebensreise – zog in die algerische Sahara nach Tamanrasset, wo er als Eremit im Stammesgebiet der muslimischen Tuaregs ein Leben der Freundschaft mit Gott und den Menschen verbrachte.

Foucaulds tragischer Tod 1916 war nicht das Ende „seiner Berufung": Mehr als 20 geistliche Gemeinschaften der „Kleinen"

Schwestern und Brüder weltweit ließen sich von ihm inspirieren. Am 15. Mai 2022 wurde Charles de Foucauld heiliggesprochen. Er ist unzähligen Menschen in unserer pluralen Gesellschaft mittlerweile ein spirituelles Vorbild – fasziniert von der Art und Weise, wie er als Mönch jahrzehntelang unter seinen muslimischen Nachbarn gelebt hat. Er hat niemanden offiziell zum Christentum gebracht. Charles war mit seinem gütigen Blick Bruder, Freund, Nachbar, Gesprächspartner und geistlicher Begleiter von unzähligen Menschen, die ihn in seiner Eremitage aufgesucht haben. „Ich bin nicht hier, um sie zu bekehren, sondern um sie zu verstehen", erklärte er seine Haltung. Solche Worte sind tröstlich und befreiend in einer Welt der weltanschaulichen Aufrüstungen und Verwerfungen. „Jeder Christ", so Charles de Foucauld, „muss jeden Menschen – selbst den Sünder – als geliebten Bruder, als geliebte Schwester ansehen. Die Nichtchristen können Feinde eines Christen sein, ein Christ aber ist immer ein liebevoller Freund eines jeden Menschen. Er fühlt für jeden Menschen wie das Herz Jesu."

Bildverzeichnis

S. 12: David Okeke, Heart of Mercy, Zeichnung mit Buntstiften, 2009, Foto: H. Jesionka

S. 21: Michel Abdollahi, Schwamm 4.0, Mai 2021, Kunststoff, Innsbruck, 2021, Foto: M. Schallner

S. 23: Herz-Jesu-Bild, nach Pompeo Batoni, seit 1767 Jesuitenkirche Innsbruck, Foto: H. Glettler

S. 29: Hans Neuhold, Maria, die Hörende, Glasfenster, 1993, Dörfla bei Graz, Foto: H. Kaindl

S. 34: Auferstandener mit Seitenwunde, Holz, 18. Jhdt., ursprgl. Brunnenfigur in Heiligwasser in Tirol, jetzt Stift Wilten, Innsbruck, Foto: S. Obholzer

S. 40: Joseph Beuys, Zeige Deine Wunde, mehrteilige Installation, 1976, Foto © bpk / Städtische Galerie im Lenbachhaus und Kunstbau, München, © VG Bild-Kunst, Bonn 2023

S. 45: Zenita Komad, Liebe deinen Nächsten, sehr, 2012, Wachsabgüsse, Jesuitenkirche Hall, 2021, Foto: G. Berger, © VG Bild-Kunst, Bonn 2023

S. 46: Grabgesteck für Peter Glettler, 2022, Friedhof Adriach, Steiermark (A), Foto: H. Glettler

S. 55: Lichtersymbol, Friedenskundgebung für die Ukraine, März 2022, Innsbruck, Foto: S. Obholzer

S. 59: Tabernakelantependium, ehem. Ursulinenkirche, Innsbruck, 18. Jhdt., Foto: Sr. Hildegard

S. 70: Herz-Jesu-Prozession, Schützengarde mit Herz-Jesu-Statue, Weerberg, Tirol, 2022, Foto: A. Mayr

S. 77: Michelangelo Caravaggio, Die sieben Werke der Barmherzigkeit, 1606, Öl auf Leinwand, 390 x 260 cm, Pio Monte della Misericordia, Neapel, Foto: H. Glettler

S. 83: Erich Kofler Fuchsberg, „Trasporto straordinario, 1995/96, Holz und gemischte Materialien, Gesamthöhe ca. 170 cm, Kunstpreis der Diözese Innsbruck, Foto: Katalog

S. 86: Gacaca-Versammlung im Dorf, Ruanda, Foto übernommen: Kigali Genocide Memorial

S. 96: Graffito, Das Herz ist ein Muskel in der Größe einer Faust, Innsbruck, Foto: H. Glettler

S. 101: Young Caritas Tirol, „Laufwunder", Benefizaktion, Innsbruck, 2022, Foto: V. Gutleben

S. 105: Schulaktion zum Tag der Herzlichkeit, 2022, VS in Sillian, Osttirol, Foto: W. Hölbing

S. 108: Paar mit Decke, Kunsthandwerk, Südtirol, 2022, Foto: M. Schallner

S. 114: Reklame United Colors of Benetton, Foto: H. Glettler

S. 125: Le Rocher, Banlieues von Paris, 2022, Foto: M. Schanovski

S. 133: Graffiti auf Mauer, die Israel und Palästina trennt, Foto: P. Jungmann

S. 143: Horst Rainer, Herz-Feuer-Installation, Innsbruck, 2021, Foto: M. Schallner

S. 147: Herz-Jesu-Feuer, 2022, Blick auf Innsbrucker Nordkette, Foto: R. Siegl

S. 158: Szene mit T-Shirt, Grafik von Keith Haring, designed by brucealbott, Innsbruck, Foto: M. Hausmann

S. 162: Peter Garmusch, Studio Kampala #1, C-Print auf Dibond, 230 x 180 cm, 2014, Foto: P. Garmusch, © VG Bild-Kunst, Bonn 2023

S. 169 Hatred is sick, T-Shirt, Brustkreuz von Bischof Hermann Glettler, vom Künstler Gustav Troger aufgebohrt, 2017, Foto: H. Glettler

S. 171: Herz-Jesu Kirche, Graz, 1891, Radfenster (Ø 8,50 m), Glasmalereiwerkstatt Innsbruck, Foto: F. Bouvier

S. 177: Gott als jugendlich Liebende/r, Gemälde, 18. Jhdt., Bischofshaus Innsbruck, Foto: H. Jesionka

S. 180: Fernand Léger, Wundmale wie Sonnen, Betonglasfenster, Kirche Sacré-Cœur in Audincourt, 1949, Foto: H. Glettler, © VG Bild-Kunst, Bonn 2023

S. 181: Max Weiler, Lanzenstich, 1947, Fresko ca. 9 x 5,8 m, Theresienkirche Hungerburg, Innsbruck, Foto: H. Jesionka

S. 187: Mark Wallinger, Ecce Homo, 2000, temporär im Dom zu St. Jakob in Innsbruck, 2021, Foto H. Glettler, © VG Bild-Kunst, Bonn 2023

S. 194: Johannesminne, 1320, Klosterkirche Heiligkreuztal, Kunstverlag, Foto: E. Reiter

S. 200: Mann am Boden liegend, Screenshot von TV-Nachricht, 2022, Foto: H. Glettler

S. 204: Infotafel Asfinag-Autobahn in Österreich, Deine Lebensrettungsgasse, 2022, Foto: H. Glettler

S. 208: Max Weiler, Herz-Jesu-Sonne, 1947, Fresko, ca. 9 x 6,65 m, Ausschnitt, Theresienkirche, Innsbruck, Foto: H. Jesionka

S. 214: Brunnenanlage, Dorf in Burkina Faso, 2018, Caritas Auslandshilfe, Foto: J. Stabentheiner

S. 220: Carmen Brucic, tired, C-Print auf Leinen, temporäre Fotoinstallation in der Universitätskirche Innsbruck, Fastenzeit 2022, Foto: H. Jesionka, © VG Bild-Kunst, Bonn 2023

S. 231: Margareta M. Alacoque vor Christus, umgeben von Heiligen mit Bezug zur Herz-Jesu-Spiritualität, Mosaik, Paray Le Monial (F), Foto: Kloster der Heimsuchung

Literatur

Joachim Bauer, Das empathische Gen, Freiburg im Breisgau, 2021

Martine Catta (Hrsg.), Pierre Goursat, Worte wie Feuer, Altötting, 2013

Dom J.-B. Chautard, Innerlichkeit. Die Seele allen Apostolates, Wien, 2007 (frz. Originalausgabe um 1910)

Wilhelm Egger (Hrsg.), Das durchbohrte Herz. Gedanken aus Theologie, Geschichte und Kunst zur 200-Jahr-Feier des Herz-Jesu-Gelöbnisses, Bozen, 1996

Hermann Glettler und Michael Lehofer, Trost. Wege aus der Verlorenheit, Graz, 2020

Tomáš Halík, Ich will, dass du bist. Über den Gott der Liebe, Freiburg, 2015

Johannes Hartl, Gott ungezähmt. Raus aus der spirituellen Komfortzone, Freiburg, 2016

Ole Martin Høystad, Kulturgeschichte des Herzens. Von der Antike bis zur Gegenwart, Köln, 2006

Johannes Hoff, Verteidigung des Heiligen. Anthropologie der digitalen Transformation, Freiburg, 2021

Bernd Janowski, Das Herz – ein Beziehungsorgan, in: Bernd Janowski, Christoph Schwöbel (Hrsg.), Dimensionen der Leiblichkeit. Theologische Zugänge, Neukirchen-Vlyn, 2015

Peter Jungmann (Hrsg.), herz.jesu.2021. Gedanken und Impulse für eine zeitgemäße Herz-Jesu-Verehrung, Innsbruck, 2021

Navid Kermani, Jeder soll von da, wo er ist, einen Schritt näher kommen. Fragen nach Gott, München, 2022

Hildegund Keul, Verwundbar sein. Vulnerabilität und die Kostbarkeit des Lebens, Ostfildern, 2021

Franz Küberl, Sprachen des Helfens, Graz, 2019

Gerhard Larcher (Hrsg.), 200 Jahre Herz-Jesu-Gelöbnis des Landes Tirol. Kunstpreis der Diözese Innsbruck, Innsbruck, 1996

Michael Lehofer, Mit mir sein. Selbstliebe als Basis für Begegnung und Beziehung, Wien, 2017

Egon Christian Leitner, Ich zähle jetzt bis 3, Klagenfurt/Celovec, 2021. Ders., Des Menschen Herz. Sozialstaatsroman, Klagenfurt/Celovec, 2011

Lothar Lies, Gottes Herz für die Menschen. Elemente der Herz-Jesu-Frömmigkeit morgen, Innsbruck-Wien, 1996

Fred Luks, Ausnahmezustand. Unsere Gegenwart von A bis Z, Marburg, 2018

Otto Neubauer, Mission Possible. Praxis Handbuch für Dialog und Evangelisation, Freiburg, 2018

Jozef Niewiadomski, Lanzenstich. Dramatische Konnotationen der Herz-Jesu-Theologie, in: Michaela Quast-Neulinger (Hrsg., u. a.), Mit dem Herzen denken, Freiburg, 2022, S. 201–214

Josef Nussbaumer und Stefan Neuner, Hoffnungstropfen, Innsbruck, 2018

Annemarie Regensburger, Angela Autsch. Der Engel von Auschwitz, Innsbruck, 2019

Georg Schärmer, Herzschrittmacher. Wege der Barmherzigkeit, Innsbruck, 2016

Manfred Scheuer, Kraft zum Widerstand. Glaubenszeugen im Nationalsozialismus, Innsbruck, 2017

Klaus Schwertner, Gut, Mensch zu sein, Wien, 2021

Clemens Sedmak, hoffentlich. Gespräche in der Krise, Innsbruck, 2020

Roman Siebenrock, Das Siegel der Liebe Gottes. Kleine Theologie des Herzens Jesu, in: Korrespondenzblatt des Canisianums, 2014, S. 17–29.

Reinhold Stecher, Herz ist Trumpf. Und andere heiter-besinnliche Texte, Innsbruck, 2021

Pierre Stutz, Verwundet bin ich und aufgehoben, München, 2003

Medizinisch-wissenschaftliche Informationen und Hinweise:

www.planet-wissen.de; Ärzte im Netz GmbH, www.monks-aerzte-im-netz.de; Berufsverband Deutscher Internisten e.V., www.bdi.de; u.a.

Päpstliche Lehrschreiben und Predigten:

Pius XII., Enzyklika „Haurietis aquas", 1956, aus Anlass 100 Jahre Herz Jesu

Papst Franziskus, Der Name Gottes ist Barmherzigkeit, München, 2016

- Enzyklika „Evangelii Gaudium. Über die Verkündigung des Evangeliums in der Welt von heute", 2013
- Enzyklika, „Laudato si'. Über die Sorge für das gemeinsame Haus", 2015
- Predigten: www.vatican.va/content/francesco/de/homilies

Alle Bibelstellen sind nach der folgenden Übersetzung zitiert: Einheitsübersetzung der Heiligen Schrift, vollständig durchgesehene und überarbeitete Ausgabe © 2016 Katholische Bibelanstalt, Stuttgart. Alle Rechte vorbehalten.

Dank

Die Vielfalt der Texte in diesem Buch verdankt sich zahlreichen Begegnungen, Gesprächen und Feedbacks von Menschen, deren Erfahrungen und Kompetenzen mir wichtig sind. Nur einige von ihnen kann ich hier namentlich erwähnen: Wilhelm Grander, Stefan Kaltenegger, Egon Leitner, Florian Mittl, Josef Nussbaumer, Georg Plank, Willibald Sandler, Gisella Schiestl, Andrea Kager-Schwar. Dieses Buch ist aus diesem Grund auch ein gemeinschaftliches Projekt. Herzlichen Dank dafür!